# 中国文史知识简表汇编

魏励　编

商务印书馆国际有限公司
中国·北京

**图书在版编目（CIP）数据**

中国文史知识简表汇编 / 魏励编 . — 北京：商务印书馆国际有限公司，2024.2

ISBN 978-7-5176-1014-4

Ⅰ. ①中… Ⅱ. ①魏… Ⅲ. ①文史—中国—通俗读物 Ⅳ. ① C49

中国国家版本馆 CIP 数据核字 (2023) 第 251334 号

ZHONGGUO WENSHI ZHISHI JIANBIAO HUIBIAN

**中国文史知识简表汇编**

**编　　者** 魏　励
**出版发行** 商务印书馆国际有限公司
**地　　址** 北京市朝阳区吉庆里 14 号楼
佳汇国际中心 A 座 12 层
**邮　　编** 100020
**电　　话** 010 – 65592876（编校部）
010 – 65598498（市场营销部）
**网　　址** www.cpi1993.com
**印　　刷** 三河市紫恒印装有限公司
**开　　本** 850mm × 1168mm 1/32
**字　　数** 406 千字
**印　　张** 12
**版　　次** 2024 年 2 月第 1 版第 1 次印刷
**书　　号** ISBN 978-7-5176-1014-4
**定　　价** 48.00 元

# 前　言

学习中国文史知识，或者从事中国文史方面的工作，常常需要查阅有关的各种资料，而这些资料散见在各种书籍中，查找很不方便。本书将这些资料整理成简表，并汇为一编，适用于大专院校文科学生、中小学文科教师、文史类编辑、文秘人员以及其他高中以上文化程度的各界读者。

本书内容分为五部分：

一、年表。包括：地质年代简表、中国历史纪年简表、中国历史纪年表、两晋南北朝时期十六国简表、五代时期十国简表、中国历代帝王年表、中国历代年号简表、中国文史大事年表。

二、民族，宗亲，计量。包括：中国古代主要少数民族简表、中国现代少数民族简表、中国人口简表、中国主要亲属关系简表、中国历代度制演变简表、中国历代量制演变简表、中国历代衡制演变简表、中国历代步和亩演变简表、中国历代地积单位演变简表。

三、天文，历法。包括：五行相生相克图、四象二十八宿表、六十甲子表、十二时辰表、五更表、十二生肖表、二十四节气表、农历四季月名异称表、纪日雅名异称表、韵目代日表、1931—2030年公历纪年与干支纪年对照简表、中国主要历法表。

四、语言，文字。包括：中国民族语言系属简表、中国主要民族使用文字简表、汉字形体演变历史分期简表、新旧字形对照表、现代常用独体字音序表、汉字部首表、汉字偏旁部首名称表、常用字号对照表、历代主要字书收字数量简表、现代汉语词类表、三十六字母表、《广韵》四十一声类表、《广韵》韵目表、平水韵（一〇六韵）韵目表、十三辙韵母表、十三辙与北京音系十八韵对照表、国际音标简表、汉语拼音方案、拼音字母与国际音标对照表、汉语拼音与注音音节对照表、注音与汉语拼音音节对照表、第一批异形词整理简表、数字用法简表、标点符号用法简表。

五、其他。包括：中国主要文史工具书书目简表、中国历代主要都城简表、《四库全书》简明分类表、《十通》一览表、哈佛燕京学社引得编纂处所编“引得”书目、巴黎大学北平汉学研究所《通检丛刊》书目。

# 目　录

## 一　年表

## 二　民族；宗亲；计量



## 三　天文；历法

## 四　语言；文字

## 五 其他

# 一　年表

# 地质年代简表

<table>
<tr><th rowspan="2">宙</th><th rowspan="2">代</th><th rowspan="2">纪</th><th rowspan="2">符号</th><th colspan="2">同位素年龄（单位：百万年）</th><th colspan="2">生物发展的阶段</th></tr>
<tr><th>开始时间（距今）</th><th>持续时间</th><th>动物界</th><th>植物界</th></tr>
<tr><td>太古宙 AR</td><td colspan="3"></td><td>4000</td><td>1500</td><td></td><td>细菌和藻类植物出现</td></tr>
<tr><td>元古宙 PT</td><td colspan="3"></td><td>2500</td><td>1930</td><td>无脊椎动物出现</td><td rowspan="2">蓝藻和细菌开始繁盛</td></tr>
<tr><td rowspan="12">显生宙 PH</td><td rowspan="6">古生代 Pz</td><td>寒武纪</td><td>€</td><td>570</td><td>60</td><td>海生无脊椎动物门类大量增加</td></tr>
<tr><td>奥陶纪</td><td>O</td><td>510</td><td>72</td><td>海生无脊椎动物繁盛</td><td>藻类广泛发育</td></tr>
<tr><td>志留纪</td><td>S</td><td>438</td><td>28</td><td>鱼类出现</td><td>蕨类植物出现</td></tr>
<tr><td>泥盆纪</td><td>D</td><td>410</td><td>55</td><td>昆虫和两栖动物出现</td><td rowspan="2">裸子植物出现</td></tr>
<tr><td>石炭纪</td><td>C</td><td>355</td><td>65</td><td rowspan="2">爬行动物出现</td></tr>
<tr><td>二叠纪</td><td>P</td><td>290</td><td>40</td><td rowspan="2">松柏类植物开始发展</td></tr>
<tr><td rowspan="3">中生代 Mz</td><td>三叠纪</td><td>T</td><td>250</td><td>45</td><td>哺乳动物出现，恐龙大量繁衍</td></tr>
<tr><td>侏罗纪</td><td>J</td><td>205</td><td>70</td><td>鸟类出现</td><td>裸子植物繁茂</td></tr>
<tr><td>白垩纪</td><td>K</td><td>135</td><td>70</td><td>爬行动物后期急剧减少</td><td>被子植物大量出现</td></tr>
<tr><td rowspan="3">新生代 Kz</td><td>古近纪</td><td>E</td><td>65</td><td>42</td><td>哺乳动物迅速繁衍</td><td>被子植物繁茂</td></tr>
<tr><td>新近纪</td><td>N</td><td>23</td><td>21.4</td><td>接近现代</td><td rowspan="2">接近现代</td></tr>
<tr><td>第四纪</td><td>Q</td><td>1.6</td><td>1.6</td><td>人类出现</td></tr>
</table>

# 中国历史纪年简表

| 年代 | | | 起止时间 |
|---|---|---|---|
| 五帝 | | | 约前 30 世纪初—约前 21 世纪初（约 1000 年） |
| 夏 | | | 约前 2070—前 1600（471 年） |
| 商 | | | 前 1600—前 1046（555 年） |
| 周 | 西周 | | 前 1046—前 771（276 年） |
| | 东周 ① | | 前 770—前 256（515 年） |
| | 春秋时期 | | 前 770—前 476（295 年） |
| | 战国时期 ② | | 前 475—前 221（255 年） |
| 秦 | | | 前 221—前 206（16 年） |
| 汉 | 西汉 ③ | | 前 206—公元 25（231 年） |
| | 东汉 | | 25—220（196 年） |
| 三国 | 魏 | | 220—265（46 年） |
| | 蜀 | | 221—263（43 年） |
| | 吴 | | 222—280（59 年） |
| 西晋 | | | 265—317（53 年） |
| 东晋十六国 | 东晋 | | 317—420（104 年） |
| | 十六国 ④ | | 304—439（136 年） |
| 南北朝 | 南朝 | 宋 | 420—479（60 年） |
| | | 齐 | 479—502（24 年） |
| | | 梁 | 502—557（56 年） |
| | | 陈 | 557—589（33 年） |
| | 北朝 | 北魏 | 386—534（149 年） |
| | | 东魏 | 534—550（17 年） |

续表

| 年代 | | | 起止时间 |
|---|---|---|---|
| 南北朝 | 北朝 | 西魏 | 535—556（22 年） |
| | | 北齐 | 550—577（28 年） |
| | | 北周 | 557—581（25 年） |
| 隋 | | | 581—618（38 年） |
| 唐 | | | 618—907（290 年） |
| 五代十国 | 后梁 | | 907—923（17 年） |
| | 后唐 | | 923—936（14 年） |
| | 后晋 | | 936—947（12 年） |
| | 后汉 | | 947—950（4 年） |
| | 后周 | | 951—960（10 年） |
| | 十国⑤ | | 902—979（78 年） |
| 宋 | 北宋 | | 960—1127（168 年） |
| | 南宋 | | 1127—1279（153 年） |
| 辽⑥ | | | 907—1125（219 年） |
| 西夏 | | | 1038—1227（190 年） |
| 金 | | | 1115—1234（120 年） |
| 元⑦ | | | 1206—1368（163 年） |
| 明 | | | 1368—1644（277 年） |
| 清⑧ | | | 1616—1911（296 年） |
| 中华民国 | | | 1912—1949（38 年） |

【注】

① 东周又分为春秋和战国两个时期。

② 战国时期主要有秦、魏、韩、赵、楚、燕、齐、晋等国。

③ 西汉时期包括王莽建立的“新”王朝（8—23 年）和更始帝（23—25 年）。

④ 十六国包括：成汉、前赵、后赵、前凉、后凉、南凉、北凉、西凉、前

燕、后燕、南燕、北燕、前秦、后秦、西秦、夏。

⑤ 十国包括：吴、前蜀、楚、吴越、闽、南汉、荆南（南平）、后蜀、南唐、北汉。

⑥ 辽建国于 907 年，国号契丹，916 年始建年号，938 年（一说 947 年）改国号为辽，983 年重称契丹，1066 年仍称辽。

⑦ 1206 年铁木真称成吉思汗，建立蒙古汗国。1271 年忽必烈定国号为元，1279 年灭南宋。

⑧ 1616 年努尔哈赤统一女真各部，建立政权。1636 年皇太极改国号为大清。1644 年福临入关。

# 中国历史纪年表

【说明】

① 本表自夏代（公元前2070—前1600）起，至中华民国（1912—1949）止。

② 本表按年代先后，分为三代（夏、商、周）；十二诸侯（周、春秋）；战国；秦；汉；三国；晋、十六国；南北朝；隋；唐；五代、十国；宋、辽、金；元；明；清；中华民国等16个纪年表。

③ 本表第一栏为公历纪年，第二栏为中国干支纪年，第三栏一般为王朝，以下则罗列重要的并建立年号的封建割据、少数民族政权等。如《十二诸侯纪年表》第一栏“前841”为公元纪年，第二栏“庚申”为干支纪年，第三栏“共和　1”表示该年为西周共和元年，第四栏“【鲁】真公十五年”表示该年为诸侯国鲁真公十五年。

④ 本表从《汉纪年表》前140年汉武帝建元开始，注明年号。主要王朝年号后边加注建年号、改年号或下一个帝王即位的农历月份。如《汉纪年表》25年“建武（六）”表示乙酉年六月东汉光武帝刘秀即位，建建武年号，六月以前仍为西汉更始三年；前80年“元凤（八）”表示辛丑年八月改为元凤年号，八月以前仍为西汉始元七年。如果在正月建年号、改年号，一般不注月份。

⑤ 各代（或各王朝）的累计年代，一般指连续年数。

# （一）三代（夏、商、周）纪年表

| 公元 | 干支 | 三代 | |
|---|---|---|---|
| 前 2070—前 1600 | | 夏 | 禹<br>启（禹之子）<br>太康（启之子）<br>仲康（太康之弟）<br>相（仲康之子）<br>少康（相之子）<br>予（少康之子）<br>槐（予之子）<br>芒（槐之子）<br>泄（芒之子）<br>不降（泄之子）<br>扃（不降之弟）<br>廑（扃之子）<br>孔甲（不降之子）<br>皋（孔甲之子）<br>发（皋之子）<br>癸（桀）（发之子；一说发之弟）（共 471 年） |
| 前 1600—前 1300 | | 商① | 汤<br>太丁（汤之子）<br>外丙（太丁之弟）<br>中壬（外丙之弟）<br>太甲（太丁之子）<br>沃丁（太甲之子）<br>太庚（沃丁之弟）<br>小甲（太庚之子）<br>雍己（小甲之弟）<br>太戊（雍己之弟） |

续表

| 公元 | 干支 | 三代 | |
|---|---|---|---|
| 前 1600—前 1300 | | 商① | 中丁（太戊之子）<br>外壬（中丁之弟）<br>河亶甲（外壬之弟）<br>祖乙（河亶甲之子）<br>祖辛（祖乙之子）<br>沃甲（祖辛之弟）<br>祖丁（祖辛之子）<br>南庚（沃甲之子）<br>阳甲（祖丁之子）<br>盘庚（迁殷之前）（阳甲之弟）（共 301 年） |
| 前 1300—前 1251 | | | 盘庚（迁殷之后）（阳甲之弟）<br>小辛（盘庚之弟）<br>小乙（小辛之弟）（共 50 年） |
| 前 1250—前 1192 | | | 武丁（小乙之子）（共 59 年） |
| 前 1191—前 1148 | | | 祖庚（武丁之子）<br>祖甲（祖庚之弟）<br>廪辛（祖甲之子）<br>康丁（廪辛之弟）（共 44 年） |
| 前 1147—前 1113 | 甲寅起 | | 武乙（康丁之子）（共 35 年） |
| 前 1112—前 1102 | 己丑起 | | 文丁（武乙之子）（共 11 年） |
| 前 1101—前 1076 | 庚子起 | | 帝乙（文丁之子）（共 26 年） |
| 前 1075—前 1046 | 丙寅起 | | 帝辛（纣）（帝乙之子）（共 30 年） |
| 前 1046—前 1043 | 乙未起 | 周② | 武王（姬发）（文王之子）（共 4 年） |
| 前 1042—前 1021 | 己亥起 | | 成王（姬诵）（武王之子）（共 22 年） |
| 前 1020—前 996 | 辛酉起 | | 康王（姬钊）（成王之子）（共 25 年） |
| 前 995—前 977 | 丙戌起 | | 昭王（姬瑕）（康王之子）（共 19 年） |
| 前 976—前 922 | 乙巳起 | | 穆王（姬满）（昭王之子）<br>（共 55 年）（共王当年改元） |

续表

| 公元 | 干支 | 三代 | |
|---|---|---|---|
| 前 922—前 900 | 己亥起 | 周② | 共王（姬繄扈）（穆王之子）（共 23 年） |
| 前 899—前 892 | 壬戌起 | | 懿王（姬囏）（共王之子）（共 8 年） |
| 前 891—前 886 | 庚午起 | | 孝王（姬辟方）（共王之弟）（共 6 年） |
| 前 885—前 878 | 丙子起 | | 夷王（姬燮）（懿王之子）（共 8 年） |
| 前 877—前 841 | 甲申起 | | 厉王（姬胡）（夷王之子）（共 37 年）（共和当年改元） |
| 前 841—前 828 | 庚申起 | | 共和③（共 14 年） |

【注】

① 前 1600 至前 1300 年，为商前期；前 1300 至前 1046 年，为商后期。前 1300 年盘庚迁都于殷之后，商也称殷。

② 前 1046 至前 841 年，为西周共和以前时期；前 841 至前 828 年，为西周共和时期；前 1046 至前 771 年，史称西周。

③ 前 841 年国人不满周厉王的专制，将其驱逐。共国君主共伯和受诸侯拥戴，代行王政，号共和元年。前 828 年周厉王死，共伯和归政于周宣王。

# （二）十二诸侯（周、春秋）纪年表

| 公元 | 干支 | 周 | | 诸侯国 |
|---|---|---|---|---|
| 前 841 | 庚申 | 共和 | 1 | 【鲁】真公十五年 |
| | | | | 【齐】武公十年 |
| | | | | 【晋】靖侯十八年 |
| | | | | 【秦】秦仲四年 |
| | | | | 【楚】熊勇七年 |
| | | | | 【宋】釐公十八年 |
| | | | | 【卫】釐侯十四年 |
| | | | | 【陈】幽公十四年 |
| | | | | 【蔡】武侯二十三年 |
| | | | | 【曹】夷伯二十四年 |
| | | | | 【燕】惠侯二十四年 |
| 前 840 | 辛酉 | | 2 | 【晋】釐侯元年 |
| 前 839 | 壬戌 | | 3 | |
| 前 838 | 癸亥 | | 4 | |
| 前 837 | 甲子 | | 5 | 【楚】熊严元年 |
| | | | | 【蔡】夷侯元年 |
| 前 836 | 乙丑 | | 6 | |
| 前 835 | 丙寅 | | 7 | |
| 前 834 | 丁卯 | | 8 | 【曹】幽伯元年 |
| 前 833 | 戊辰 | | 9 | |
| 前 832 | 己巳 | | 10 | |
| 前 831 | 庚午 | | 11 | 【陈】釐公元年 |
| 前 830 | 辛未 | | 12 | 【宋】惠公元年 |
| 前 829 | 壬申 | | 13 | |
| 前 828 | 癸酉 | | 14 | |
| 前 827 | 甲戌 | 宣王（姬静） | 1 | 【楚】熊霜元年 |
| 前 826 | 乙亥 | | 2 | 【燕】釐侯元年 |

续表

| 公元 | 干支 | 周 | 诸侯国 |
|---|---|---|---|
| 前 825 | 丙子 | 3 | 【鲁】武公元年 |
| | | | 【曹】戴伯元年 |
| 前 824 | 丁丑 | 4 | 【齐】厉公元年 |
| 前 823 | 戊寅 | 5 | |
| 前 822 | 己卯 | 6 | 【晋】献侯元年 |
| 前 821 | 庚辰 | 7 | 【秦】庄公元年 |
| | | | 【楚】熊徇元年 |
| 前 820 | 辛巳 | 8 | |
| 前 819 | 壬午 | 9 | |
| 前 818 | 癸未 | 10 | |
| 前 817 | 甲申 | 11 | |
| 前 816 | 乙酉 | 12 | |
| 前 815 | 丙戌 | 13 | 【鲁】懿公元年 |
| | | | 【齐】文公元年 |
| 前 814 | 丁亥 | 14 | |
| 前 813 | 戊子 | 15 | |
| 前 812 | 己丑 | 16 | 【卫】武公元年 |
| 前 811 | 庚寅 | 17 | 【晋】穆侯元年 |
| 前 810 | 辛卯 | 18 | |
| 前 809 | 壬辰 | 19 | 【蔡】釐侯元年 |
| 前 808 | 癸巳 | 20 | |
| 前 807 | 甲午 | 21 | |
| 前 806 | 乙未 | 22 | 【鲁】孝公元年 |
| | | | 【郑】桓公元年 |
| 前 805 | 丙申 | 23 | |
| 前 804 | 丁酉 | 24 | |
| 前 803 | 戊戌 | 25 | 【齐】成公元年 |
| 前 802 | 己亥 | 26 | |
| 前 801 | 庚子 | 27 | |
| 前 800 | 辛丑 | 28 | |

续表

| 公元 | 干支 | 周 | 诸侯国 |
|---|---|---|---|
| 前 799 | 壬寅 | 29 | 【楚】熊鄂元年<br>【宋】戴公元年 |
| 前 798 | 癸卯 | 30 | |
| 前 797 | 甲辰 | 31 | |
| 前 796 | 乙巳 | 32 | |
| 前 795 | 丙午 | 33 | 【陈】武公元年<br>【曹】惠公元年 |
| 前 794 | 丁未 | 34 | 【齐】庄公元年 |
| 前 793 | 戊申 | 35 | |
| 前 792 | 己酉 | 36 | |
| 前 791 | 庚戌 | 37 | |
| 前 790 | 辛亥 | 38 | 【楚】若敖元年<br>【燕】顷侯元年 |
| 前 789 | 壬子 | 39 | |
| 前 788 | 癸丑 | 40 | |
| 前 787 | 甲寅 | 41 | |
| 前 786 | 乙卯 | 42 | |
| 前 785 | 丙辰 | 43 | |
| 前 784 | 丁巳 | 44 | 【晋】殇叔元年 |
| 前 783 | 戊午 | 45 | |
| 前 782 | 己未 | 46 | |
| 前 781 | 庚申 | 幽王（姬宫涅）① 1 | |
| 前 780 | 辛酉 | 2 | 【晋】文侯元年<br>【陈】夷公元年 |
| 前 779 | 壬戌 | 3 | |
| 前 778 | 癸亥 | 4 | |
| 前 777 | 甲子 | 5 | 【秦】襄公元年<br>【陈】平公元年 |
| 前 776 | 乙丑 | 6 | |
| 前 775 | 丙寅 | 7 | |

续表

| 公元 | 干支 | 周 | | 诸侯国 |
| --- | --- | --- | --- | --- |
| 前 774 | 丁卯 | | 8 | |
| 前 773 | 戊辰 | | 9 | |
| 前 772 | 己巳 | | 10 | |
| 前 771 | 庚午 | | 11 | |
| 前 770 | 辛未 | 平王（姬宜臼）② | 1 | 【郑】武公元年 |
| 前 769 | 壬申 | | 2 | |
| 前 768 | 癸酉 | | 3 | 【鲁】惠公元年 |
| 前 767 | 甲戌 | | 4 | |
| 前 766 | 乙亥 | | 5 | 【燕】哀侯元年 |
| 前 765 | 丙子 | | 6 | 【秦】文公元年<br>【宋】武公元年 |
| 前 764 | 丁丑 | | 7 | 【燕】郑侯元年 |
| 前 763 | 戊寅 | | 8 | 【楚】霄敖元年 |
| 前 762 | 己卯 | | 9 | |
| 前 761 | 庚辰 | | 10 | 【蔡】共侯元年 |
| 前 760 | 辛巳 | | 11 | |
| 前 759 | 壬午 | | 12 | 【蔡】戴侯元年<br>【曹】穆公元年 |
| 前 758 | 癸未 | | 13 | |
| 前 757 | 甲申 | | 14 | 【楚】蚡冒元年<br>【卫】庄公元年 |
| 前 756 | 乙酉 | | 15 | 【曹】桓公元年 |
| 前 755 | 丙戌 | | 16 | |
| 前 754 | 丁亥 | | 17 | 【陈】文公元年 |
| 前 753 | 戊子 | | 18 | |
| 前 752 | 己丑 | | 19 | |
| 前 751 | 庚寅 | | 20 | |
| 前 750 | 辛卯 | | 21 | |
| 前 749 | 壬辰 | | 22 | 【蔡】宣侯元年 |
| 前 748 | 癸巳 | | 23 | |

续表

| 公元 | 干支 | 周 | 诸侯国 |
|---|---|---|---|
| 前 747 | 甲午 | 24 | 【宋】宣公元年 |
| 前 746 | 乙未 | 25 | |
| 前 745 | 丙申 | 26 | 【晋】昭侯元年 |
| 前 744 | 丁酉 | 27 | 【陈】桓公元年 |
| 前 743 | 戊戌 | 28 | 【郑】庄公元年 |
| 前 742 | 己亥 | 29 | |
| 前 741 | 庚子 | 30 | |
| 前 740 | 辛丑 | 31 | 【楚】武王元年 |
| 前 739 | 壬寅 | 32 | 【晋】孝侯元年 |
| 前 738 | 癸卯 | 33 | |
| 前 737 | 甲辰 | 34 | |
| 前 736 | 乙巳 | 35 | |
| 前 735 | 丙午 | 36 | |
| 前 734 | 丁未 | 37 | 【卫】桓公元年 |
| 前 733 | 戊申 | 38 | |
| 前 732 | 己酉 | 39 | |
| 前 731 | 庚戌 | 40 | |
| 前 730 | 辛亥 | 41 | 【齐】釐公元年 |
| 前 729 | 壬子 | 42 | |
| 前 728 | 癸丑 | 43 | 【宋】穆公元年<br>【燕】穆侯元年 |
| 前 727 | 甲寅 | 44 | |
| 前 726 | 乙卯 | 45 | |
| 前 725 | 丙辰 | 46 | |
| 前 724 | 丁巳 | 47 | |
| 前 723 | 戊午 | 48 | 【晋】鄂侯元年 |
| 前 722 | 己未 | 49 | 【鲁】隐公元年 |
| 前 721 | 庚申 | 50 | |
| 前 720 | 辛酉 | 51 | |

续表

| 公元 | 干支 | 周 | | 诸侯国 |
|---|---|---|---|---|
| 前 719 | 壬戌 | 桓王（姬林） | 1 | 【宋】殇公元年 |
| 前 718 | 癸亥 | | 2 | 【卫】宣公元年 |
| 前 717 | 甲子 | | 3 | 【晋】哀侯元年 |
| 前 716 | 乙丑 | | 4 | |
| 前 715 | 丙寅 | | 5 | 【秦】宪（宁）公元年 |
| 前 714 | 丁卯 | | 6 | 【蔡】桓侯元年 |
| 前 713 | 戊辰 | | 7 | |
| 前 712 | 己巳 | | 8 | |
| 前 711 | 庚午 | | 9 | 【鲁】桓公元年 |
| 前 710 | 辛未 | | 10 | 【宋】庄公元年<br>【燕】宣侯元年 |
| 前 709 | 壬申 | | 11 | 【晋】小子元年 |
| 前 708 | 癸酉 | | 12 | |
| 前 707 | 甲戌 | | 13 | |
| 前 706 | 乙亥 | | 14 | 【晋】湣元年<br>【陈】厉公元年 |
| 前 705 | 丙子 | | 15 | |
| 前 704 | 丁丑 | | 16 | |
| 前 703 | 戊寅 | | 17 | 【秦】出公元年 |
| 前 702 | 己卯 | | 18 | |
| 前 701 | 庚辰 | | 19 | 【曹】庄公元年 |
| 前 700 | 辛巳 | | 20 | 【郑】厉公元年 |
| 前 699 | 壬午 | | 21 | 【卫】惠公元年<br>【陈】庄公元年 |
| 前 698 | 癸未 | | 22 | |
| 前 697 | 甲申 | | 23 | 【齐】襄公元年<br>【秦】武公元年<br>【燕】桓公元年 |
| 前 696 | 乙酉 | 庄王（姬佗） | 1 | 【卫】黔牟元年<br>【郑】昭公元年 |

续表

| 公元 | 干支 | 周 | | 诸侯国 |
|---|---|---|---|---|
| 前 695 | 丙戌 | | 2 | |
| 前 694 | 丁亥 | | 3 | 【蔡】哀侯元年 |
| | | | | 【郑】子亹元年 |
| 前 693 | 戊子 | | 4 | 【鲁】庄公元年 |
| | | | | 【郑】子婴元年 |
| 前 692 | 己丑 | | 5 | 【陈】宣公元年 |
| 前 691 | 庚寅 | | 6 | 【宋】湣公元年 |
| 前 690 | 辛卯 | | 7 | 【燕】庄公元年 |
| 前 689 | 壬辰 | | 8 | 【楚】文王元年 |
| 前 688 | 癸巳 | | 9 | |
| 前 687 | 甲午 | | 10 | |
| 前 686 | 乙未 | | 11 | 【卫】惠公十四年③ |
| 前 685 | 丙申 | | 12 | 【齐】桓公元年 |
| 前 684 | 丁酉 | | 13 | |
| 前 683 | 戊戌 | | 14 | |
| 前 682 | 己亥 | | 15 | |
| 前 681 | 庚子 | 釐（僖）王（姬胡齐） | 1 | 【宋】桓公元年 |
| 前 680 | 辛丑 | | 2 | |
| 前 679 | 壬寅 | | 3 | 【郑】厉公元年④ |
| 前 678 | 癸卯 | | 4 | 【晋】武公三十八年⑤ |
| 前 677 | 甲辰 | | 5 | 【秦】德公元年 |
| 前 676 | 乙巳 | 惠王（姬阆） | 1 | 【晋】献公元年 |
| | | | | 【楚】堵敖囏元年 |
| 前 675 | 丙午 | | 2 | 【秦】宣公元年 |
| 前 674 | 丁未 | | 3 | 【蔡】穆侯元年 |
| 前 673 | 戊申 | | 4 | |
| 前 672 | 己酉 | | 5 | 【郑】文公元年 |
| 前 671 | 庚戌 | | 6 | 【楚】成王元年 |
| 前 670 | 辛亥 | | 7 | 【曹】釐公元年 |

续表

| 公元 | 干支 | 周 | | 诸侯国 |
|---|---|---|---|---|
| 前 669 | 壬子 | | 8 | |
| 前 668 | 癸丑 | | 9 | 【卫】懿公元年 |
| 前 667 | 甲寅 | | 10 | |
| 前 666 | 乙卯 | | 11 | |
| 前 665 | 丙辰 | | 12 | |
| 前 664 | 丁巳 | | 13 | |
| 前 663 | 戊午 | | 14 | 【秦】成公元年 |
| 前 662 | 己未 | | 15 | |
| 前 661 | 庚申 | | 16 | 【鲁】湣公元年<br>【曹】昭公元年 |
| 前 660 | 辛酉 | | 17 | 【卫】戴公元年 |
| 前 659 | 壬戌 | | 18 | 【鲁】釐公元年<br>【秦】穆公元年<br>【卫】文公元年 |
| 前 658 | 癸亥 | | 19 | |
| 前 657 | 甲子 | | 20 | 【燕】襄公元年 |
| 前 656 | 乙丑 | | 21 | |
| 前 655 | 丙寅 | | 22 | |
| 前 654 | 丁卯 | | 23 | |
| 前 653 | 戊辰 | | 24 | |
| 前 652 | 己巳 | | 25 | 【曹】共公元年 |
| 前 651 | 庚午 | 襄王（姬郑） | 1 | |
| 前 650 | 辛未 | | 2 | 【晋】惠公元年<br>【宋】襄公元年 |
| 前 649 | 壬申 | | 3 | |
| 前 648 | 癸酉 | | 4 | |
| 前 647 | 甲戌 | | 5 | 【陈】穆公元年 |
| 前 646 | 乙亥 | | 6 | |
| 前 645 | 丙子 | | 7 | 【蔡】庄侯元年 |
| 前 644 | 丁丑 | | 8 | |

续表

| 公元 | 干支 | 周 | 诸侯国 |
|---|---|---|---|
| 前 643 | 戊寅 | 9 | |
| 前 642 | 己卯 | 10 | 【齐】孝公元年 |
| 前 641 | 庚辰 | 11 | |
| 前 640 | 辛巳 | 12 | |
| 前 639 | 壬午 | 13 | |
| 前 638 | 癸未 | 14 | |
| 前 637 | 甲申 | 15 | |
| 前 636 | 乙酉 | 16 | 【晋】文公元年<br>【宋】成公元年 |
| 前 635 | 丙戌 | 17 | |
| 前 634 | 丁亥 | 18 | 【卫】成公元年 |
| 前 633 | 戊子 | 19 | |
| 前 632 | 己丑 | 20 | 【齐】昭公元年 |
| 前 631 | 庚寅 | 21 | 【陈】共公元年 |
| 前 630 | 辛卯 | 22 | |
| 前 629 | 壬辰 | 23 | |
| 前 628 | 癸巳 | 24 | |
| 前 627 | 甲午 | 25 | 【晋】襄公元年<br>【郑】穆公元年 |
| 前 626 | 乙未 | 26 | 【鲁】文公元年 |
| 前 625 | 丙申 | 27 | 【楚】穆王元年 |
| 前 624 | 丁酉 | 28 | |
| 前 623 | 戊戌 | 29 | |
| 前 622 | 己亥 | 30 | |
| 前 621 | 庚子 | 31 | |
| 前 620 | 辛丑 | 32 | 【晋】灵公元年<br>【秦】康公元年 |
| 前 619 | 壬寅 | 33 | 【宋】昭公元年 |
| 前 618 | 癸卯 | 顷王（姬壬臣）　1 | |
| 前 617 | 甲辰 | 2 | 【曹】文公元年 |

续表

| 公元 | 干支 | 周 | | 诸侯国 |
|---|---|---|---|---|
| | | | | 【燕】桓公元年 |
| 前 616 | 乙巳 | | 3 | |
| 前 615 | 丙午 | | 4 | |
| 前 614 | 丁未 | | 5 | |
| 前 613 | 戊申 | | 6 | 【楚】庄王元年 |
| | | | | 【陈】灵公元年 |
| 前 612 | 己酉 | 匡王（姬班） | 1 | 【齐】懿公元年 |
| 前 611 | 庚戌 | | 2 | 【蔡】文侯元年 |
| 前 610 | 辛亥 | | 3 | 【宋】文公元年 |
| 前 609 | 壬子 | | 4 | |
| 前 608 | 癸丑 | | 5 | 【鲁】宣公元年 |
| | | | | 【齐】惠公元年 |
| | | | | 【秦】共公元年 |
| 前 607 | 甲寅 | | 6 | |
| 前 606 | 乙卯 | 定王（姬瑜） | 1 | 【晋】成公元年 |
| 前 605 | 丙辰 | | 2 | 【郑】灵公元年 |
| 前 604 | 丁巳 | | 3 | 【郑】襄公元年 |
| 前 603 | 戊午 | | 4 | 【秦】桓公元年 |
| 前 602 | 己未 | | 5 | |
| 前 601 | 庚申 | | 6 | 【燕】宣公元年 |
| 前 600 | 辛酉 | | 7 | |
| 前 599 | 壬戌 | | 8 | 【晋】景公元年 |
| | | | | 【卫】穆公元年 |
| 前 598 | 癸亥 | | 9 | 【齐】顷公元年 |
| | | | | 【陈】成公元年 |
| 前 597 | 甲子 | | 10 | |
| 前 596 | 乙丑 | | 11 | |
| 前 595 | 丙寅 | | 12 | |
| 前 594 | 丁卯 | | 13 | 【曹】宣公元年 |
| 前 593 | 戊辰 | | 14 | |

续表

| 公元 | 干支 | 周 | 诸侯国 |
|---|---|---|---|
| 前 592 | 己巳 | 15 | |
| 前 591 | 庚午 | 16 | 【蔡】景侯元年 |
| 前 590 | 辛未 | 17 | 【鲁】成公元年<br>【楚】共王元年 |
| 前 589 | 壬申 | 18 | |
| 前 588 | 癸酉 | 19 | 【宋】共公元年<br>【卫】定公元年 |
| 前 587 | 甲戌 | 20 | |
| 前 586 | 乙亥 | 21 | 【郑】悼公元年<br>【燕】昭公元年 |
| 前 585 | 丙子 | 简王（姬夷）1 | 【吴】寿梦元年 |
| 前 584 | 丁丑 | 2 | 【郑】成公元年 |
| 前 583 | 戊寅 | 3 | |
| 前 582 | 己卯 | 4 | |
| 前 581 | 庚辰 | 5 | 【齐】灵公元年 |
| 前 580 | 辛巳 | 6 | 【晋】厉公元年 |
| 前 579 | 壬午 | 7 | |
| 前 578 | 癸未 | 8 | |
| 前 577 | 甲申 | 9 | 【曹】成公元年 |
| 前 576 | 乙酉 | 10 | 【秦】景公元年<br>【卫】献公元年 |
| 前 575 | 丙戌 | 11 | 【宋】平公元年 |
| 前 574 | 丁亥 | 12 | |
| 前 573 | 戊子 | 13 | 【燕】武公元年 |
| 前 572 | 己丑 | 14 | 【鲁】襄公元年<br>【晋】悼公元年 |
| 前 571 | 庚寅 | 灵王（姬泄心）1 | |
| 前 570 | 辛卯 | 2 | 【郑】釐公元年 |
| 前 569 | 壬辰 | 3 | |
| 前 568 | 癸巳 | 4 | 【陈】哀公元年 |

续表

| 公元 | 干支 | 周 | | 诸侯国 |
|---|---|---|---|---|
| 前 567 | 甲午 | | 5 | |
| 前 566 | 乙未 | | 6 | |
| 前 565 | 丙申 | | 7 | 【郑】简公元年 |
| 前 564 | 丁酉 | | 8 | |
| 前 563 | 戊戌 | | 9 | |
| 前 562 | 己亥 | | 10 | |
| 前 561 | 庚子 | | 11 | |
| 前 560 | 辛丑 | | 12 | 【吴】诸樊元年 |
| 前 559 | 壬寅 | | 13 | 【楚】康王元年 |
| 前 558 | 癸卯 | | 14 | 【卫】殇公元年 |
| 前 557 | 甲辰 | | 15 | 【晋】平公元年 |
| 前 556 | 乙巳 | | 16 | |
| 前 555 | 丙午 | | 17 | |
| 前 554 | 丁未 | | 18 | 【曹】武公元年<br>【燕】文公元年 |
| 前 553 | 戊申 | | 19 | 【齐】庄公元年 |
| 前 552 | 己酉 | | 20 | |
| 前 551 | 庚戌 | | 21 | |
| 前 550 | 辛亥 | | 22 | |
| 前 549 | 壬子 | | 23 | |
| 前 548 | 癸丑 | | 24 | 【燕】懿公元年 |
| 前 547 | 甲寅 | | 25 | 【齐】景公元年<br>【吴】余祭元年 |
| 前 546 | 乙卯 | | 26 | 【卫】献公元年 |
| 前 545 | 丙辰 | | 27 | |
| 前 544 | 丁巳 | 景王（姬贵） | 1 | 【楚】郏敖元年<br>【燕】惠公元年 |
| 前 543 | 戊午 | | 2 | 【卫】襄公元年 |
| 前 542 | 己未 | | 3 | 【蔡】灵侯元年 |
| 前 541 | 庚申 | | 4 | 【鲁】昭公元年 |
| 前 540 | 辛酉 | | 5 | 【楚】灵王元年 |

续表

| 公元 | 干支 | 周 | 诸侯国 |
|---|---|---|---|
| 前 539 | 壬戌 | 6 | |
| 前 538 | 癸亥 | 7 | |
| 前 537 | 甲子 | 8 | |
| 前 536 | 乙丑 | 9 | 【秦】哀公元年 |
| 前 535 | 丙寅 | 10 | 【燕】悼公元年 |
| 前 534 | 丁卯 | 11 | 【卫】灵公元年 |
| 前 533 | 戊辰 | 12 | 【陈】惠公元年 |
| 前 532 | 己巳 | 13 | |
| 前 531 | 庚午 | 14 | 【晋】昭公元年<br>【宋】元公元年 |
| 前 530 | 辛未 | 15 | 【蔡】平侯元年 |
| 前 529 | 壬申 | 16 | 【郑】定公元年 |
| 前 528 | 癸酉 | 17 | 【楚】平王元年<br>【燕】共公元年 |
| 前 527 | 甲戌 | 18 | 【曹】平公元年 |
| 前 526 | 乙亥 | 19 | 【吴】僚元年 |
| 前 525 | 丙子 | 20 | 【晋】顷公元年 |
| 前 524 | 丁丑 | 21 | |
| 前 523 | 戊寅 | 22 | 【曹】悼公元年<br>【燕】平公元年 |
| 前 522 | 己卯 | 23 | |
| 前 521 | 庚辰 | 24 | 【蔡】悼侯元年 |
| 前 520 | 辛巳 | 25 | |
| 前 519 | 壬午 | 敬王（姬匄） 1 | |
| 前 518 | 癸未 | 2 | 【蔡】昭侯元年 |
| 前 517 | 甲申 | 3 | |
| 前 516 | 乙酉 | 4 | 【宋】景公元年⑥ |
| 前 515 | 丙戌 | 5 | 【楚】昭王元年 |
| 前 514 | 丁亥 | 6 | 【曹】襄公元年<br>【吴】阖闾元年 |

续表

| 公元 | 干支 | 周 | 诸侯国 |
|---|---|---|---|
| 前 513 | 戊子 | 7 | 【郑】献公元年 |
| 前 512 | 己丑 | 8 | |
| 前 511 | 庚寅 | 9 | 【晋】定公元年 |
| 前 510 | 辛卯 | 10 | |
| 前 509 | 壬辰 | 11 | 【鲁】定公元年<br>【曹】隐公元年 |
| 前 508 | 癸巳 | 12 | |
| 前 507 | 甲午 | 13 | |
| 前 506 | 乙未 | 14 | |
| 前 505 | 丙申 | 15 | 【陈】怀公元年<br>【曹】靖公元年 |
| 前 504 | 丁酉 | 16 | 【燕】简公元年 |
| 前 503 | 戊戌 | 17 | |
| 前 502 | 己亥 | 18 | |
| 前 501 | 庚子 | 19 | 【陈】湣公元年<br>【曹】伯阳元年 |
| 前 500 | 辛丑 | 20 | 【秦】惠公元年<br>【郑】声公元年 ⑦ |
| 前 499 | 壬寅 | 21 | |
| 前 498 | 癸卯 | 22 | |
| 前 497 | 甲辰 | 23 | |
| 前 496 | 乙巳 | 24 | |
| 前 495 | 丙午 | 25 | 【吴】夫差元年 |
| 前 494 | 丁未 | 26 | 【鲁】哀公元年 ⑧ |
| 前 493 | 戊申 | 27 | |
| 前 492 | 己酉 | 28 | 【卫】出公元年<br>【燕】孝公元年 |
| 前 491 | 庚戌 | 29 | |
| 前 490 | 辛亥 | 30 | 【秦】悼公元年<br>【蔡】成侯元年 |

续表

| 公元 | 干支 | 周 | 诸侯国 |
|---|---|---|---|
| 前 489 | 壬子 | 31 | 【齐】晏孺子元年 |
| 前 488 | 癸丑 | 32 | 【齐】悼公元年<br>【楚】惠王元年 |
| 前 487 | 甲寅 | 33 | |
| 前 486 | 乙卯 | 34 | |
| 前 485 | 丙辰 | 35 | |
| 前 484 | 丁巳 | 36 | 【齐】简公元年 |
| 前 483 | 戊午 | 37 | |
| 前 482 | 己未 | 38 | |
| 前 481 | 庚申 | 39 | |
| 前 480 | 辛酉 | 40 | 【齐】平公元年<br>【卫】庄公元年 |
| 前 479 | 壬戌 | 41 | |
| 前 478 | 癸亥 | 42 | |
| 前 477 | 甲子 | 43 | 【卫】起元年 ⑨ |

【注】

① 周幽王姬宫湦，一名姬宫涅。

② 前 770 年周平王东迁至洛邑王城（今河南洛阳），史称此前为西周，此后为东周。东周又分为春秋和战国两个时期。一般从本年开始划为春秋时期。

③ 惠公复为齐国所立，入卫国。

④ 厉公这一年复立。

⑤ 曲沃武公灭晋侯湣，并晋，已立 38 年，不改元。

⑥ 本表编到 40 年，宋国至战国时期尚存。

⑦ 本表编到 24 年，郑国至战国时期尚存。

⑧ 本表编到 18 年，鲁国至战国时期尚存。

⑨ 本表编到 1 年，卫国至战国时期尚存。

# （三）战国纪年表

| 公元 | 干支 | 周 | 秦 | 其他各国① |
|---|---|---|---|---|
| 前 476 | 乙丑 | 元王（姬仁） 1 | 厉共公 1 | 【楚】惠王十三年<br>【燕】孝公二十二年②<br>【齐】平公五年<br>【晋】定公三十六年 |
| 前 475 | 丙寅 | 2 | 2 | 【赵】襄子元年 |
| 前 474 | 丁卯 | 3 | 3 | 【晋】出公元年 |
| 前 473 | 戊辰 | 4 | 4 | |
| 前 472 | 己巳 | 5 | 5 | |
| 前 471 | 庚午 | 6 | 6 | |
| 前 470 | 辛未 | 7 | 7 | |
| 前 469 | 壬申 | 8 | 8 | |
| 前 468 | 癸酉 | 贞定王（姬介） 1 | 9 | |
| 前 467 | 甲戌 | 2 | 10 | |
| 前 466 | 乙亥 | 3 | 11 | |
| 前 465 | 丙子 | 4 | 12 | |
| 前 464 | 丁丑 | 5 | 13 | |
| 前 463 | 戊寅 | 6 | 14 | |
| 前 462 | 己卯 | 7 | 15 | |
| 前 461 | 庚辰 | 8 | 16 | |
| 前 460 | 辛巳 | 9 | 17 | |
| 前 459 | 壬午 | 10 | 18 | |
| 前 458 | 癸未 | 11 | 19 | |
| 前 457 | 甲申 | 12 | 20 | |
| 前 456 | 乙酉 | 13 | 21 | |
| 前 455 | 丙戌 | 14 | 22 | 【齐】宣公元年 |
| 前 454 | 丁亥 | 15 | 23 | 【燕】成公元年 |
| 前 453 | 戊子 | 16 | 24 | |

续表

| 公元 | 干支 | 周 | 秦 | 其他各国 |
|---|---|---|---|---|
| 前 452 | 己丑 | 17 | 25 | |
| 前 451 | 庚寅 | 18 | 26 | 【晋】敬公元年 |
| 前 450 | 辛卯 | 19 | 27 | |
| 前 449 | 壬辰 | 20 | 28 | |
| 前 448 | 癸巳 | 21 | 29 | |
| 前 447 | 甲午 | 22 | 30 | |
| 前 446 | 乙未 | 23 | 31 | |
| 前 445 | 丙申 | 24 | 32 | 【魏】文侯元年 |
| 前 444 | 丁酉 | 25 | 33 | |
| 前 443 | 戊戌 | 26 | 34 | |
| 前 442 | 己亥 | 27 | 躁公 1 | |
| 前 441 | 庚子 | 28 | 2 | |
| 前 440 | 辛丑 | 考王（姬嵬） 1 | 3 | |
| 前 439 | 壬寅 | 2 | 4 | |
| 前 438 | 癸卯 | 3 | 5 | 【燕】闵公元年 |
| 前 437 | 甲辰 | 4 | 6 | |
| 前 436 | 乙巳 | 5 | 7 | |
| 前 435 | 丙午 | 6 | 8 | |
| 前 434 | 丁未 | 7 | 9 | |
| 前 433 | 戊申 | 8 | 10 | 【晋】幽公元年 |
| 前 432 | 己酉 | 9 | 11 | |
| 前 431 | 庚戌 | 10 | 12 | 【楚】简王元年 |
| 前 430 | 辛亥 | 11 | 13 | |
| 前 429 | 壬子 | 12 | 14 | |
| 前 428 | 癸丑 | 13 | 怀公 1 | |
| 前 427 | 甲寅 | 14 | 2 | |
| 前 426 | 乙卯 | 15 | 3 | |
| 前 425 | 丙辰 | 威烈王（姬午） 1 | 4 | |
| 前 424 | 丁巳 | 2 | 灵公 1 | 【韩】武子元年<br>【赵】桓子元年 |

续表

| 公元 | 干支 | 周 | 秦 | 其他各国 |
|---|---|---|---|---|
| 前 423 | 戊午 | 3 | 2 | 【赵】献侯元年 |
| 前 422 | 己未 | 4 | 3 | |
| 前 421 | 庚申 | 5 | 4 | |
| 前 420 | 辛酉 | 6 | 5 | |
| 前 419 | 壬戌 | 7 | 6 | |
| 前 418 | 癸亥 | 8 | 7 | |
| 前 417 | 甲子 | 9 | 8 | |
| 前 416 | 乙丑 | 10 | 9 | |
| 前 415 | 丙寅 | 11 | 10 | 【晋】烈公元年 |
| 前 414 | 丁卯 | 12 | 简公 1 | 【燕】简公元年 |
| 前 413 | 戊辰 | 13 | 2 | |
| 前 412 | 己巳 | 14 | 3 | |
| 前 411 | 庚午 | 15 | 4 | |
| 前 410 | 辛未 | 16 | 5 | 【田齐】悼子元年 |
| 前 409 | 壬申 | 17 | 6 | |
| 前 408 | 癸酉 | 18 | 7 | 【韩】景侯元年<br>【赵】烈侯元年 |
| 前 407 | 甲戌 | 19 | 8 | 【楚】声王元年 |
| 前 406 | 乙亥 | 20 | 9 | |
| 前 405 | 丙子 | 21 | 10 | |
| 前 404 | 丁丑 | 22 | 11 | 【田齐】和子元年<br>【齐】康公元年 |
| 前 403 | 戊寅 | 23 | 12 | |
| 前 402 | 己卯 | 24 | 13 | |
| 前 401 | 庚辰 | 安王（姬骄） 1 | 14 | 【楚】悼王元年 |
| 前 400 | 辛巳 | 2 | 15 | |
| 前 399 | 壬午 | 3 | 惠公 1 | 【韩】烈侯元年 |
| 前 398 | 癸未 | 4 | 2 | |
| 前 397 | 甲申 | 5 | 3 | |
| 前 396 | 乙酉 | 6 | 4 | |

续表

| 公元 | 干支 | 周 | | 秦 | | 其他各国 |
|---|---|---|---|---|---|---|
| 前 395 | 丙戌 | | 7 | | 5 | 【魏】武侯元年 |
| 前 394 | 丁亥 | | 8 | | 6 | |
| 前 393 | 戊子 | | 9 | | 7 | |
| 前 392 | 己丑 | | 10 | | 8 | |
| 前 391 | 庚寅 | | 11 | | 9 | |
| 前 390 | 辛卯 | | 12 | | 10 | |
| 前 389 | 壬辰 | | 13 | | 11 | |
| 前 388 | 癸巳 | | 14 | | 12 | 【晋】桓公元年 |
| 前 387 | 甲午 | | 15 | | 13 | |
| 前 386 | 乙未 | | 16 | 出子 | 1 | 【韩】文侯元年<br>【赵】敬侯元年 |
| 前 385 | 丙申 | | 17 | | 2 | |
| 前 384 | 丁酉 | | 18 | 献公 | 1 | 【田齐】齐侯剡元年 |
| 前 383 | 戊戌 | | 19 | | 2 | |
| 前 382 | 己亥 | | 20 | | 3 | |
| 前 381 | 庚子 | | 21 | | 4 | |
| 前 380 | 辛丑 | | 22 | | 5 | 【楚】肃王元年 |
| 前 379 | 壬寅 | | 23 | | 6 | |
| 前 378 | 癸卯 | | 24 | | 7 | |
| 前 377 | 甲辰 | | 25 | | 8 | |
| 前 376 | 乙巳 | | 26 | | 9 | 【韩】哀侯元年 |
| 前 375 | 丙午 | 烈王（姬喜） | 1 | | 10 | |
| 前 374 | 丁未 | | 2 | | 11 | 【韩】懿侯元年<br>【赵】成侯元年<br>【田齐】桓公元年 |
| 前 373 | 戊申 | | 3 | | 12 | |
| 前 372 | 己酉 | | 4 | | 13 | 【燕】桓公元年 |
| 前 371 | 庚戌 | | 5 | | 14 | |
| 前 370 | 辛亥 | | 6 | | 15 | |

续表

| 公元 | 干支 | 周 | 秦 | 其他各国 |
|---|---|---|---|---|
| 前 369 | 壬子 | 7 | 16 | 【魏】惠王元年<br>【楚】宣王元年 |
| 前 368 | 癸丑 | 显王（姬扁） 1 | 17 | |
| 前 367 | 甲寅 | 2 | 18 | |
| 前 366 | 乙卯 | 3 | 19 | |
| 前 365 | 丙辰 | 4 | 20 | |
| 前 364 | 丁巳 | 5 | 21 | |
| 前 363 | 戊午 | 6 | 22 | |
| 前 362 | 己未 | 7 | 23 | 【韩】昭侯元年 |
| 前 361 | 庚申 | 8 | 孝公 1 | 【燕】文公元年 |
| 前 360 | 辛酉 | 9 | 2 | |
| 前 359 | 壬戌 | 10 | 3 | |
| 前 358 | 癸亥 | 11 | 4 | |
| 前 357 | 甲子 | 12 | 5 | |
| 前 356 | 乙丑 | 13 | 6 | 【田齐】威王元年 |
| 前 355 | 丙寅 | 14 | 7 | |
| 前 354 | 丁卯 | 15 | 8 | |
| 前 353 | 戊辰 | 16 | 9 | |
| 前 352 | 己巳 | 17 | 10 | |
| 前 351 | 庚午 | 18 | 11 | |
| 前 350 | 辛未 | 19 | 12 | |
| 前 349 | 壬申 | 20 | 13 | 【赵】肃侯元年 |
| 前 348 | 癸酉 | 21 | 14 | |
| 前 347 | 甲戌 | 22 | 15 | |
| 前 346 | 乙亥 | 23 | 16 | |
| 前 345 | 丙子 | 24 | 17 | |
| 前 344 | 丁丑 | 25 | 18 | |
| 前 343 | 戊寅 | 26 | 19 | |
| 前 342 | 己卯 | 27 | 20 | |
| 前 341 | 庚辰 | 28 | 21 | |
| 前 340 | 辛巳 | 29 | 22 | |

续表

| 公元 | 干支 | 周 | 秦 | 其他各国 |
|---|---|---|---|---|
| 前 339 | 壬午 | 30 | 23 | 【楚】威王元年 |
| 前 338 | 癸未 | 31 | 24 | |
| 前 337 | 甲申 | 32 | 惠文王　1 | |
| 前 336 | 乙酉 | 33 | 2 | |
| 前 335 | 丙戌 | 34 | 3 | |
| 前 334 | 丁亥 | 35 | 4 | 【魏】惠王后元元年 |
| 前 333 | 戊子 | 36 | 5 | |
| 前 332 | 己丑 | 37 | 6 | 【韩】宣惠王元年<br>【燕】易王元年 |
| 前 331 | 庚寅 | 38 | 7 | |
| 前 330 | 辛卯 | 39 | 8 | |
| 前 329 | 壬辰 | 40 | 9 | |
| 前 328 | 癸巳 | 41 | 10 | 【楚】怀王元年 |
| 前 327 | 甲午 | 42 | 11 | |
| 前 326 | 乙未 | 43 | 12 | |
| 前 325 | 丙申 | 44 | 13 | 【赵】武灵王元年 |
| 前 324 | 丁酉 | 45 | （惠文王）<br>更元　1 | |
| 前 323 | 戊戌 | 46 | 2 | |
| 前 322 | 己亥 | 47 | 3 | |
| 前 321 | 庚子 | 48 | 4 | |
| 前 320 | 辛丑 | 慎靓王(姬定）　1 | 5 | 【燕】燕王哙元年 |
| 前 319 | 壬寅 | 2 | 6 | 【田齐】宣王元年 |
| 前 318 | 癸卯 | 3 | 7 | 【魏】襄王元年 |
| 前 317 | 甲辰 | 4 | 8 | |
| 前 316 | 乙巳 | 5 | 9 | |
| 前 315 | 丙午 | 6 | 10 | |
| 前 314 | 丁未 | 赧王（姬延）　1 | 11 | |
| 前 313 | 戊申 | 2 | 12 | |
| 前 312 | 己酉 | 3 | 13 | |

续表

| 公元 | 干支 | 周 | 秦 | 其他各国 |
|---|---|---|---|---|
| 前 311 | 庚戌 | 4 | 14 | 【韩】襄王元年<br>【燕】昭王元年 |
| 前 310 | 辛亥 | 5 | 武王 1 | |
| 前 309 | 壬子 | 6 | 2 | |
| 前 308 | 癸丑 | 7 | 3 | |
| 前 307 | 甲寅 | 8 | 4 | |
| 前 306 | 乙卯 | 9 | 昭襄王 1 | |
| 前 305 | 丙辰 | 10 | 2 | |
| 前 304 | 丁巳 | 11 | 3 | |
| 前 303 | 戊午 | 12 | 4 | |
| 前 302 | 己未 | 13 | 5 | |
| 前 301 | 庚申 | 14 | 6 | |
| 前 300 | 辛酉 | 15 | 7 | 【田齐】湣王元年 |
| 前 299 | 壬戌 | 16 | 8 | |
| 前 298 | 癸亥 | 17 | 9 | 【赵】惠文王元年<br>【楚】顷襄王元年 |
| 前 297 | 甲子 | 18 | 10 | |
| 前 296 | 乙丑 | 19 | 11 | |
| 前 295 | 丙寅 | 20 | 12 | 【魏】昭王元年<br>【韩】釐王元年 |
| 前 294 | 丁卯 | 21 | 13 | |
| 前 293 | 戊辰 | 22 | 14 | |
| 前 292 | 己巳 | 23 | 15 | |
| 前 291 | 庚午 | 24 | 16 | |
| 前 290 | 辛未 | 25 | 17 | |
| 前 289 | 壬申 | 26 | 18 | |
| 前 288 | 癸酉 | 27 | 19 | |
| 前 287 | 甲戌 | 28 | 20 | |

续表

| 公元 | 干支 | 周 | 秦 | 其他各国 |
|---|---|---|---|---|
| 前 286 | 乙亥 | 29 | 21 | |
| 前 285 | 丙子 | 30 | 22 | |
| 前 284 | 丁丑 | 31 | 23 | |
| 前 283 | 戊寅 | 32 | 24 | 【田齐】襄王元年 |
| 前 282 | 己卯 | 33 | 25 | |
| 前 281 | 庚辰 | 34 | 26 | |
| 前 280 | 辛巳 | 35 | 27 | |
| 前 279 | 壬午 | 36 | 28 | |
| 前 278 | 癸未 | 37 | 29 | 【燕】惠王元年 |
| 前 277 | 甲申 | 38 | 30 | |
| 前 276 | 乙酉 | 39 | 31 | 【魏】安釐王元年 |
| 前 275 | 丙戌 | 40 | 32 | |
| 前 274 | 丁亥 | 41 | 33 | |
| 前 273 | 戊子 | 42 | 34 | |
| 前 272 | 己丑 | 43 | 35 | 【韩】桓惠王元年 |
| 前 271 | 庚寅 | 44 | 36 | 【燕】武成王元年 |
| 前 270 | 辛卯 | 45 | 37 | |
| 前 269 | 壬辰 | 46 | 38 | |
| 前 268 | 癸巳 | 47 | 39 | |
| 前 267 | 甲午 | 48 | 40 | |
| 前 266 | 乙未 | 49 | 41 | |
| 前 265 | 丙申 | 50 | 42 | 【赵】孝成王元年 |
| 前 264 | 丁酉 | 51 | 43 | 【田齐】齐王建元年 |
| 前 263 | 戊戌 | 52 | 44 | |
| 前 262 | 己亥 | 53 | 45 | 【楚】考烈王元年 |
| 前 261 | 庚子 | 54 | 46 | |
| 前 260 | 辛丑 | 55 | 47 | |
| 前 259 | 壬寅 | 56 | 48 | |
| 前 258 | 癸卯 | 57 | 49 | |
| 前 257 | 甲辰 | 58 | 50 | 【燕】孝王元年 |

续表

| 公元 | 干支 | 周 | 秦 | 其他各国 |
|---|---|---|---|---|
| 前 256 | 乙巳 | 59③ | 51 | |
| 前 255 | 丙午 | | 52 | |
| 前 254 | 丁未 | | 53 | 【燕】燕王喜元年 |
| 前 253 | 戊申 | | 54 | |
| 前 252 | 己酉 | | 55 | |
| 前 251 | 庚戌 | | 56 | |
| 前 250 | 辛亥 | | 孝文王 1 | |
| 前 249 | 壬子 | | 庄襄王 1 | |
| 前 248 | 癸丑 | | 2 | |
| 前 247 | 甲寅 | | 3 | |
| 前 246 | 乙卯 | | 秦王政（始皇帝） 1 | |
| 前 245 | 丙辰 | | 2 | |
| 前 244 | 丁巳 | | 3 | 【赵】悼襄王元年 |
| 前 243 | 戊午 | | 4 | |
| 前 242 | 己未 | | 5 | 【魏】景滑王元年 |
| 前 241 | 庚申 | | 6 | |
| 前 240 | 辛酉 | | 7 | |
| 前 239 | 壬戌 | | 8 | |
| 前 238 | 癸亥 | | 9 | 【韩】韩王安元年 |
| 前 237 | 甲子 | | 10 | 【楚】幽王元年 |
| 前 236 | 乙丑 | | 11 | |
| 前 235 | 丙寅 | | 12 | 【赵】赵王迁元年 |
| 前 234 | 丁卯 | | 13 | |
| 前 233 | 戊辰 | | 14 | |
| 前 232 | 己巳 | | 15 | |
| 前 231 | 庚午 | | 16 | |
| 前 230 | 辛未 | | 17 | |
| 前 229 | 壬申 | | 18 | |
| 前 228 | 癸酉 | | 19 | |

续表

| 公元 | 干支 | 周 | 秦 | 其他各国 |
| --- | --- | --- | --- | --- |
| 前 227 | 甲戌 | | 20 | 【魏】魏王假元年<br>【赵】代王嘉元年<br>【楚】楚王负刍元年 |
| 前 226 | 乙亥 | | 21 | |
| 前 225 | 丙子 | | 22 | |
| 前 224 | 丁丑 | | 23 | |
| 前 223 | 戊寅 | | 24 | |
| 前 222 | 己卯 | | 25 | |
| 前 221 | 庚辰 | | 26 | |

【注】

①《十二诸侯纪年表》中的宋、郑、鲁、卫四国至战国时期尚存，本表从略。

② 因本表所据与前表不同，故开始所列燕国世系、年代，与前表所列燕国最后一年不衔接。

③ 前 256 年周被秦所灭，周赧王姬延死。

# （四）秦纪年表

| 公元 | 干支 | 秦 | 公元 | 干支 | 秦 |
|---|---|---|---|---|---|
| 前 221 | 庚辰 | 始皇帝（嬴政） 26① | 前 213 | 戊子 | 34 |
| 前 220 | 辛巳 | 27 | 前 212 | 己丑 | 35 |
| 前 219 | 壬午 | 28 | 前 211 | 庚寅 | 36 |
| 前 218 | 癸未 | 29 | 前 210 | 辛卯 | 37 |
| 前 217 | 甲申 | 30 | 前 209 | 壬辰 | 二世（嬴胡亥） 1 |
| 前 216 | 乙酉 | 31 | 前 208 | 癸巳 | 2 |
| 前 215 | 丙戌 | 32 | 前 207 | 甲午 | 3 |
| 前 214 | 丁亥 | 33 | 前 206 | 乙未 | 嬴子婴 1② |

【注】

① 前 221 年秦王政完成统一，自称始皇帝，建都于咸阳（今陕西咸阳东北）。秦帝国于公元前 206 年被刘邦所灭，共历 3 帝，16 年。

② 嬴子婴八月即位，十月向刘邦投降。秦以十月为岁首，故列在公元前 206 年栏内。

# （五）汉纪年表

| 公元 | 干支 | 西汉① | | 公元 | 干支 | 西汉 | |
|---|---|---|---|---|---|---|---|
| 前206 | 乙未 | 高祖（刘邦） | 1 | 前179 | 壬戌 | 文帝（刘恒） | 1 |
| 前205 | 丙申 | | 2 | 前178 | 癸亥 | | 2 |
| 前204 | 丁酉 | | 3 | 前177 | 甲子 | | 3 |
| 前203 | 戊戌 | | 4 | 前176 | 乙丑 | | 4 |
| 前202 | 己亥 | | 5 | 前175 | 丙寅 | | 5 |
| 前201 | 庚子 | | 6 | 前174 | 丁卯 | | 6 |
| 前200 | 辛丑 | | 7 | 前173 | 戊辰 | | 7 |
| 前199 | 壬寅 | | 8 | 前172 | 己巳 | | 8 |
| 前198 | 癸卯 | | 9 | 前171 | 庚午 | | 9 |
| 前197 | 甲辰 | | 10 | 前170 | 辛未 | | 10 |
| 前196 | 乙巳 | | 11 | 前169 | 壬申 | | 11 |
| 前195 | 丙午 | | 12 | 前168 | 癸酉 | | 12 |
| 前194 | 丁未 | 惠帝（刘盈） | 1 | 前167 | 甲戌 | | 13 |
| 前193 | 戊申 | | 2 | 前166 | 乙亥 | | 14 |
| 前192 | 己酉 | | 3 | 前165 | 丙子 | | 15 |
| 前191 | 庚戌 | | 4 | 前164 | 丁丑 | | 16 |
| 前190 | 辛亥 | | 5 | 前163 | 戊寅 | （后元） | 1 |
| 前189 | 壬子 | | 6 | 前162 | 己卯 | | 2 |
| 前188 | 癸丑 | | 7 | 前161 | 庚辰 | | 3 |
| 前187 | 甲寅 | 高后（吕雉） | 1 | 前160 | 辛巳 | | 4 |
| 前186 | 乙卯 | | 2 | 前159 | 壬午 | | 5 |
| 前185 | 丙辰 | | 3 | 前158 | 癸未 | | 6 |
| 前184 | 丁巳 | | 4 | 前157 | 甲申 | | 7 |
| 前183 | 戊午 | | 5 | 前156 | 乙酉 | 景帝（刘启） | 1 |
| 前182 | 己未 | | 6 | 前155 | 丙戌 | | 2 |
| 前181 | 庚申 | | 7 | 前154 | 丁亥 | | 3 |
| 前180 | 辛酉 | | 8 | 前153 | 戊子 | | 4 |

续表

| 公元 | 干支 | 西汉 | | 公元 | 干支 | 西汉 | |
|---|---|---|---|---|---|---|---|
| 前 152 | 己丑 | | 5 | 前 122 | 己未 | 元狩 | 1 |
| 前 151 | 庚寅 | | 6 | 前 121 | 庚申 | | 2 |
| 前 150 | 辛卯 | | 7 | 前 120 | 辛酉 | | 3 |
| 前 149 | 壬辰 | （中元） | 1 | 前 119 | 壬戌 | | 4 |
| 前 148 | 癸巳 | | 2 | 前 118 | 癸亥 | | 5 |
| 前 147 | 甲午 | | 3 | 前 117 | 甲子 | | 6 |
| 前 146 | 乙未 | | 4 | 前 116 | 乙丑 | 元鼎 | 1 |
| 前 145 | 丙申 | | 5 | 前 115 | 丙寅 | | 2 |
| 前 144 | 丁酉 | | 6 | 前 114 | 丁卯 | | 3 |
| 前 143 | 戊戌 | （后元） | 1 | 前 113 | 戊辰 | | 4 |
| 前 142 | 己亥 | | 2 | 前 112 | 己巳 | | 5 |
| 前 141 | 庚子 | | 3 | 前 111 | 庚午 | | 6 |
| 前 140 | 辛丑 | 武帝（刘彻）② 建元 | 1 | 前 110 | 辛未 | 元封 | 1 |
| 前 139 | 壬寅 | | 2 | 前 109 | 壬申 | | 2 |
| 前 138 | 癸卯 | | 3 | 前 108 | 癸酉 | | 3 |
| 前 137 | 甲辰 | | 4 | 前 107 | 甲戌 | | 4 |
| 前 136 | 乙巳 | | 5 | 前 106 | 乙亥 | | 5 |
| 前 135 | 丙午 | | 6 | 前 105 | 丙子 | | 6 |
| 前 134 | 丁未 | 元光 | 1 | 前 104 | 丁丑 | 太初 | 1 |
| 前 133 | 戊申 | | 2 | 前 103 | 戊寅 | | 2 |
| 前 132 | 己酉 | | 3 | 前 102 | 己卯 | | 3 |
| 前 131 | 庚戌 | | 4 | 前 101 | 庚辰 | | 4 |
| 前 130 | 辛亥 | | 5 | 前 100 | 辛巳 | 天汉 | 1 |
| 前 129 | 壬子 | | 6 | 前 99 | 壬午 | | 2 |
| 前 128 | 癸丑 | 元朔 | 1 | 前 98 | 癸未 | | 3 |
| 前 127 | 甲寅 | | 2 | 前 97 | 甲申 | | 4 |
| 前 126 | 乙卯 | | 3 | 前 96 | 乙酉 | 太始 | 1 |
| 前 125 | 丙辰 | | 4 | 前 95 | 丙戌 | | 2 |
| 前 124 | 丁巳 | | 5 | 前 94 | 丁亥 | | 3 |
| 前 123 | 戊午 | | 6 | 前 93 | 戊子 | | 4 |

续表

| 公元 | 干支 | 西汉 | | 公元 | 干支 | 西汉 | |
|---|---|---|---|---|---|---|---|
| 前 92 | 己丑 | 征（延）和 | 1 | 前 62 | 己未 | | 4 |
| 前 91 | 庚寅 | | 2 | 前 61 | 庚申 | 神爵（三） | 1 |
| 前 90 | 辛卯 | | 3 | 前 60 | 辛酉 | | 2 |
| 前 89 | 壬辰 | | 4 | 前 59 | 壬戌 | | 3 |
| 前 88 | 癸巳 | 后元 | 1 | 前 58 | 癸亥 | | 4 |
| 前 87 | 甲午 | | 2 | 前 57 | 甲子 | 五凤 | 1 |
| 前 86 | 乙未 | 昭帝（刘弗陵）始元 | 1 | 前 56 | 乙丑 | | 2 |
| 前 85 | 丙申 | | 2 | 前 55 | 丙寅 | | 3 |
| 前 84 | 丁酉 | | 3 | 前 54 | 丁卯 | | 4 |
| 前 83 | 戊戌 | | 4 | 前 53 | 戊辰 | 甘露 | 1 |
| 前 82 | 己亥 | | 5 | 前 52 | 己巳 | | 2 |
| 前 81 | 庚子 | | 6 | 前 51 | 庚午 | | 3 |
| 前 80 | 辛丑 | 元凤（八） | 1 | 前 50 | 辛未 | | 4 |
| 前 79 | 壬寅 | | 2 | 前 49 | 壬申 | 黄龙 | 1 |
| 前 78 | 癸卯 | | 3 | 前 48 | 癸酉 | 元帝（刘奭）初元 | 1 |
| 前 77 | 甲辰 | | 4 | 前 47 | 甲戌 | | 2 |
| 前 76 | 乙巳 | | 5 | 前 46 | 乙亥 | | 3 |
| 前 75 | 丙午 | | 6 | 前 45 | 丙子 | | 4 |
| 前 74 | 丁未 | 元平 | 1 | 前 44 | 丁丑 | | 5 |
| 前 73 | 戊申 | 宣帝（刘询）本始 | 1 | 前 43 | 戊寅 | 永光 | 1 |
| 前 72 | 己酉 | | 2 | 前 42 | 己卯 | | 2 |
| 前 71 | 庚戌 | | 3 | 前 41 | 庚辰 | | 3 |
| 前 70 | 辛亥 | | 4 | 前 40 | 辛巳 | | 4 |
| 前 69 | 壬子 | 地节 | 1 | 前 39 | 壬午 | | 5 |
| 前 68 | 癸丑 | | 2 | 前 38 | 癸未 | 建昭 | 1 |
| 前 67 | 甲寅 | | 3 | 前 37 | 甲申 | | 2 |
| 前 66 | 乙卯 | | 4 | 前 36 | 乙酉 | | 3 |
| 前 65 | 丙辰 | 元康 | 1 | 前 35 | 丙戌 | | 4 |
| 前 64 | 丁巳 | | 2 | 前 34 | 丁亥 | | 5 |
| 前 63 | 戊午 | | 3 | 前 33 | 戊子 | 竟宁 | 1 |

续表

| 公元 | 干支 | 西汉 | | 公元 | 干支 | 西汉 | |
|---|---|---|---|---|---|---|---|
| 前 32 | 己丑 | 成帝（刘骜）建始 | 1 | 前 3 | 戊午 | | 4 |
| 前 31 | 庚寅 | | 2 | 前 2 | 己未 | 元寿 | 1 |
| 前 30 | 辛卯 | | 3 | 前 1 | 庚申 | | 2 |
| 前 29 | 壬辰 | | 4 | 1 | 辛酉 | 平帝（刘衎）元始 | 1 |
| 前 28 | 癸巳 | 河平（三） | 1 | 2 | 壬戌 | | 2 |
| 前 27 | 甲午 | | 2 | 3 | 癸亥 | | 3 |
| 前 26 | 乙未 | | 3 | 4 | 甲子 | | 4 |
| 前 25 | 丙申 | | 4 | 5 | 乙丑 | | 5 |
| 前 24 | 丁酉 | 阳朔 | 1 | 6 | 丙寅 | 孺子（刘婴）居摄 | 1 |
| 前 23 | 戊戌 | | 2 | 7 | 丁卯 | | 2 |
| 前 22 | 己亥 | | 3 | 8 | 戊辰 | | 3 |
| 前 21 | 庚子 | | 4 | | | 初始（十一）③ | 1 |
| 前 20 | 辛丑 | 鸿嘉 | 1 | | | | |
| 前 19 | 壬寅 | | 2 | | | **新④** | |
| 前 18 | 癸卯 | | 3 | | | | |
| 前 17 | 甲辰 | | 4 | | | | |
| 前 16 | 乙巳 | 永始 | 1 | 9 | 己巳 | 王莽始建国 | 1 |
| 前 15 | 丙午 | | 2 | 10 | 庚午 | | 2 |
| 前 14 | 丁未 | | 3 | 11 | 辛未 | | 3 |
| 前 13 | 戊申 | | 4 | 12 | 壬申 | | 4 |
| 前 12 | 己酉 | 元延 | 1 | 13 | 癸酉 | | 5 |
| 前 11 | 庚戌 | | 2 | 14 | 甲戌 | 天凤 | 1 |
| 前 10 | 辛亥 | | 3 | 15 | 乙亥 | | 2 |
| 前 9 | 壬子 | | 4 | 16 | 丙子 | | 3 |
| 前 8 | 癸丑 | 绥和 | 1 | 17 | 丁丑 | | 4 |
| 前 7 | 甲寅 | | 2 | 18 | 戊寅 | | 5 |
| 前 6 | 乙卯 | 哀帝（刘欣）建平 | 1 | 19 | 己卯 | | 6 |
| 前 5 | 丙辰 | 太初元将（太初） | 1 | 20 | 庚辰 | 地皇 | 1 |
| | | 建平 | 2 | 21 | 辛巳 | | 2 |
| 前 4 | 丁巳 | | 3 | 22 | 壬午 | | 3 |

续表

| 公元 | 干支 | 西汉 | 公元 | 干支 | 西汉 |
|---|---|---|---|---|---|
| 23 | 癸未 | 更始帝（刘玄）<br>更始（二）　1 | 24 | 甲申 | 2 |

| 公元 | 干支 | 东汉⑤ | 公元 | 干支 | 东汉 |
|---|---|---|---|---|---|
| 25 | 乙酉 | 光武帝（刘秀）<br>建武（六）　1 | 50 | 庚戌 | 26 |
| | | | 51 | 辛亥 | 27 |
| 26 | 丙戌 | 2 | 52 | 壬子 | 28 |
| 27 | 丁亥 | 3 | 53 | 癸丑 | 29 |
| 28 | 戊子 | 4 | 54 | 甲寅 | 30 |
| 29 | 己丑 | 5 | 55 | 乙卯 | 31 |
| 30 | 庚寅 | 6 | 56 | 丙辰 | 建武中元（四）　1 |
| 31 | 辛卯 | 7 | 57 | 丁巳 | 2 |
| 32 | 壬辰 | 8 | 58 | 戊午 | 明帝（刘庄）永平　1 |
| 33 | 癸巳 | 9 | 59 | 己未 | 2 |
| 34 | 甲午 | 10 | 60 | 庚申 | 3 |
| 35 | 乙未 | 11 | 61 | 辛酉 | 4 |
| 36 | 丙申 | 12 | 62 | 壬戌 | 5 |
| 37 | 丁酉 | 13 | 63 | 癸亥 | 6 |
| 38 | 戊戌 | 14 | 64 | 甲子 | 7 |
| 39 | 己亥 | 15 | 65 | 乙丑 | 8 |
| 40 | 庚子 | 16 | 66 | 丙寅 | 9 |
| 41 | 辛丑 | 17 | 67 | 丁卯 | 10 |
| 42 | 壬寅 | 18 | 68 | 戊辰 | 11 |
| 43 | 癸卯 | 19 | 69 | 己巳 | 12 |
| 44 | 甲辰 | 20 | 70 | 庚午 | 13 |
| 45 | 乙巳 | 21 | 71 | 辛未 | 14 |
| 46 | 丙午 | 22 | 72 | 壬申 | 15 |
| 47 | 丁未 | 23 | 73 | 癸酉 | 16 |
| 48 | 戊申 | 24 | 74 | 甲戌 | 17 |
| 49 | 己酉 | 25 | 75 | 乙亥 | 18 |

续表

| 公元 | 干支 | 东汉 | | 公元 | 干支 | 东汉 | |
|---|---|---|---|---|---|---|---|
| 76 | 丙子 | 章帝（刘炟）建初 | 1 | 106 | 丙午 | 殇帝（刘隆）延平 | 1 |
| 77 | 丁丑 | | 2 | 107 | 丁未 | 安帝（刘祜）永初 | 1 |
| 78 | 戊寅 | | 3 | 108 | 戊申 | | 2 |
| 79 | 己卯 | | 4 | 109 | 己酉 | | 3 |
| 80 | 庚辰 | | 5 | 110 | 庚戌 | | 4 |
| 81 | 辛巳 | | 6 | 111 | 辛亥 | | 5 |
| 82 | 壬午 | | 7 | 112 | 壬子 | | 6 |
| 83 | 癸未 | | 8 | 113 | 癸丑 | | 7 |
| 84 | 甲申 | 元和（八） | 1 | 114 | 甲寅 | 元初 | 1 |
| 85 | 乙酉 | | 2 | 115 | 乙卯 | | 2 |
| 86 | 丙戌 | | 3 | 116 | 丙辰 | | 3 |
| 87 | 丁亥 | 章和（七） | 1 | 117 | 丁巳 | | 4 |
| 88 | 戊子 | | 2 | 118 | 戊午 | | 5 |
| 89 | 己丑 | 和帝（刘肇）永元 | 1 | 119 | 己未 | | 6 |
| 90 | 庚寅 | | 2 | 120 | 庚申 | 永宁（四） | 1 |
| 91 | 辛卯 | | 3 | 121 | 辛酉 | 建光（七） | 1 |
| 92 | 壬辰 | | 4 | 122 | 壬戌 | 延光（三） | 1 |
| 93 | 癸巳 | | 5 | 123 | 癸亥 | | 2 |
| 94 | 甲午 | | 6 | 124 | 甲子 | | 3 |
| 95 | 乙未 | | 7 | 125 | 乙丑 | | 4 |
| 96 | 丙申 | | 8 | 126 | 丙寅 | 顺帝（刘保）永建 | 1 |
| 97 | 丁酉 | | 9 | 127 | 丁卯 | | 2 |
| 98 | 戊戌 | | 10 | 128 | 戊辰 | | 3 |
| 99 | 己亥 | | 11 | 129 | 己巳 | | 4 |
| 100 | 庚子 | | 12 | 130 | 庚午 | | 5 |
| 101 | 辛丑 | | 13 | 131 | 辛未 | | 6 |
| 102 | 壬寅 | | 14 | 132 | 壬申 | 阳嘉（三） | 1 |
| 103 | 癸卯 | | 15 | 133 | 癸酉 | | 2 |
| 104 | 甲辰 | | 16 | 134 | 甲戌 | | 3 |
| 105 | 乙巳 | 元兴（四） | 1 | 135 | 乙亥 | | 4 |

续表

| 公元 | 干支 | 东汉 | | 公元 | 干支 | 东汉 | |
|---|---|---|---|---|---|---|---|
| 136 | 丙子 | 永和 | 1 | 165 | 乙巳 | | 8 |
| 137 | 丁丑 | | 2 | 166 | 丙午 | | 9 |
| 138 | 戊寅 | | 3 | 167 | 丁未 | 永康（六） | 1 |
| 139 | 己卯 | | 4 | 168 | 戊申 | 灵帝（刘宏）建宁 | 1 |
| 140 | 庚辰 | | 5 | 169 | 己酉 | | 2 |
| 141 | 辛巳 | | 6 | 170 | 庚戌 | | 3 |
| 142 | 壬午 | 汉安 | 1 | 171 | 辛亥 | | 4 |
| 143 | 癸未 | | 2 | 172 | 壬子 | 熹平（五） | 1 |
| 144 | 甲申 | 建康（四） | 1 | 173 | 癸丑 | | 2 |
| 145 | 乙酉 | 冲帝（刘炳） | | 174 | 甲寅 | | 3 |
| | | 永憙（嘉） | 1 | 175 | 乙卯 | | 4 |
| 146 | 丙戌 | 质帝（刘缵）本初 | 1 | 176 | 丙辰 | | 5 |
| 147 | 丁亥 | 桓帝（刘志）建和 | 1 | 177 | 丁巳 | | 6 |
| 148 | 戊子 | | 2 | 178 | 戊午 | 光和（三） | 1 |
| 149 | 己丑 | | 3 | 179 | 己未 | | 2 |
| 150 | 庚寅 | 和平 | 1 | 180 | 庚申 | | 3 |
| 151 | 辛卯 | 元嘉 | 1 | 181 | 辛酉 | | 4 |
| 152 | 壬辰 | | 2 | 182 | 壬戌 | | 5 |
| 153 | 癸巳 | 永兴（五） | 1 | 183 | 癸亥 | | 6 |
| 154 | 甲午 | | 2 | 184 | 甲子 | 中平（十二） | 1 |
| 155 | 乙未 | 永寿 | 1 | 185 | 乙丑 | | 2 |
| 156 | 丙申 | | 2 | 186 | 丙寅 | | 3 |
| 157 | 丁酉 | | 3 | 187 | 丁卯 | | 4 |
| 158 | 戊戌 | 延熹（六） | 1 | 188 | 戊辰 | | 5 |
| 159 | 己亥 | | 2 | 189 | 己巳 | 少帝（刘辩） | |
| 160 | 庚子 | | 3 | | | 光熹（四） | 1 |
| 161 | 辛丑 | | 4 | | | 昭宁（八） | 1 |
| 162 | 壬寅 | | 5 | | | 献帝（刘协） | |
| 163 | 癸卯 | | 6 | | | 永汉（九） | 1 |
| 164 | 甲辰 | | 7 | | | 中平 | 6 |

续表

| 公元 | 干支 | 东汉 | | 公元 | 干支 | 东汉 | |
|---|---|---|---|---|---|---|---|
| 190 | 庚午 | 初平 | 1 | 206 | 丙戌 | | 11 |
| 191 | 辛未 | | 2 | 207 | 丁亥 | | 12 |
| 192 | 壬申 | | 3 | 208 | 戊子 | | 13 |
| 193 | 癸酉 | | 4 | 209 | 己丑 | | 14 |
| 194 | 甲戌 | 兴平 | 1 | 210 | 庚寅 | | 15 |
| 195 | 乙亥 | | 2 | 211 | 辛卯 | | 16 |
| 196 | 丙子 | 建安 | 1 | 212 | 壬辰 | | 17 |
| 197 | 丁丑 | | 2 | 213 | 癸巳 | | 18 |
| 198 | 戊寅 | | 3 | 214 | 甲午 | | 19 |
| 199 | 己卯 | | 4 | 215 | 乙未 | | 20 |
| 200 | 庚辰 | | 5 | 216 | 丙申 | | 21 |
| 201 | 辛巳 | | 6 | 217 | 丁酉 | | 22 |
| 202 | 壬午 | | 7 | 218 | 戊戌 | | 23 |
| 203 | 癸未 | | 8 | 219 | 己亥 | | 24 |
| 204 | 甲申 | | 9 | 220 | 庚子 | 延康（三） | 1 |
| 205 | 乙酉 | | 10 | | | | |

【注】

① 前206年刘邦灭秦，又打败项羽，在氾水之阳（今山东菏泽）即帝位，国号汉，后定都于长安（今陕西西安），史称西汉或前汉。公元8年被王莽所代，共214年。

② 自汉武帝刘彻开始立有年号。

③ 戊辰年（8）十一月孺子刘婴被废，西汉灭亡。十二月王莽建立新朝，年号始建国，即以本月为正月。

④ 8年王莽称帝，23年被绿林农民起义军所灭。绿林军立刘玄为帝。25年赤眉农民起义军立刘盆子为帝，后被刘秀所灭。

⑤ 25年，刘秀利用农民起义重建汉王朝，建都于雒阳（今河南洛阳东），史称东汉或后汉。220年曹丕代汉称帝，东汉亡。共196年。

# （六）三国纪年表

| 公元 | 干支 | 魏① | 蜀② | 吴③ |
|---|---|---|---|---|
| 220 | 庚子 | 文帝（曹丕）<br>黄初（十）　1 | | |
| 221 | 辛丑 | 2 | 昭烈帝（刘备）<br>章武（四）　1 | |
| 222 | 壬寅 | 3 | 2 | 大帝（孙权）<br>黄武（十）　1 |
| 223 | 癸卯 | 4 | 后主（刘禅）<br>建兴（五）　1 | 2 |
| 224 | 甲辰 | 5 | 2 | 3 |
| 225 | 乙巳 | 6 | 3 | 4 |
| 226 | 丙午 | 7 | 4 | 5 |
| 227 | 丁未 | 明帝（曹叡）太和　1 | 5 | 6 |
| 228 | 戊申 | 2 | 6 | 7 |
| 229 | 己酉 | 3 | 7 | 黄龙（四）　1 |
| 230 | 庚戌 | 4 | 8 | 2 |
| 231 | 辛亥 | 5 | 9 | 3 |
| 232 | 壬子 | 6 | 10 | 嘉禾　1 |
| 233 | 癸丑 | 青龙（二）　1 | 11 | 2 |
| 234 | 甲寅 | 2 | 12 | 3 |
| 235 | 乙卯 | 3 | 13 | 4 |
| 236 | 丙辰 | 4 | 14 | 5 |
| 237 | 丁巳 | 景初（三）　1 | 15 | 6 |
| 238 | 戊午 | 2 | 延熙　1 | 赤乌（九）　1 |
| 239 | 己未 | 3 | 2 | 2 |
| 240 | 庚申 | 齐王（曹芳）正始　1 | 3 | 3 |
| 241 | 辛酉 | 2 | 4 | 4 |
| 242 | 壬戌 | 3 | 5 | 5 |

续表

| 公元 | 干支 | 魏 | | 蜀 | | 吴 | |
|---|---|---|---|---|---|---|---|
| 243 | 癸亥 | | 4 | | 6 | | 6 |
| 244 | 甲子 | | 5 | | 7 | | 7 |
| 245 | 乙丑 | | 6 | | 8 | | 8 |
| 246 | 丙寅 | | 7 | | 9 | | 9 |
| 247 | 丁卯 | | 8 | | 10 | | 10 |
| 248 | 戊辰 | | 9 | | 11 | | 11 |
| 249 | 己巳 | 嘉平（四） | 1 | | 12 | | 12 |
| 250 | 庚午 | | 2 | | 13 | | 13 |
| 251 | 辛未 | | 3 | | 14 | 太元（五） | 1 |
| 252 | 壬申 | | 4 | | 15 | 神凤（二） | 1 |
| | | | | | | 会稽王（孙亮） | |
| | | | | | | 建兴（四） | 1 |
| 253 | 癸酉 | | 5 | | 16 | | 2 |
| 254 | 甲戌 | 高贵乡公（曹髦） | | | | | |
| | | 正元（十） | 1 | | 17 | 五凤 | 1 |
| 255 | 乙亥 | | 2 | | 18 | | 2 |
| 256 | 丙子 | 甘露（六） | 1 | | 19 | 太平（十） | 1 |
| 257 | 丁丑 | | 2 | | 20 | | 2 |
| 258 | 戊寅 | | 3 | 景耀 | 1 | 景帝（孙休） | |
| | | | | | | 永安（十） | 1 |
| 259 | 己卯 | | 4 | | 2 | | 2 |
| 260 | 庚辰 | 元帝（曹奂） | | | 3 | | 3 |
| | | 景元（六） | 1 | | | | |
| 261 | 辛巳 | | 2 | | | | 4 |
| 262 | 壬午 | | 3 | | 4 | | 5 |
| 263 | 癸未 | | 4 | 炎兴（八） | 1 | | 6 |
| | | | | | | 末帝（孙皓） | |
| 264 | 甲申 | 咸熙（五） | 1 | | | 元兴（七） | 1 |
| 265 | 乙酉 | | 2 | | | 甘露（四） | 1 |

| 公元 | 干支 | 晋（西晋）④ | | | |
|---|---|---|---|---|---|
| | | 武帝（司马炎） | | | |
| | | 泰始（十二） | 1 | | |
| 266 | 丙戌 | | 2 | | 宝鼎（八） 1 |
| 267 | 丁亥 | | 3 | | 2 |
| 268 | 戊子 | | 4 | | 3 |
| 269 | 己丑 | | 5 | | 建衡（十） 1 |
| 270 | 庚寅 | | 6 | | 2 |
| 271 | 辛卯 | | 7 | | 3 |
| 272 | 壬辰 | | 8 | | 凤凰 1 |
| 273 | 癸巳 | | 9 | | 2 |
| 274 | 甲午 | | 10 | | 3 |
| 275 | 乙未 | 咸宁 | 1 | | 天册 1 |
| 276 | 丙申 | | 2 | | 天玺（七） 1 |
| 277 | 丁酉 | | 3 | | 天纪 1 |
| 278 | 戊戌 | | 4 | | 2 |
| 279 | 己亥 | | 5 | | 3 |
| 280 | 庚子 | 太康（四） | 1 | | 4 |

【注】

① 220 年曹丕代汉称帝，国号魏，建都于洛阳（今河南洛阳东）。265 年被司马炎所代。共历 5 帝，46 年。

② 221 年刘备在成都（今四川成都）称帝，国号汉。史称蜀或蜀汉。263 年被魏所灭。共历 2 帝，43 年。

③ 222 年孙权被魏封为吴王。229 年在武昌（今湖北鄂州）称帝，不久迁都建邺（今江苏南京）。史称吴或东吴。265 年孙皓迁都武昌，267 年迁都建邺。280 年被晋所灭。共历 4 帝，59 年。

④ 265 年司马炎代魏称帝，建都于洛阳（今河南洛阳东），国号为晋。史称西晋。

# （七）晋、十六国纪年表

| 公元 | 干支 | 晋（西晋）① | | 十六国② |
|---|---|---|---|---|
| 281 | 辛丑 | 武帝（司马炎）太康 | 2 | |
| 282 | 壬寅 | | 3 | |
| 283 | 癸卯 | | 4 | |
| 284 | 甲辰 | | 5 | |
| 285 | 乙巳 | | 6 | |
| 286 | 丙午 | | 7 | |
| 287 | 丁未 | | 8 | |
| 288 | 戊申 | | 9 | |
| 289 | 己酉 | | 10 | |
| 290 | 庚戌 | 太熙 | 1 | |
| | | 惠帝（司马衷）永熙（四） | 1 | |
| 291 | 辛亥 | 永平 | 1 | |
| | | 元康（三） | 1 | |
| 292 | 壬子 | | 2 | |
| 293 | 癸丑 | | 3 | |
| 294 | 甲寅 | | 4 | |
| 295 | 乙卯 | | 5 | |
| 296 | 丙辰 | | 6 | |
| 297 | 丁巳 | | 7 | |
| 298 | 戊午 | | 8 | |
| 299 | 己未 | | 9 | |
| 300 | 庚申 | 永康 | 1 | |
| 301 | 辛酉 | 永宁（四） | 1 | |
| 302 | 壬戌 | 太安（十二） | 1 | |
| 303 | 癸亥 | | 2 | 【成（汉）】李特建初元年③ |
| 304 | 甲子 | 永安 | 1 | 【成（汉）】李雄建兴元年 |
| | | 建武（七） | 1 | 【汉（前赵）】刘渊元熙元年④ |

续表

| 公元 | 干支 | 晋（西晋） | | 十六国 |
|---|---|---|---|---|
| | | 永安（十一） | 1 | |
| | | 永兴（十二） | 1 | |
| 305 | 乙丑 | | 2 | |
| 306 | 丙寅 | 光熙（六） | 1 | 【成（汉）】晏平元年 |
| 307 | 丁卯 | 怀帝（司马炽）永嘉 | 1 | |
| 308 | 戊辰 | | 2 | 【汉（前赵）】永凤元年 |
| 309 | 己巳 | | 3 | 【汉（前赵）】河瑞元年 |
| 310 | 庚午 | | 4 | 【汉（前赵）】刘聪光兴元年 |
| 311 | 辛未 | | 5 | 【成（汉）】玉衡元年 |
| | | | | 【汉（前赵）】嘉平元年 |
| 312 | 壬申 | | 6 | |
| 313 | 癸酉 | 愍帝（司马邺）建兴（四） | 1 | |
| 314 | 甲戌 | | 2 | |
| 315 | 乙亥 | | 3 | 【汉（前赵）】建元元年 |
| 316 | 丙子 | | 4 | 【汉（前赵）】麟嘉元年 |

| 公元 | 干支 | 东晋⑤ | | 十六国 |
|---|---|---|---|---|
| 317 | 丁丑 | 元帝（司马睿）建武（三） | 1 | 【前凉】张寔（建兴）五年⑥ |
| 318 | 戊寅 | 大（太）兴（三） | 1 | 【汉（前赵）】刘粲汉昌元年 |
| | | | | 【汉（前赵）】刘曜光初元年 |
| 319 | 己卯 | | 2 | 【后赵】石勒元年⑦ |
| 320 | 庚辰 | | 3 | |
| 321 | 辛巳 | | 4 | |
| 322 | 壬午 | 永昌 | 1 | |
| 323 | 癸未 | 明帝（司马绍）太宁（三） | 1 | |
| 324 | 甲申 | | 2 | |
| 325 | 乙酉 | | 3 | |
| 326 | 丙戌 | 成帝（司马衍）咸和（二） | 1 | |
| 327 | 丁亥 | | 2 | |
| 328 | 戊子 | | 3 | 【后赵】太和元年 |

续表

| 公元 | 干支 | 东晋 | | 十六国 |
|---|---|---|---|---|
| 329 | 己丑 | | 4 | |
| 330 | 庚寅 | | 5 | 【后赵】建平元年 |
| 331 | 辛卯 | | 6 | |
| 332 | 壬辰 | | 7 | |
| 333 | 癸巳 | | 8 | |
| 334 | 甲午 | | 9 | 【后赵】石弘延熙元年 |
| 335 | 乙未 | 咸康 | 1 | 【成（汉）】李期玉恒元年<br>【后赵】石虎建武元年 |
| 336 | 丙申 | | 2 | |
| 337 | 丁酉 | | 3 | 【前燕】慕容皝四年⑧ |
| 338 | 戊戌 | | 4 | 【成（汉）】李寿汉兴元年 |
| 339 | 己亥 | | 5 | |
| 340 | 庚子 | | 6 | |
| 341 | 辛丑 | | 7 | |
| 342 | 壬寅 | | 8 | |
| 343 | 癸卯 | 康帝（司马岳）建元 | 1 | |
| 344 | 甲辰 | | 2 | 【成（汉）】李势太和元年 |
| 345 | 乙巳 | 穆帝（司马聃）永和 | 1 | |
| 346 | 丙午 | | 2 | 【成（汉）】嘉宁元年 |
| 347 | 丁未 | | 3 | |
| 348 | 戊申 | | 4 | |
| 349 | 己酉 | | 5 | 【后赵】石世太宁元年<br>【前燕】慕容儁元年 |
| 350 | 庚戌 | | 6 | 【冉魏】冉闵永兴元年⑨<br>【前秦】苻洪元年⑩<br>【后赵】石祗永宁元年 |
| 351 | 辛亥 | | 7 | 【前秦】苻健皇始元年 |
| 352 | 壬子 | | 8 | 【前燕】元玺元年 |
| 353 | 癸丑 | | 9 | |

续表

| 公元 | 干支 | 东晋 | | 十六国 |
|---|---|---|---|---|
| 354 | 甲寅 | | 10 | 【前凉】张祚和平元年 |
| 355 | 乙卯 | | 11 | 【前秦】苻生寿光元年 |
| 356 | 丙辰 | | 12 | |
| 357 | 丁巳 | 升平 | 1 | 【前秦】苻坚永兴元年 |
| 358 | 戊午 | | 2 | 【前燕】光寿元年 |
| 359 | 己未 | | 3 | 【前秦】甘露元年 |
| 360 | 庚申 | | 4 | 【前燕】慕容暐建熙元年 |
| 361 | 辛酉 | | 5 | 【前凉】升平五年 |
| 362 | 壬戌 | 哀帝（司马丕）隆和 | 1 | |
| 363 | 癸亥 | 兴宁（二） | 1 | |
| 364 | 甲子 | | 2 | |
| 365 | 乙丑 | | 3 | 【前秦】建元元年 |
| 366 | 丙寅 | 废帝（司马奕）⑪ 太和 | 1 | |
| 367 | 丁卯 | | 2 | |
| 368 | 戊辰 | | 3 | |
| 369 | 己巳 | | 4 | |
| 370 | 庚午 | | 5 | |
| 371 | 辛未 | 简文帝（司马昱）<br>咸安（十一） | 1 | |
| 372 | 壬申 | | 2 | |
| 373 | 癸酉 | 孝武帝（司马曜）宁康 | 1 | |
| 374 | 甲戌 | | 2 | |
| 375 | 乙亥 | | 3 | |
| 376 | 丙子 | 太元 | 1 | |
| 377 | 丁丑 | | 2 | |
| 378 | 戊寅 | | 3 | |
| 379 | 己卯 | | 4 | |
| 380 | 庚辰 | | 5 | |
| 381 | 辛巳 | | 6 | |
| 382 | 壬午 | | 7 | |

续表

| 公元 | 干支 | 东晋 | 十六国 |
|---|---|---|---|
| 383 | 癸未 | 8 | |
| 384 | 甲申 | 9 | 【后燕】慕容垂燕元元年⑫ |
| | | | 【西燕】慕容泓燕兴元年⑬ |
| | | | 【后秦】姚苌白雀元年⑭ |
| 385 | 乙酉 | 10 | 【前秦】苻丕太安元年 |
| | | | 【西秦】乞伏国仁建义元年⑮ |
| | | | 【西燕】慕容冲更始元年 |
| 386 | 丙戌 | 11 | 【北魏】道武帝（拓跋珪）登国元年⑯ |
| | | | 【前秦】苻登太初元年 |
| | | | 【后燕】建兴元年 |
| | | | 【后凉】吕光太（大）安元年⑰ |
| | | | 【西燕】段随昌平元年 |
| | | | 慕容觊建明元年 |
| | | | 慕容瑶建平元年 |
| | | | 慕容忠建武元年 |
| | | | 慕容永中兴元年 |
| | | | 【后秦】建初元年 |
| 387 | 丁亥 | 12 | |
| 388 | 戊子 | 13 | 【西秦】乞伏乾归太初元年 |
| 389 | 己丑 | 14 | 【后凉】麟嘉元年 |
| 390 | 庚寅 | 15 | |
| 391 | 辛卯 | 16 | |
| 392 | 壬辰 | 17 | |
| 393 | 癸巳 | 18 | |
| 394 | 甲午 | 19 | 【前秦】苻崇延初元年 |
| | | | 【后秦】姚兴皇初元年 |
| 395 | 乙未 | 20 | |
| 396 | 丙申 | 21 | 【北魏】皇始（七）元年 |
| | | | 【后燕】慕容宝永康元年 |
| | | | 【后凉】龙飞元年 |

续表

| 公元 | 干支 | 东晋 | 十六国 |
| --- | --- | --- | --- |
| 397 | 丁酉 | 安帝（司马德宗）隆安 1 | 【北凉】段业神玺元年⑱<br>【南凉】秃发乌孤太初元年⑲ |
| 398 | 戊戌 | 2 | 【北魏】天兴（十二）元年<br>【后燕】慕容盛建平元年<br>【南燕】慕容德元年⑳ |
| 399 | 己亥 | 3 | 【北凉】天玺元年<br>【后燕】长乐元年<br>【后凉】咸宁元年<br>【后秦】弘始元年 |
| 400 | 庚子 | 4 | 【西凉】李暠庚子元年㉑<br>【西秦】太初十三年㉒<br>【南凉】秃发利鹿孤建和元年<br>【南燕】建平元年 |
| 401 | 辛丑 | 5 | 【北凉】沮渠蒙逊永安元年<br>【后燕】慕容熙光始元年<br>【后凉】吕隆神鼎元年 |
| 402 | 壬寅 | 元兴 1<br>大亨（三）㉓ 1 | 【南凉】秃发傉檀弘昌元年 |
| 403 | 癸卯 | 元兴 2 | |
| 404 | 甲辰 | 3 | 【北魏】天赐（十）元年<br>【南凉】弘昌三年㉔ |
| 405 | 乙巳 | 义熙 1 | 【西凉】建初元年<br>【南燕】慕容超太上元年 |
| 406 | 丙午 | 2 | |
| 407 | 丁未 | 3 | 【后燕】建始元年<br>【北燕】高云正始元年㉕<br>【夏】赫连勃勃龙昇元年㉖ |
| 408 | 戊申 | 4 | 【南凉】嘉平元年 |

续表

| 公元 | 干支 | 东晋 | 十六国 |
|---|---|---|---|
| 409 | 己酉 | 5 | 【北魏】明元帝（拓跋嗣）<br>永兴（十）元年<br>【北燕】冯跋太平元年<br>【西秦】更始元年 |
| 410 | 庚戌 | 6 | |
| 411 | 辛亥 | 7 | |
| 412 | 壬子 | 8 | 【北凉】玄始元年<br>【西秦】乞伏炽磐永康元年 |
| 413 | 癸丑 | 9 | 【夏】凤翔元年 |
| 414 | 甲寅 | 10 | 【北魏】神瑞元年 |
| 415 | 乙卯 | 11 | |
| 416 | 丙辰 | 12 | 【北魏】泰常（四）元年<br>【后秦】姚泓永和元年 |
| 417 | 丁巳 | 13 | 【西凉】李歆嘉兴元年 |
| 418 | 戊午 | 14 | 【夏】昌武元年 |
| 419 | 己未 | 恭帝（司马德文）元熙 1 | 【夏】真兴元年 |
| 420 | 庚申 | 2 | 【西凉】李恂永建元年<br>【西秦】建弘元年 |

【注】

① 265 年司马炎称帝，316 年被匈奴所建立的汉国（前赵）所灭。共 52 年。一说西晋为 265—317 年。

② 十六国包括：成汉、前赵、后赵、前凉、后凉、南凉、北凉、西凉、前燕、后燕、南燕、北燕、前秦、后秦、西秦、夏。

③ 301 年巴賨族（巴氐族）李特于绵竹（今四川绵竹）领导流民起义，第二年攻取广汉，称益州牧。304 年其子李雄攻取成都（今四川成都），称成都王。306 年李雄称帝，建都于成都，国号大成。338 年其侄李寿改国号为汉。史称成、成汉或前蜀。347 年被东晋桓温所灭。自李雄 304 年称王起，共 44 年。

④ 304 年匈奴贵族刘渊起兵，于左国城（在今山西吕梁）称汉王，308 年称帝，第二年迁都于平阳（今山西临汾西南）。310 年其子刘聪继位。316 年灭西晋。318 年刘曜即位，第二年迁都于长安（今陕西西安），改国号为赵，史称

前赵。329年被后赵所灭。共26年。

⑤ 316年刘曜攻占长安，俘获愍帝，西晋灭亡。317年司马睿于建康（今江苏南京）重建政权，史称东晋。420年被刘裕所灭。共104年。

⑥ 317年张寔据守凉州。345年其子张骏称凉王，建都于姑臧（今甘肃武威），史称前凉。376年被前秦所灭。共60年。又据《晋书·张轨传》和出土文物记载，前凉年号初用“建兴”，354年曾改“和平”，361年改用“升平”。

⑦ 319年羯族石勒自称赵王。329年灭前赵，第二年称帝，建都于襄国（今河北邢台西南），史称后赵。335年石虎迁都于邺（今河北临漳西南），351年被冉魏所灭。共32年。

⑧ 337年鲜卑族酋长慕容皝称燕王，建都于龙城（今辽宁朝阳）。352年其子慕容儁灭冉魏，称帝，迁都于蓟（今天津蓟州），357年又迁都于邺（今河北临漳西南），史称前燕。370年被前秦所灭。从慕容皝称燕王起，共34年。

⑨ 350年冉闵自称大魏皇帝，建都于邺（今河北临漳西南），国号为魏，史称冉魏。352年被前燕所灭。共3年。

⑩ 350年氐族酋长苻洪占据关中，称三秦王。352年其子苻健称帝，建都于长安（今陕西西安西北），国号秦，史称前秦。394年被后秦所灭。共45年。

⑪ 东晋废帝司马奕，又称海西公。

⑫ 384年鲜卑族酋长慕容垂称燕王，两年后称帝，建都于中山（今河北定州），史称后燕。407年被北燕所灭。共24年。

⑬ 384年鲜卑族贵族慕容泓起兵于华阴，称济北王。385年其弟慕容冲称帝，第二年慕容永迁都于长子（今山西长治南），史称西燕。394年被后燕所灭。共11年。

⑭ 384年羌族酋长姚苌称万年秦王，386年称帝，建都于长安（今陕西西安西北），国号大秦，史称后秦。417年被东晋刘裕所灭。共34年。

⑮ 385年鲜卑族酋长乞伏国仁占据陇西称大单于，建都于勇士川（今甘肃榆中西），又被封为苑川王。388年其弟乞伏乾归立，称大单于、河南王，迁都于金城（今甘肃兰州西），后改称西秦王，迁都于苑川（今甘肃榆中北），史称西秦。431年被夏所灭。共47年。

⑯ 386年鲜卑族拓拔珪称王，改国号为魏，史称北魏，又称后魏或拓跋魏。398年建都于平城（今山西大同），第二年称帝。493年孝文帝迁都于洛阳（今河南洛阳东），改姓元，历史上又称元魏。534年分裂为东魏和西魏。从拓跋珪建魏到北魏分裂，共149年。

⑰ 386年氐族吕光占据凉州称凉州牧、酒泉公，建都于姑臧（今甘肃武

威），国号为凉，史称后凉。403 年被后秦所灭。共 18 年。

⑱ 397 年匈奴贵族沮渠蒙逊起兵拥段业为建康公，401 年杀段业，建都于张掖（今甘肃张掖），自称张掖公。412 年占领姑臧（今甘肃武威），称河西王。420 年灭西凉，占领凉州全境（今甘肃西部），史称北凉。439 年被北魏所灭。自 401 年建都起，共 43 年。443 年沮渠无讳又建立残余政权，年号承平，共 18 年。

⑲ 397 年河西鲜卑族酋长秃发乌孤称西平王，建都于西平（今青海西宁），两年后迁都于乐都（今青海海东），又迁都于姑臧（今甘肃武威），史称南凉。414 年被西秦所灭。共 18 年。

⑳ 398 年后燕范阳王慕容德于滑台（今河南滑县）称燕王，400 年迁于广固（今山东青州西北）称帝，史称南燕。410 年被东晋刘裕所灭。共 13 年。

㉑ 400 年李暠占据敦煌（今甘肃敦煌），称凉公。405 年迁都于酒泉（今甘肃酒泉），史称西凉。421 年被北凉所灭。共 22 年。

㉒ 七月乞伏乾归归降于秃发利鹿孤，八月又降于后秦，至 409 年复位。

㉓ 三月仍称隆安六年，后改年号为大亨，第二年又改称元兴二年。

㉔ 二月秃发傉檀去年号，至 408 年复称凉王。

㉕ 407 年冯跋灭后燕，立高云为天王，建都于龙城（今辽宁朝阳），史称北燕。409 年高云被杀，冯跋平定事变后在昌黎（今辽宁义县）即天王位。436 年被北魏所灭。共 30 年。

㉖ 407 年匈奴族酋长赫连勃勃称大夏天王、大单于，国号为夏。413 年建都于统万城（今陕西靖边东北）。418 年占领长安（今陕西西安），自称皇帝。431 年被吐谷浑所灭。共 25 年。

# （八）南北朝纪年表

| 公元 | 干支 | 宋① | 其他各国 |
|---|---|---|---|
| 420 | 庚申 | 武帝（刘裕）永初（六）　1 | 【北魏】泰常五年<br>【北凉】玄始九年<br>【西凉】李恂永建元年<br>【北燕】太平十二年<br>【西秦】建弘元年<br>【夏】真兴二年 |
| 421 | 辛酉 | 2 | |
| 422 | 壬戌 | 3 | |
| 423 | 癸亥 | 少帝（刘义符）景平　1 | |
| 424 | 甲子 | 文帝（刘义隆）元嘉（八）1 | 【北魏】太武帝（拓跋焘）始光元年 |
| 425 | 乙丑 | 2 | 【夏】赫连昌承光元年 |
| 426 | 丙寅 | 3 | |
| 427 | 丁卯 | 4 | |
| 428 | 戊辰 | 5 | 【北魏】神䴥（二）元年<br>【北凉】承玄元年<br>【西秦】乞伏暮末永弘元年<br>【夏】赫连定胜光元年 |
| 429 | 己巳 | 6 | |
| 430 | 庚午 | 7 | |
| 431 | 辛未 | 8 | 【北凉】义和元年<br>【北燕】冯弘太兴元年 |
| 432 | 壬申 | 9 | 【北魏】延和元年<br>【西凉】程道养泰始元年 |
| 433 | 癸酉 | 10 | 【北凉】沮渠牧犍（茂虔）永（承）和元年 |
| 434 | 甲戌 | 11 | |
| 435 | 乙亥 | 12 | 【北魏】太延元年 |

续表

| 公元 | 干支 | 宋 | 其他各国 |
| --- | --- | --- | --- |
| 436 | 丙子 | 13 | |
| 437 | 丁丑 | 14 | |
| 438 | 戊寅 | 15 | |
| 439 | 己卯 | 16 | |
| 440 | 庚辰 | 17 | 【北魏】太平真君（六）元年 |
| 441 | 辛巳 | 18 | |
| 442 | 壬午 | 19 | |
| 443 | 癸未 | 20 | 【北凉】沮渠无讳（沮渠安周）承平元年 |
| 444 | 甲申 | 21 | |
| 445 | 乙酉 | 22 | |
| 446 | 丙戌 | 23 | |
| 447 | 丁亥 | 24 | |
| 448 | 戊子 | 25 | |
| 449 | 己丑 | 26 | |
| 450 | 庚寅 | 27 | |
| 451 | 辛卯 | 28 | 【北魏】正平（六）元年 |
| 452 | 壬辰 | 29 | 【北魏】南安王（拓跋余）承（永）平（三）元年<br>文成帝（拓跋濬）兴安（十）元年 |
| 453 | 癸巳 | 30 | |
| 454 | 甲午 | 孝武帝（刘骏）孝建 1 | 【北魏】兴光（七）元年 |
| 455 | 乙未 | 2 | 【北魏】太安（六）元年 |
| 456 | 丙申 | 3 | |
| 457 | 丁酉 | 大明 1 | |
| 458 | 戊戌 | 2 | |
| 459 | 己亥 | 3 | |
| 460 | 庚子 | 4 | 【北魏】和平元年 |
| 461 | 辛丑 | 5 | |

续表

| 公元 | 干支 | 宋 | 其他各国 |
| --- | --- | --- | --- |
| 462 | 壬寅 | 6 | |
| 463 | 癸卯 | 7 | |
| 464 | 甲辰 | 8 | |
| 465 | 乙巳 | 前废帝（刘子业）永光 1 | |
| | | 景和（八） 1 | |
| | | 明帝（刘彧）泰始（十二）1 | |
| 466 | 丙午 | 2 | 【北魏】献文帝（拓跋弘）天安元年 |
| | | | 【柔然】受罗部真可汗永康元年② |
| 467 | 丁未 | 3 | 【北魏】皇兴（八）元年 |
| 468 | 戊申 | 4 | |
| 469 | 己酉 | 5 | |
| 470 | 庚戌 | 6 | |
| 471 | 辛亥 | 7 | 【北魏】孝文帝（元宏）延兴（八）元年 |
| 472 | 壬子 | 泰豫 1 | |
| 473 | 癸丑 | 后废帝（刘昱）元徽 1 | |
| 474 | 甲寅 | 2 | |
| 475 | 乙卯 | 3 | |
| 476 | 丙辰 | 4 | 【北魏】承明（六）元年 |
| 477 | 丁巳 | 顺帝（刘準）昇明（七） 1 | 【北魏】太和元年 |
| 478 | 戊午 | 2 | |
| 479 | 己未 | 3 | |

| 公元 | 干支 | 齐（南齐）③ | 其他各国 |
| --- | --- | --- | --- |
| | | 高帝（萧道成）建元（四）1 | |
| 480 | 庚申 | 2 | |
| 481 | 辛酉 | 3 | |
| 482 | 壬戌 | 4 | |
| 483 | 癸亥 | 武帝（萧赜）永明 1 | |
| 484 | 甲子 | 2 | |

续表

| 公元 | 干支 | 齐（南齐） | 其他各国 |
|---|---|---|---|
| 485 | 乙丑 | 3 | 【柔然】伏名敦可汗太平元年 |
| 486 | 丙寅 | 4 | |
| 487 | 丁卯 | 5 | |
| 488 | 戊辰 | 6 | |
| 489 | 己巳 | 7 | 【高昌】张孟明建初元年④ |
| 490 | 庚午 | 8 | |
| 491 | 辛未 | 9 | |
| 492 | 壬申 | 10 | 【柔然】候其伏代库者可汗太安元年 |
| 493 | 癸酉 | 11 | |
| 494 | 甲戌 | 鬱林王（萧昭业）隆昌 1<br>海陵王（萧昭文）延兴（七）1<br>明帝（萧鸾）建武（十） 1 | |
| 495 | 乙亥 | 2 | |
| 496 | 丙子 | 3 | |
| 497 | 丁丑 | 4 | |
| 498 | 戊寅 | 永泰（四） 1 | |
| 499 | 己卯 | 东昏侯（萧宝卷）永元 1 | |
| 500 | 庚辰 | 2 | 【北魏】宣武帝（元恪）景明元年 |
| 501 | 辛巳 | 和帝（萧宝融）中兴（三）1 | |
| 502 | 壬午 | 2 | 【高昌】麹嘉承平元年 |

| 公元 | 干支 | 梁⑤ | 其他各国 |
|---|---|---|---|
| | | 武帝（萧衍）天监（四） 1 | |
| 503 | 癸未 | 2 | |
| 504 | 甲申 | 3 | 【北魏】正始元年 |
| 505 | 乙酉 | 4 | |
| 506 | 丙戌 | 5 | 【柔然】佗汗可汗始平元年 |
| 507 | 丁亥 | 6 | |

续表

| 公元 | 干支 | 梁 | | 其他各国 |
|---|---|---|---|---|
| 508 | 戊子 | | 7 | 【北魏】永平（八）元年<br>【柔然】豆罗伏跋豆伐可汗建昌元年 |
| 509 | 己丑 | | 8 | |
| 510 | 庚寅 | | 9 | |
| 511 | 辛卯 | | 10 | 【高昌】义熙元年 |
| 512 | 壬辰 | | 11 | 【北魏】延昌（四）元年 |
| 513 | 癸巳 | | 12 | |
| 514 | 甲午 | | 13 | |
| 515 | 乙未 | | 14 | |
| 516 | 丙申 | | 15 | 【北魏】孝明帝（元诩）熙平元年 |
| 517 | 丁酉 | | 16 | |
| 518 | 戊戌 | | 17 | 【北魏】神龟（二）元年 |
| 519 | 己亥 | | 18 | |
| 520 | 庚子 | 普通 | 1 | 【北魏】正光（七）元年 |
| 521 | 辛丑 | | 2 | |
| 522 | 壬寅 | | 3 | |
| 523 | 癸卯 | | 4 | |
| 524 | 甲辰 | | 5 | |
| 525 | 乙巳 | | 6 | 【北魏】孝昌（六）元年 |
| 526 | 丙午 | | 7 | |
| 527 | 丁未 | 大通（三） | 1 | |
| 528 | 戊申 | | 2 | 【北魏】武泰元年<br>孝庄帝（元子攸）<br>建义（四）元年<br>永安（九）元年 |
| 529 | 己酉 | 中大通 | 1 | |
| 530 | 庚戌 | | 2 | 【北魏】长广王（元晔）<br>建明（十）元年 |

续表

| 公元 | 干支 | 梁 | | 其他各国 |
|---|---|---|---|---|
| 531 | 辛亥 | | 3 | 【北魏】节闵帝（元恭）普泰（二）元年<br>安定王（元朗）中兴（十）元年<br>【高昌】麴坚章和元年 |
| 532 | 壬子 | | 4 | 【北魏】孝武帝（元脩）太昌（四）元年<br>永兴（十二）元年<br>永熙（十二）元年 |
| 533 | 癸丑 | | 5 | |
| 534 | 甲寅 | | 6 | 【东魏】孝静帝（元善见）天平（十）元年 ⑥ |
| 535 | 乙卯 | 大同 | 1 | 【西魏】文帝（元宝炬）大统元年 ⑦ |
| 536 | 丙辰 | | 2 | |
| 537 | 丁巳 | | 3 | |
| 538 | 戊午 | | 4 | 【东魏】元象元年 |
| 539 | 己未 | | 5 | 【东魏】兴和（十一）元年 |
| 540 | 庚申 | | 6 | |
| 541 | 辛酉 | | 7 | |
| 542 | 壬戌 | | 8 | |
| 543 | 癸亥 | | 9 | 【东魏】武定元年 |
| 544 | 甲子 | | 10 | |
| 545 | 乙丑 | | 11 | |
| 546 | 丙寅 | 中大同（四） | 1 | |
| 547 | 丁卯 | 太清（四） | 1 | |
| 548 | 戊辰 | | 2 | |
| 549 | 己巳 | | 3 | 【高昌】麴玄喜永平元年 |
| 550 | 庚午 | 简文帝（萧纲）大宝 | 1 | 【北齐】文宣帝（高洋）天保（五）元年 ⑧ |

续表

| 公元 | 干支 | 梁 | 其他各国 |
| --- | --- | --- | --- |
| 551 | 辛未 | 豫章王（萧栋）天正（八）1 | 【高昌】麴□和平元年 |
| 552 | 壬申 | 武陵王（萧纪）天正（四）1 | 【西魏】废帝（元钦）元年 |
| | | 元帝（萧绎）承圣（十一）1 | |
| 553 | 癸酉 | 2 | |
| | | 天正 2 | |
| 554 | 甲戌 | 承圣 3 | 【西魏】恭帝（拓跋廓）元年 |
| 555 | 乙亥 | 贞阳侯（萧渊明）天成（五）1 | |
| | | 敬帝（萧方智）绍泰（十）1 | 【后梁】宣帝（萧詧）大定元年 ⑨<br>【高昌】麴宝茂建昌元年 |
| 556 | 丙子 | 太平（九） 1 | |
| 557 | 丁丑 | 2 | 【北周】孝闵帝（宇文觉）元年 ⑪；明帝（宇文毓）元年 |

| 公元 | 干支 | 陈⑩ | 其他各国 |
| --- | --- | --- | --- |
| 557 | 丁丑 | 武帝（陈霸先）永定（十）1 | |
| 558 | 戊寅 | 2 | |
| 559 | 己卯 | 3 | 【北周】武成（八）元年 |
| 560 | 庚辰 | 文帝（陈蒨）天嘉 1 | 【北齐】废帝（高殷）乾明元年<br>孝昭帝（高演）皇建（八）元年 |
| 561 | 辛巳 | 2 | 【北周】武帝（宇文邕）保定元年<br>【北齐】武成帝（高湛）太（大）宁（十一）元年<br>【高昌】麴乾固延昌元年 |
| 562 | 壬午 | 3 | 【北齐】河清（四）元年<br>【后梁】明帝（萧岿）天保元年 |
| 563 | 癸未 | 4 | |
| 564 | 甲申 | 5 | |
| 565 | 乙酉 | 6 | 【北齐】后主（高纬）天统（四）元年 |

续表

| 公元 | 干支 | 陈 | | 其他各国 |
|---|---|---|---|---|
| 566 | 丙戌 | 天康（二） | 1 | 【北周】天和元年 |
| 567 | 丁亥 | 废帝⑫（陈伯宗）光大 | 1 | |
| 568 | 戊子 | | 2 | |
| 569 | 己丑 | 宣帝（陈顼）太建 | 1 | |
| 570 | 庚寅 | | 2 | 【北齐】武平元年 |
| 571 | 辛卯 | | 3 | |
| 572 | 壬辰 | | 4 | 【北周】建德（三）元年 |
| 573 | 癸巳 | | 5 | |
| 574 | 甲午 | | 6 | |
| 575 | 乙未 | | 7 | |
| 576 | 丙申 | | 8 | 【北齐】隆化（十二）元年 |
| 577 | 丁酉 | | 9 | 【北齐】幼主（高恒）承光元年 |
| 578 | 戊戌 | | 10 | 【北周】宣政（三）元年 |
| 579 | 己亥 | | 11 | 【北周】宣帝（宇文赟）大成元年<br>静帝（宇文阐）大象（二）元年 |
| 580 | 庚子 | | 12 | |
| 581 | 辛丑 | | 13 | 【北周】大定元年<br>【隋】文帝（杨坚）开皇（二）元年⑬ |
| 582 | 壬寅 | | 14 | |
| 583 | 癸卯 | 后主（陈叔宝）至德 | 1 | |
| 584 | 甲辰 | | 2 | |
| 585 | 乙巳 | | 3 | |
| 586 | 丙午 | | 4 | 【后梁】萧琮广运元年 |
| 587 | 丁未 | 祯明 | 1 | |
| 588 | 戊申 | | 2 | |
| 589 | 己酉 | | 3 | |

【注】

① 420年刘裕代晋称帝，建都于建康（今江苏南京），国号为宋。因皇室姓刘，史称刘宋，与后来的宋朝（赵宋）相区别。479年被南齐所代。共60年。

② 柔然族所建政权。柔然源于东胡族，4 世纪中附属于拓跋部，在鄂尔浑河与土拉河流域游牧，后迁居阴山一带。5 世纪初又迁居漠北，552 年并入突厥。其中 57 年有年号可考。

③ 479 年萧道成代宋称帝，建都于建康（今江苏南京），国号为齐。为区别于北朝的齐（北齐），史称南齐。因皇室姓萧，又称萧齐。502 年被梁所代。共历 24 年。

④ 460 年柔然灭沮渠氏，立阚伯周为王，国号高昌，建都于高昌城（今新疆吐鲁番东南）。其后张孟明、麴嘉等相继为王。640 年被唐所灭。共 180 年，本表只列 489 年之后的纪年。

⑤ 502 年萧衍代齐称帝，建都于建康（今江苏南京），国号为梁。因皇室姓萧，又称萧梁。557 年被陈所代。共 56 年。

⑥ 534 年北魏将领高欢胁迫孝武帝元脩逃往关中，另立元善见为帝，迁都于邺（今河北临漳西南），史称东魏。550 年被高欢之子高洋所代。共 17 年。

⑦ 535 年北魏大臣宇文泰杀孝武帝元脩，立元宝炬为帝，建都于长安（今陕西西安），史称西魏。557 年被宇文泰之子宇文觉所代。共 23 年。一说西魏为 535—556 年。

⑧ 550 年高洋代东魏称帝，建都于邺（今河北临漳西南），国号为齐，史称北齐。因皇室姓高，又称高齐。577 年被北周所灭。共 28 年。

⑨ 554 年梁岳阳王萧詧投降西魏，第二年萧詧称帝，建都于江陵（今湖北江陵），史称后梁。587 年被隋所灭。共 33 年。

⑩ 557 年陈霸先代梁称帝，建都于建康（今江苏南京），国号为陈。589 年被隋所灭。共 33 年。

⑪ 557 年鲜卑族宇文觉代西魏称帝，建都于长安（今陕西西安），国号为周，史称北周。因皇室姓宇文，又称宇文周。577 年灭北齐，统一了中国北方。581 年被隋所代。共 25 年。

⑫ 陈废帝陈伯宗，又称临海王。

⑬ 581 年杨坚灭北周称帝，国号为隋。583 年建都于大兴城（今陕西西安）。589 年灭陈，统一全国。618 年灭亡。共 38 年。

# （九）隋纪年表

| 公元 | 干支 | 隋① | | 其他各国 |
|---|---|---|---|---|
| 589 | 己酉 | 文帝（杨坚）开皇 | 9 | 【高昌】麴乾固延昌二十九年 |
| 590 | 庚戌 | | 10 | |
| 591 | 辛亥 | | 11 | |
| 592 | 壬子 | | 12 | |
| 593 | 癸丑 | | 13 | |
| 594 | 甲寅 | | 14 | |
| 595 | 乙卯 | | 15 | |
| 596 | 丙辰 | | 16 | |
| 597 | 丁巳 | | 17 | |
| 598 | 戊午 | | 18 | |
| 599 | 己未 | | 19 | |
| 600 | 庚申 | | 20 | |
| 601 | 辛酉 | 仁寿 | 1 | |
| 602 | 壬戌 | | 2 | 【高昌】麴伯雅延和元年 |
| 603 | 癸亥 | | 3 | |
| 604 | 甲子 | | 4 | |
| 605 | 乙丑 | 炀帝（杨广）大业 | 1 | |
| 606 | 丙寅 | | 2 | |
| 607 | 丁卯 | | 3 | |
| 608 | 戊辰 | | 4 | |
| 609 | 己巳 | | 5 | |
| 610 | 庚午 | | 6 | |
| 611 | 辛未 | | 7 | |
| 612 | 壬申 | | 8 | |
| 613 | 癸酉 | | 9 | |
| 614 | 甲戌 | | 10 | |
| 615 | 乙亥 | | 11 | |

续表

| 公元 | 干支 | 隋 | | 其他各国 |
| --- | --- | --- | --- | --- |
| 616 | 丙子 | | 12 | 【楚】林士弘太平元年② |
| 617 | 丁丑 | | 13 | 【魏】李密永平元年 |
| | | 恭帝（杨侑）义宁（十一） | 1 | 【梁】梁师都永隆元年 |
| 618 | 戊寅 | 大业 | 14 | |
| | | 义宁 | 2 | |
| | | 越王（杨侗）皇泰 | 1 | |

【注】

① 589年隋文帝杨坚灭陈，统一全国。618年灭亡。自581年杨坚称帝起，共38年。

② 616年江西农民起义首领林士弘称帝，国号为楚，建年号为太平，又作延康。

# （十）唐纪年表

| 公元 | 干支 | 唐① | | 其他各国 |
|---|---|---|---|---|
| 618 | 戊寅 | 高祖（李渊）武德（五） | 1 | 【隋】越王（杨侗）皇泰元年<br>【楚】林士弘太平三年<br>【梁】梁师都永隆二年<br>【夏】窦建德五凤元年<br>【梁】萧铣鸣凤二年<br>【燕】高开道始兴元年<br>【许】宇文化及天寿元年<br>【高昌】麹□□义和五年 |
| 619 | 己卯 | | 2 | 【郑】王世充开明元年<br>【许】李子通明政元年 |
| 620 | 庚辰 | | 3 | 【高昌】麹文泰重光元年 |
| 621 | 辛巳 | | 4 | |
| 622 | 壬午 | | 5 | 【夏】刘黑闼天造元年 |
| 623 | 癸未 | | 6 | 【宋】辅公祏天明元年 |
| 624 | 甲申 | | 7 | 【高昌】延寿元年 |
| 625 | 乙酉 | | 8 | |
| 626 | 丙戌 | | 9 | |
| 627 | 丁亥 | 太宗（李世民）贞观 | 1 | |
| 628 | 戊子 | | 2 | |
| 629 | 己丑 | | 3 | |
| 630 | 庚寅 | | 4 | |
| 631 | 辛卯 | | 5 | |
| 632 | 壬辰 | | 6 | |
| 633 | 癸巳 | | 7 | |
| 634 | 甲午 | | 8 | |
| 635 | 乙未 | | 9 | |

续表

| 公元 | 干支 | 唐 | | 其他各国 |
|---|---|---|---|---|
| 636 | 丙申 | | 10 | |
| 637 | 丁酉 | | 11 | |
| 638 | 戊戌 | | 12 | |
| 639 | 己亥 | | 13 | |
| 640 | 庚子 | | 14 | |
| 641 | 辛丑 | | 15 | |
| 642 | 壬寅 | | 16 | |
| 643 | 癸卯 | | 17 | |
| 644 | 甲辰 | | 18 | |
| 645 | 乙巳 | | 19 | |
| 646 | 丙午 | | 20 | |
| 647 | 丁未 | | 21 | |
| 648 | 戊申 | | 22 | |
| 649 | 己酉 | | 23 | |
| 650 | 庚戌 | 高宗（李治）永徽 | 1 | |
| 651 | 辛亥 | | 2 | |
| 652 | 壬子 | | 3 | |
| 653 | 癸丑 | | 4 | |
| 654 | 甲寅 | | 5 | |
| 655 | 乙卯 | | 6 | |
| 656 | 丙辰 | 显庆 | 1 | |
| 657 | 丁巳 | | 2 | |
| 658 | 戊午 | | 3 | |
| 659 | 己未 | | 4 | |
| 660 | 庚申 | | 5 | |
| 661 | 辛酉 | 龙朔（三）② | 1 | |
| 662 | 壬戌 | | 2 | |
| 663 | 癸亥 | | 3 | |
| 664 | 甲子 | 麟德 | 1 | |
| 665 | 乙丑 | | 2 | |

续表

| 公元 | 干支 | 唐 | | 其他各国 |
|---|---|---|---|---|
| 666 | 丙寅 | 乾封 | 1 | |
| 667 | 丁卯 | | 2 | |
| 668 | 戊辰 | 总章（三） | 1 | |
| 669 | 己巳 | | 2 | |
| 670 | 庚午 | 咸亨（三） | 1 | |
| 671 | 辛未 | | 2 | |
| 672 | 壬申 | | 3 | |
| 673 | 癸酉 | | 4 | |
| 674 | 甲戌 | 上元（八） | 1 | |
| 675 | 乙亥 | | 2 | |
| 676 | 丙子 | 仪凤（十一） | 1 | |
| 677 | 丁丑 | | 2 | |
| 678 | 戊寅 | | 3 | |
| 679 | 己卯 | 调露（六） | 1 | |
| 680 | 庚辰 | 永隆（八） | 1 | |
| 681 | 辛巳 | 开耀（九） | 1 | |
| 682 | 壬午 | 永淳（二） | 1 | |
| 683 | 癸未 | 弘道（十二） | 1 | |
| 684 | 甲申 | 中宗（李显）③嗣圣 | 1 | |
| | | 睿宗（李旦）文明（二） | 1 | |
| | | 武后（武曌）④光宅（九） | 1 | |
| 685 | 乙酉 | 垂拱 | 1 | |
| 686 | 丙戌 | | 2 | |
| 687 | 丁亥 | | 3 | |
| 688 | 戊子 | | 4 | |
| 689 | 己丑 | 永昌 | 1 | |
| | | 载初（正）⑤ | 1 | |

| 公元 | 干支 | 周⑥ | | 其他各国 |
|---|---|---|---|---|
| 690 | 庚寅 | 武后（武曌）天授（九） | 1 | |
| 691 | 辛卯 | | 2 | |
| 692 | 壬辰 | 如意（四） | 1 | |
| | | 长寿（九） | 1 | |
| 693 | 癸巳 | | 2 | |
| 694 | 甲午 | 延载（五） | 1 | |
| 695 | 乙未 | 证圣 | 1 | |
| | | 天册万岁（九） | 1 | |
| 696 | 丙申 | 万岁登封（腊） | 1 | |
| | | 万岁通天（三） | 1 | |
| 697 | 丁酉 | 神功（九） | 1 | |
| 698 | 戊戌 | 圣历 | 1 | 【渤海】大祚荣元年⑦ |
| 699 | 己亥 | | 2 | |
| 700 | 庚子 | 久视（五） | 1 | |
| 701 | 辛丑 | 大足 | 1 | |
| | | 长安（十） | 1 | |
| 702 | 壬寅 | | 2 | |
| 703 | 癸卯 | | 3 | |
| 704 | 甲辰 | | 4 | |

| 公元 | 干支 | 唐⑧ | | 其他各国 |
|---|---|---|---|---|
| 705 | 乙巳 | 中宗（李显）神龙 | 1 | |
| 706 | 丙午 | | 2 | |
| 707 | 丁未 | 景龙（九） | 1 | |
| 708 | 戊申 | | 2 | |
| 709 | 己酉 | | 3 | |
| 710 | 庚戌 | 少帝⑨（李重茂）唐隆（六） | 1 | |
| | | 睿宗（李旦）景云（七） | 1 | |

续表

| 公元 | 干支 | 唐 | 其他各国 |
|---|---|---|---|
| 711 | 辛亥 | 2 | |
| 712 | 壬子 | 太极 1 | |
| | | 延和（五） 1 | |
| | | 玄宗（李隆基）先天（八） 1 | |
| 713 | 癸丑 | 开元（十二） 1 | |
| 714 | 甲寅 | 2 | |
| 715 | 乙卯 | 3 | |
| 716 | 丙辰 | 4 | |
| 717 | 丁巳 | 5 | |
| 718 | 戊午 | 6 | |
| 719 | 己未 | 7 | 【渤海】大武艺仁安元年 |
| 720 | 庚申 | 8 | |
| 721 | 辛酉 | 9 | |
| 722 | 壬戌 | 10 | |
| 723 | 癸亥 | 11 | |
| 724 | 甲子 | 12 | |
| 725 | 乙丑 | 13 | |
| 726 | 丙寅 | 14 | |
| 727 | 丁卯 | 15 | |
| 728 | 戊辰 | 16 | |
| 729 | 己巳 | 17 | |
| 730 | 庚午 | 18 | |
| 731 | 辛未 | 19 | |
| 732 | 壬申 | 20 | |
| 733 | 癸酉 | 21 | |
| 734 | 甲戌 | 22 | |
| 735 | 乙亥 | 23 | |
| 736 | 丙子 | 24 | |
| 737 | 丁丑 | 25 | 【渤海】大钦茂大兴元年 |
| 738 | 戊寅 | 26 | |

续表

| 公元 | 干支 | 唐 | | 其他各国 |
|---|---|---|---|---|
| 739 | 己卯 | | 27 | |
| 740 | 庚辰 | | 28 | |
| 741 | 辛巳 | | 29 | |
| 742 | 壬午 | 天宝 | 1 | |
| 743 | 癸未 | | 2 | |
| 744 | 甲申 | | 3 | |
| 745 | 乙酉 | | 4 | |
| 746 | 丙戌 | | 5 | |
| 747 | 丁亥 | | 6 | |
| 748 | 戊子 | | 7 | 【南诏】阁罗凤元年 ⑩ |
| 749 | 己丑 | | 8 | |
| 750 | 庚寅 | | 9 | |
| 751 | 辛卯 | | 10 | |
| 752 | 壬辰 | | 11 | 【南诏】赞普钟（阁罗凤）元年 |
| 753 | 癸巳 | | 12 | |
| 754 | 甲午 | | 13 | |
| 755 | 乙未 | | 14 | |
| 756 | 丙申 | 肃宗（李亨）至德（七） | 1 | 【燕】安禄山圣武元年 |
| 757 | 丁酉 | | 2 | 【燕】安庆绪载初元年<br>天成元年 |
| 758 | 戊戌 | 乾元（二） | 1 | |
| 759 | 己亥 | | 2 | 【燕】史思明应天元年<br>顺天元年 |
| 760 | 庚子 | 上元（闰四） | 1 | |
| 761 | 辛丑 | | 2 | 【燕】史朝义显圣元年 |
| 762 | 壬寅 | 代宗（李豫）宝应（四） | 1 | |
| 763 | 癸卯 | 广德（七） | 1 | |
| 764 | 甲辰 | | 2 | |
| 765 | 乙巳 | 永泰 | 1 | |
| 766 | 丙午 | 大历（十一） | 1 | |

续表

| 公元 | 干支 | 唐 | | 其他各国 |
|---|---|---|---|---|
| 767 | 丁未 | | 2 | |
| 768 | 戊申 | | 3 | |
| 769 | 己酉 | | 4 | 【南诏】长寿元年 |
| 770 | 庚戌 | | 5 | |
| 771 | 辛亥 | | 6 | |
| 772 | 壬子 | | 7 | |
| 773 | 癸丑 | | 8 | |
| 774 | 甲寅 | | 9 | |
| 775 | 乙卯 | | 10 | |
| 776 | 丙辰 | | 11 | |
| 777 | 丁巳 | | 12 | |
| 778 | 戊午 | | 13 | |
| 779 | 己未 | | 14 | |
| 780 | 庚申 | 德宗（李适）建中 | 1 | 【南诏】异牟寻见龙元年 |
| 781 | 辛酉 | | 2 | |
| 782 | 壬戌 | | 3 | |
| 783 | 癸亥 | | 4 | 【燕】朱泚应天元年 |
| 784 | 甲子 | 兴元 | 1 | 【燕】朱泚天皇元年<br>李希烈武成元年<br>【南诏】上元元年 |
| 785 | 乙丑 | 贞元 | 1 | |
| 786 | 丙寅 | | 2 | |
| 787 | 丁卯 | | 3 | |
| 788 | 戊辰 | | 4 | |
| 789 | 己巳 | | 5 | |
| 790 | 庚午 | | 6 | |
| 791 | 辛未 | | 7 | |
| 792 | 壬申 | | 8 | |
| 793 | 癸酉 | | 9 | 【渤海】大元义元年<br>大华屿中兴元年 |

续表

| 公元 | 干支 | 唐 | | 其他各国 |
|---|---|---|---|---|
| 794 | 甲戌 | | 10 | 【渤海】大嵩璘正历元年 |
| 795 | 乙亥 | | 11 | |
| 796 | 丙子 | | 12 | |
| 797 | 丁丑 | | 13 | |
| 798 | 戊寅 | | 14 | |
| 799 | 己卯 | | 15 | |
| 800 | 庚辰 | | 16 | |
| 801 | 辛巳 | | 17 | |
| 802 | 壬午 | | 18 | |
| 803 | 癸未 | | 19 | |
| 804 | 甲申 | | 20 | |
| 805 | 乙酉 | 顺宗（李诵）永贞（八） | 1 | |
| 806 | 丙戌 | 宪宗（李纯）元和 | 1 | |
| 807 | 丁亥 | | 2 | |
| 808 | 戊子 | | 3 | |
| 809 | 己丑 | | 4 | 【渤海】大元瑜永德元年 |
| | | | | 【南诏】寻阁劝应道元年 |
| 810 | 庚寅 | | 5 | 【南诏】劝龙晟龙兴元年 |
| 811 | 辛卯 | | 6 | |
| 812 | 壬辰 | | 7 | 【渤海】大言义朱雀元年 |
| 813 | 癸巳 | | 8 | |
| 814 | 甲午 | | 9 | |
| 815 | 乙未 | | 10 | 【吐蕃】可黎可足彝泰元年 ⑪ |
| 816 | 丙申 | | 11 | |
| 817 | 丁酉 | | 12 | 【南诏】劝利晟全义元年 |
| 818 | 戊戌 | | 13 | 【渤海】大明忠太始元年 |
| | | | | 大仁秀建兴元年 |
| 819 | 己亥 | | 14 | |
| 820 | 庚子 | | 15 | 【南诏】大丰元年 |

续表

| 公元 | 干支 | 唐 | | 其他各国 |
|---|---|---|---|---|
| 821 | 辛丑 | 穆宗（李恒）长庆 | 1 | |
| 822 | 壬寅 | | 2 | |
| 823 | 癸卯 | | 3 | |
| 824 | 甲辰 | | 4 | 【南诏】劝丰祐保和元年 |
| 825 | 乙巳 | 敬宗（李湛）宝历 | 1 | |
| 826 | 丙午 | 文宗（李昂）宝历（十二） | 2 | |
| 827 | 丁未 | 大（太）和 | 1 | |
| 828 | 戊申 | | 2 | |
| 829 | 己酉 | | 3 | |
| 830 | 庚戌 | | 4 | 【渤海】大彝震咸和元年 |
| 831 | 辛亥 | | 5 | |
| 832 | 壬子 | | 6 | |
| 833 | 癸丑 | | 7 | |
| 834 | 甲寅 | | 8 | |
| 835 | 乙卯 | | 9 | |
| 836 | 丙辰 | 开成 | 1 | |
| 837 | 丁巳 | | 2 | |
| 838 | 戊午 | | 3 | |
| 839 | 己未 | | 4 | |
| 840 | 庚申 | | 5 | |
| 841 | 辛酉 | 武宗（李炎）会昌 | 1 | |
| 842 | 壬戌 | | 2 | |
| 843 | 癸亥 | | 3 | |
| 844 | 甲子 | | 4 | |
| 845 | 乙丑 | | 5 | |
| 846 | 丙寅 | | 6 | |
| 847 | 丁卯 | 宣宗（李忱）大中 | 1 | |
| 848 | 戊辰 | | 2 | |
| 849 | 己巳 | | 3 | |
| 850 | 庚午 | | 4 | |

续表

| 公元 | 干支 | 唐 | | 其他各国 |
|---|---|---|---|---|
| 851 | 辛未 | | 5 | |
| 852 | 壬申 | | 6 | |
| 853 | 癸酉 | | 7 | |
| 854 | 甲戌 | | 8 | |
| 855 | 乙亥 | | 9 | |
| 856 | 丙子 | | 10 | |
| 857 | 丁丑 | | 11 | 【渤海】大虔晃元年 |
| 858 | 戊寅 | | 12 | |
| 859 | 己卯 | 懿宗（李漼）大中（八） | 13 | |
| 860 | 庚辰 | 咸通（十一） | 1 | 【南诏】世隆建极元年 |
| 861 | 辛巳 | | 2 | |
| 862 | 壬午 | | 3 | |
| 863 | 癸未 | | 4 | |
| 864 | 甲申 | | 5 | |
| 865 | 乙酉 | | 6 | |
| 866 | 丙戌 | | 7 | |
| 867 | 丁亥 | | 8 | |
| 868 | 戊子 | | 9 | |
| 869 | 己丑 | | 10 | |
| 870 | 庚寅 | | 11 | |
| 871 | 辛卯 | | 12 | 【渤海】大玄锡元年 |
| 872 | 壬辰 | | 13 | |
| 873 | 癸巳 | 僖宗（李儇）咸通（七） | 14 | |
| 874 | 甲午 | 乾符（十一） | 1 | |
| 875 | 乙未 | | 2 | |
| 876 | 丙申 | | 3 | |
| 877 | 丁酉 | | 4 | |
| 878 | 戊戌 | | 5 | 【齐】黄巢王霸元年 |
| 879 | 己亥 | | 6 | |
| 880 | 庚子 | 广明 | 1 | 【齐】金统元年 |

续表

| 公元 | 干支 | 唐 | | 其他各国 |
|---|---|---|---|---|
| 881 | 辛丑 | 中和（七） | 1 | |
| 882 | 壬寅 | | 2 | |
| 883 | 癸卯 | | 3 | |
| 884 | 甲辰 | | 4 | |
| 885 | 乙巳 | 光启（三） | 1 | |
| 886 | 丙午 | | 2 | |
| 887 | 丁未 | | 3 | |
| 888 | 戊申 | 文德（二） | 1 | |
| 889 | 己酉 | 昭宗（李晔）龙纪 | 1 | |
| 890 | 庚戌 | 大顺 | 1 | |
| 891 | 辛亥 | | 2 | |
| 892 | 壬子 | 景福 | 1 | |
| 893 | 癸丑 | | 2 | |
| 894 | 甲寅 | 乾宁 | 1 | 【渤海】大玮瑎元年 |
| 895 | 乙卯 | | 2 | |
| 896 | 丙辰 | | 3 | |
| 897 | 丁巳 | | 4 | |
| 898 | 戊午 | 光化（八） | 1 | 【南诏】舜化贞中兴元年 |
| 899 | 己未 | | 2 | |
| 900 | 庚申 | | 3 | |
| 901 | 辛酉 | 天复（四） | 1 | |
| 902 | 壬戌 | | 2 | 【吴】杨行密天复（三）二年 |
| 903 | 癸亥 | | 3 | 【南诏】大长和郑买嗣安国元年 |
| 904 | 甲子 | 天祐（闰四）<br>哀帝（李柷）（八）⑫ | 1 | 【吴】天祐元年 |
| 905 | 乙丑 | | 2 | |
| 906 | 丙寅 | | 3 | |
| 907 | 丁卯 | | 4 | 【渤海】大諲譔元年 |

【注】

① 617 年李渊起兵攻克长安（今陕西西安），立代王杨侑为帝。618 年隋炀

帝被杀，李渊废杨侑，自立为帝，建都于长安（今陕西西安），国号为唐。628年其子李世民统一全国。907年被朱温所灭。共290年。

② 一说辛酉年二月改元。

③ 唐中宗李显，又名李哲。

④ 唐武后武曌，又称武则天。

⑤ 始用周历，改永昌元年十一月为载初元年正月，以十二月为腊月，夏历正月为一月。久视元年十月复用夏历。

⑥ 690年高宗皇后武曌代唐称帝，改国号为周，史称武周。

⑦ 698年靺鞨族粟末部首领大祚荣建立震国，以敖东城（今吉林敦化东南）为国都。731年迁都于上京龙泉府（今黑龙江宁安西南东京城），改称渤海国。926年被契丹所灭。

⑧ 705年高宗之子中宗李显复位，恢复国号为唐。

⑨ 唐少帝李重茂，又称殇帝。

⑩ 南诏为唐、宋时期云南地区民族政权，以乌蛮族为主体。阁罗凤，又作阁逻凤。

⑪ 吐蕃为唐代藏族政权。

⑫ 唐哀帝李柷即位未改年号。

# （十一）五代十国纪年表①

| 公元 | 干支 | 后梁② | | 其他各国 |
|---|---|---|---|---|
| 907 | 丁卯 | 太祖（朱温）③ | | 【吴】杨渥天祐四年④ |
| | | 开平（四） | 1 | |
| | | | | 【吴越】钱镠天祐四年⑤ |
| | | | | 【前蜀】王建天复七年⑥ |
| | | | | 【契丹】辽太祖（耶律阿保机）元年⑦ |
| | | | | 【南诏】大长和郑买嗣安国五年 |
| | | | | 【渤海】大諲譔元年 |
| 908 | 戊辰 | | 2 | 【吴】杨隆演天祐五年 |
| | | | | 【吴越】天宝元年 |
| | | | | 【前蜀】武成元年 |
| 909 | 己巳 | | 3 | 【闽】王审知开平三年⑧ |
| 910 | 庚午 | | 4 | 【南诏】郑仁旻始元元年 |
| 911 | 辛未 | 乾化（五） | 1 | 【前蜀】永平元年 |
| | | | | 【闽】乾化元年 |
| | | | | 【燕】刘守光应天元年 |
| 912 | 壬申 | | 2 | 【于阗】李圣天同庆元年⑨ |
| 913 | 癸酉 | 朱友珪　凤历 | 1 | 【吴越】凤历元年 |
| | | 末帝（朱友贞）⑩ | | 【闽】凤历元年 |
| | | 乾化（二） | 3 | |
| 914 | 甲戌 | | 4 | |
| 915 | 乙亥 | 贞明（十一） | 1 | 【吴越】贞明元年 |
| | | | | 【闽】贞明元年 |
| 916 | 丙子 | | 2 | 【前蜀】通正元年 |
| | | | | 【契丹】神册（十二）元年 |
| 917 | 丁丑 | | 3 | 【前蜀】天汉元年 |
| | | | | 【南汉】刘䶮乾亨元年⑪ |
| 918 | 戊寅 | | 4 | 【前蜀】光天元年 |

续表

| 公元 | 干支 | 后梁 | | 其他各国 |
|---|---|---|---|---|
| 919 | 己卯 | | 5 | 【吴】武义元年 |
| | | | | 【前蜀】王衍乾德元年 |
| 920 | 庚辰 | | 6 | |
| 921 | 辛巳 | 龙德（五） | 1 | 【吴】杨溥顺义元年 |
| | | | | 【吴越】龙德元年 |
| | | | | 【闽】龙德元年 |
| 922 | 壬午 | | 2 | 【契丹】天赞（二）元年 |
| 923 | 癸未 | | 3 | |

| 公元 | 干支 | 后唐⑫ | | 其他各国 |
|---|---|---|---|---|
| | | 庄宗（李存勖） | | 【闽】(同光）元年 |
| | | 同光（四） | 1 | |
| 924 | 甲申 | | 2 | 【吴越】宝大元年 |
| | | | | 【荆南（南平）】高季兴顺义四年⑬ |
| 925 | 乙酉 | | 3 | 【南汉】白龙元年 |
| 926 | 丙戌 | 明宗（李嗣源）⑭ | | 【吴越】宝正元年 |
| | | 天成（四） | 1 | |
| | | | | 【闽】王延翰天成元年 |
| | | | | 【荆南（南平）】天成元年 |
| | | | | 【契丹】天显（二）元年 |
| | | | | 【东丹】耶律倍甘露元年 |
| 927 | 丁亥 | | 2 | 【吴】乾贞元年 |
| | | | | 【契丹】辽太宗（耶律德光）天显（十一）二年 |
| | | | | 【闽】王延钧天成二年 |
| | | | | 【荆南（南平）】乾贞二年 |
| | | | | 【楚】马殷天成二年⑮ |
| | | | | 【南诏】郑隆亶天应元年 |
| 928 | 戊子 | | 3 | 【南汉】大有元年 |
| | | | | 【南诏】大天兴赵善政尊圣元年 |

续表

| 公元 | 干支 | 后唐 | | 其他各国 |
|---|---|---|---|---|
| 929 | 己丑 | | 4 | 【吴】大和元年 |
| | | | | 【荆南（南平）】高从诲大和元年 |
| 930 | 庚寅 | 长兴（二） | 1 | 【荆南（南平）】长兴元年 |
| | | | | 【楚】马希声长兴元年 |
| | | | | 【南诏】大义宁杨干贞兴圣元年 |
| 931 | 辛卯 | | 2 | 【南诏】大明元年 |
| 932 | 壬辰 | | 3 | 【吴越】钱元瓘长兴三年 |
| | | | | 【楚】马希范（长兴）三年 |
| 933 | 癸巳 | | 4 | 【闽】龙启元年 |
| 934 | 甲午 | 闵帝（李从厚）应顺 | 1 | 【吴越】应顺元年 |
| | | 末帝（李从珂） | | 【后蜀】孟知祥明德元年 ⑯ |
| | | 清泰（四） | 1 | |
| | | | | 【荆南（南平）】应顺元年；清泰元年 |
| | | | | 【楚】应顺元年；清泰元年 |
| 935 | 乙未 | | 2 | 【吴】天祚元年 |
| | | | | 【闽】永和元年 |
| 936 | 丙申 | | 3 | 【吴越】清泰三年；天福元年 |
| | | | | 【闽】王昶通文元年 |
| | | | | 【荆南（南平）】清泰三年；天福元年 |
| | | | | 【楚】清泰三年；天福元年 |

| 公元 | 干支 | 后晋 ⑰ | | 其他各国 |
|---|---|---|---|---|
| | | 高祖（石敬瑭） | | |
| | | 天福（十一） | 1 | |
| 937 | 丁酉 | | 2 | 【南唐】李昪昇元元年 ⑱ |
| 938 | 戊戌 | | 3 | 【后蜀】广政元年 |
| | | | | 【契丹】会同（十一）元年 |
| | | | | 【大理】段思平文德元年 ⑲ |
| 939 | 己亥 | | 4 | 【闽】王曦 ⑳ 永隆元年 |
| 940 | 庚子 | | 5 | |

续表

| 公元 | 干支 | 后晋 | | 其他各国 |
|---|---|---|---|---|
| 941 | 辛丑 | | 6 | |
| 942 | 壬寅 | 出帝（石重贵）<br>天福（六） | 7 | 【南汉】刘玢光天元年 |
| 943 | 癸卯 | | 8 | 【南唐】李璟保大元年<br>【闽】王延政天德元年<br>【南汉】刘晟应乾元年；<br>乾和元年 |
| 944 | 甲辰 | 开运（七） | 1 | 【吴越】开运元年<br>【荆南（南平）】开运元年<br>【楚】开运元年 |
| 945 | 乙巳 | | 2 | 【大理】段思英文经元年 |
| 946 | 丙午 | | 3 | 【大理】段思良至治元年 |

| 公元 | 干支 | 后汉㉑ | | 其他各国 |
|---|---|---|---|---|
| 947 | 丁未 | 高祖（刘知远）㉒<br>天福（二） | 12 | 【吴越】钱倧天福十二年<br>【荆南（南平）】天福十二年<br>【楚】马希广天福十二年<br>【契丹】大同（二）元年<br>辽世宗（耶律阮）天禄（九）<br>元年㉓ |
| 948 | 戊申 | 乾祐<br>隐帝（刘承祐）<br>乾祐（二） | 1 | 【吴越】钱俶乾祐元年<br>【荆南（南平）】高保融乾祐元年<br>【楚】乾祐元年 |
| 949 | 己酉 | | 2 | |
| 950 | 庚戌 | | 3 | 【楚】马希萼保大八年 |

| 公元 | 干支 | 后周㉔ | | 其他各国 |
|---|---|---|---|---|
| 951 | 辛亥 | 太祖（郭威）广顺 | 1 | 【吴越】广顺元年<br>【北汉】刘旻乾祐四年㉕<br>【荆南（南平）】广顺元年<br>【契丹】辽穆宗（耶律璟）应历（九）元年 |
| 952 | 壬子 | | 2 | 【大理】段思聪明德元年 |
| 953 | 癸丑 | | 3 | |
| 954 | 甲寅 | 显德<br>世宗（柴荣） | 1 | 【吴越】（显德）元年<br>【荆南（南平）】显德元年 |
| 955 | 乙卯 | | 2 | 【北汉】刘钧乾祐八年 |
| 956 | 丙辰 | | 3 | |
| 957 | 丁巳 | | 4 | 【北汉】天会元年 |
| 958 | 戊午 | | 5 | 【南唐】中兴元年；交泰元年；显德五年<br>【南汉】刘鋹大宝元年 |
| 959 | 己未 | 恭帝（柴宗训）<br>显德（六） | 6 | |
| 960 | 庚申 | | 7 | |

【注】

① 五代包括：后梁、后唐、后晋、后汉、后周。十国包括：吴、前蜀、楚、吴越、闽、南汉、荆南（南平）、后蜀、南唐、北汉。

② 907 年朱温代唐称帝，建都于汴（今河南开封），国号为梁，史称后梁。因皇室姓朱，又称朱梁，以与南朝萧梁相区别。923 年被后唐所灭。共 17 年。

③ 后梁太祖朱温，又名朱晃、朱全忠。

④ 892 年唐淮南节度使杨行密占据扬州，902 年受唐封为吴王。919 年其子杨隆演称吴国王，建都于扬州（今江苏扬州）。937 年被南唐所灭。自 902 年起，共 36 年。

⑤ 893 年钱镠为唐镇海节度使，907 年受后梁封为吴越王，建都于杭州（今浙江杭州）。978 年投降于北宋。自 907 年起，共 72 年。

⑥ 903 年唐西川节度使王建受唐封为蜀王，907 年称帝，建都于成都（今四川成都），国号为蜀。917 年改国号为汉，第二年恢复国号蜀，史称前蜀。925 年被后唐所灭。共 23 年。

⑦ 907 年耶律阿保机任契丹联盟长，916 年创建契丹国，918 年建都于皇都（今内蒙古巴林左旗南波罗城）。

⑧ 909 年王审知受后梁封为闽王。933 年其子王延钧称帝，建都于长乐（今福建福州），国号为闽。943 年王延政在建州（今福建建瓯）称帝，国号为殷。944 年朱文进杀王延羲，自立为闽王。第二年朱文进被杀，王延政被迎为闽主，复国号为闽。945 年被南唐所灭。共 37 年。

⑨ 于阗为古西域国名，在今新疆和田一带。东汉初被莎车所并。后至广德为王，击灭莎车，势力强大。唐高宗时封其王为都督。北宋时被回鹘喀喇汗朝所灭。

⑩ 后梁末帝朱友贞，又名朱瑱。

⑪ 910 年唐清海军节度使刘隐受后梁封为南海王。死后，其弟刘龑继位。917 年刘龑称帝，建都于广州（今广东广州），国号为越，第二年改国号为汉，史称南汉。971 年被北宋所灭。自 917 年起，共 55 年。

⑫ 923 年沙陀部人李存勖灭后梁称帝，建都于洛阳（今河南洛阳），国号为唐，史称后唐。936 年被后晋所灭。共 14 年。

⑬ 高季兴曾为后梁荆南节度使，924 年受后唐封为南平王，建都于荆州（今湖北江陵），史称荆南或南平。963 年被北宋所灭。共 40 年。

⑭ 后唐明宗李嗣源，又名李亶。

⑮ 马殷曾为唐武安军节度使，907 年受后梁封为楚王，927 年受后唐封为楚国王，建都于长沙（今湖南长沙），951 年被南唐所灭。共 45 年。

⑯ 933 年西川节度使孟知祥受后唐封为蜀王，第二年称帝，建都于成都（今四川成都），国号为蜀，史称后蜀。965 年被北宋所灭。共 33 年。

⑰ 936 年沙陀部人石敬瑭灭后唐称帝，建都于汴（今河南开封），国号为晋，史称后晋。947 年被契丹所灭。共历 12 年。

⑱ 937 年李昪代吴称帝，建都于金陵（今江苏南京），国号大齐，939 年改国号为唐，史称南唐。975 年被北宋所灭。共 39 年。

⑲ 938 年白蛮大姓段思平建立大理国，1095 年高昇泰改名为大中国，1096 年段正淳即位，从段正淳起的大理国史称后理国，1254 年被忽必烈所灭。

⑳ 闽景宗王曦，又名王延羲。

㉑ 947 年后晋河东节度使刘知远称帝，建都于汴（今河南开封），国号为汉，史称后汉。950 年被后周所灭。共 4 年。

㉒ 后汉高祖刘知远，又名刘暠。

㉓ 这一年改国号为辽。983 至 1066 年间曾重称契丹。

㉔ 951 年后汉邺都留守郭威灭后汉称帝，建都于汴（今河南开封），国号为周，史称后周。960 年被北宋所代。共 10 年。

㉕ 951 年郭威灭后汉，后汉河东节度使刘旻（后汉高祖刘知远之弟）在太原（今山西太原）称帝，国号为汉，史称北汉。979 年被北宋所灭。共 29 年。

# （十二）宋、辽、金纪年表

| 公元 | 干支 | 北宋① | | 其他各国 |
|---|---|---|---|---|
| 960 | 庚申 | 太祖（赵匡胤）建隆 | 1 | 【南唐】建隆元年<br>【吴越】建隆元年<br>【后蜀】广政二十三年<br>【北汉】天会四年<br>【南汉】大宝三年<br>【荆南（南平）】高保勖建隆元年<br>【辽】应历十年②<br>【于阗】天兴十一年 |
| 961 | 辛酉 | | 2 | 【南唐】李煜建隆二年 |
| 962 | 壬戌 | | 3 | 【荆南（南平）】高继冲建隆三年 |
| 963 | 癸亥 | 乾德（十一） | 1 | 【南唐】乾德元年<br>【吴越】乾德元年<br>【于阗】天寿元年 |
| 964 | 甲子 | | 2 | |
| 965 | 乙丑 | | 3 | |
| 966 | 丙寅 | | 4 | |
| 967 | 丁卯 | | 5 | 【于阗】李从德天尊元年③ |
| 968 | 戊辰 | 开宝（十一） | 1 | 【南唐】开宝元年<br>【吴越】开宝元年<br>【大理】顺德元年<br>【北汉】刘继恩天会十二年；刘继元天会十二年 |
| 969 | 己巳 | | 2 | 【辽】景宗（耶律贤）保宁（二）元年<br>【大理】段素顺明政元年 |
| 970 | 庚午 | | 3 | |
| 971 | 辛未 | | 4 | |
| 972 | 壬申 | | 5 | |
| 973 | 癸酉 | | 6 | |

续表

| 公元 | 干支 | 北宋 | | 其他各国 |
|---|---|---|---|---|
| 974 | 甲戌 | | 7 | 【北汉】广运元年 |
| 975 | 乙亥 | | 8 | |
| 976 | 丙子 | 太宗（赵光义）④<br>太平兴国（十二） | 1 | 【吴越】太平兴国元年 |
| 977 | 丁丑 | | 2 | |
| 978 | 戊寅 | | 3 | 【于阗】中兴元年 |
| 979 | 己卯 | | 4 | 【辽】乾亨（十一）元年 |
| 980 | 庚辰 | | 5 | |
| 981 | 辛巳 | | 6 | |
| 982 | 壬午 | | 7 | 【辽】圣宗（耶律隆绪）乾亨（九）四年 |
| 983 | 癸未 | | 8 | 【辽】统和（六）元年 |
| 984 | 甲申 | 雍熙（十一） | 1 | |
| 985 | 乙酉 | | 2 | |
| 986 | 丙戌 | | 3 | 【大理】段素英广明元年 |
| 987 | 丁亥 | | 4 | |
| 988 | 戊子 | 端拱 | 1 | |
| 989 | 己丑 | | 2 | |
| 990 | 庚寅 | 淳化 | 1 | |
| 991 | 辛卯 | | 2 | |
| 992 | 壬辰 | | 3 | |
| 993 | 癸巳 | | 4 | |
| 994 | 甲午 | | 5 | 【于阗】李顺应运元年 |
| 995 | 乙未 | 至道 | 1 | |
| 996 | 丙申 | | 2 | |
| 997 | 丁酉 | | 3 | |
| 998 | 戊戌 | 真宗（赵恒）咸平 | 1 | |
| 999 | 己亥 | | 2 | |
| 1000 | 庚子 | | 3 | |
| 1001 | 辛丑 | | 4 | |
| 1002 | 壬寅 | | 5 | |
| 1003 | 癸卯 | | 6 | |

续表

| 公元 | 干支 | 北宋 | | 其他各国 |
|---|---|---|---|---|
| 1004 | 甲辰 | 景德 | 1 | |
| 1005 | 乙巳 | | 2 | |
| 1006 | 丙午 | | 3 | |
| 1007 | 丁未 | | 4 | |
| 1008 | 戊申 | 大中祥符 | 1 | |
| 1009 | 己酉 | | 2 | |
| 1010 | 庚戌 | | 3 | 【大理】段素廉明启元年 |
| 1011 | 辛亥 | | 4 | |
| 1012 | 壬子 | | 5 | 【辽】开泰（十一）元年 |
| 1013 | 癸丑 | | 6 | |
| 1014 | 甲寅 | | 7 | |
| 1015 | 乙卯 | | 8 | |
| 1016 | 丙辰 | | 9 | |
| 1017 | 丁巳 | 天禧 | 1 | |
| 1018 | 戊午 | | 2 | |
| 1019 | 己未 | | 3 | |
| 1020 | 庚申 | | 4 | |
| 1021 | 辛酉 | | 5 | 【辽】太平（十一）元年 |
| 1022 | 壬戌 | 乾兴 | 1 | |
| 1023 | 癸亥 | 仁宗（赵祯）天圣 | 1 | 【大理】段素隆明通元年 |
| 1024 | 甲子 | | 2 | |
| 1025 | 乙丑 | | 3 | |
| 1026 | 丙寅 | | 4 | |
| 1027 | 丁卯 | | 5 | 【大理】段素真正治元年 |
| 1028 | 戊辰 | | 6 | |
| 1029 | 己巳 | | 7 | |
| 1030 | 庚午 | | 8 | |
| 1031 | 辛未 | | 9 | 【辽】兴宗（耶律宗真）景福（六）元年 |
| 1032 | 壬申 | 明道（十一） | 1 | 【辽】重熙（十一）元年<br>【西夏】景宗（李元昊）显道元年⑤ |

续表

| 公元 | 干支 | 北宋 | | 其他各国 |
|---|---|---|---|---|
| 1033 | 癸酉 | | 2 | |
| 1034 | 甲戌 | 景祐 | 1 | 【西夏】开运元年<br>广运元年 |
| 1035 | 乙亥 | | 2 | |
| 1036 | 丙子 | | 3 | 【西夏】大庆元年 |
| 1037 | 丁丑 | | 4 | |
| 1038 | 戊寅 | 宝元（十一） | 1 | 【西夏】天授礼法延祚元年 |
| 1039 | 己卯 | | 2 | |
| 1040 | 庚辰 | 康定（二） | 1 | |
| 1041 | 辛巳 | 庆历（十一） | 1 | |
| 1042 | 壬午 | | 2 | 【大理】段素兴圣明元年 |
| 1043 | 癸未 | | 3 | |
| 1044 | 甲申 | | 4 | |
| 1045 | 乙酉 | | 5 | 【大理】段思廉保安元年 |
| 1046 | 丙戌 | | 6 | |
| 1047 | 丁亥 | | 7 | |
| 1048 | 戊子 | | 8 | |
| 1049 | 己丑 | 皇祐 | 1 | 【西夏】毅宗（李谅祚）延嗣宁国元年 |
| 1050 | 庚寅 | | 2 | 【西夏】天祐垂圣元年 |
| 1051 | 辛卯 | | 3 | |
| 1052 | 壬辰 | | 4 | |
| 1053 | 癸巳 | | 5 | 【西夏】福圣承道元年<br>【大理】正安元年 |
| 1054 | 甲午 | 至和（三） | 1 | |
| 1055 | 乙未 | | 2 | 【辽】道宗（耶律洪基）清宁（八）元年 |
| 1056 | 丙申 | 嘉祐（九） | 1 | |
| 1057 | 丁酉 | | 2 | 【西夏】奲都元年 |
| 1058 | 戊戌 | | 3 | |
| 1059 | 己亥 | | 4 | |
| 1060 | 庚子 | | 5 | |

续表

| 公元 | 干支 | 北宋 | | 其他各国 |
|---|---|---|---|---|
| 1061 | 辛丑 | | 6 | |
| 1062 | 壬寅 | | 7 | |
| 1063 | 癸卯 | | 8 | 【西夏】拱化元年 |
| 1064 | 甲辰 | 英宗（赵曙）治平 | 1 | |
| 1065 | 乙巳 | | 2 | 【辽】咸雍元年 |
| 1066 | 丙午 | | 3 | |
| 1067 | 丁未 | | 4 | |
| 1068 | 戊申 | 神宗（赵顼）熙宁 | 1 | 【西夏】惠宗（李秉常）乾道元年 |
| 1069 | 己酉 | | 2 | 【西夏】天赐礼盛国庆元年 |
| 1070 | 庚戌 | | 3 | |
| 1071 | 辛亥 | | 4 | |
| 1072 | 壬子 | | 5 | |
| 1073 | 癸丑 | | 6 | |
| 1074 | 甲寅 | | 7 | 【西夏】大安元年 |
| 1075 | 乙卯 | | 8 | 【辽】大（太）康元年 |
| 1076 | 丙辰 | | 9 | 【大理】上德元年 |
| 1077 | 丁巳 | | 10 | 【大理】广安元年 |
| 1078 | 戊午 | 元丰 | 1 | |
| 1079 | 己未 | | 2 | |
| 1080 | 庚申 | | 3 | |
| 1081 | 辛酉 | | 4 | 【大理】段寿辉上明元年 |
| 1082 | 壬戌 | | 5 | 【大理】段正明保立元年 |
| 1083 | 癸亥 | | 6 | |
| 1084 | 甲子 | | 7 | |
| 1085 | 乙丑 | | 8 | 【辽】大安元年<br>【西夏】天安礼定元年 |
| 1086 | 丙寅 | 哲宗（赵煦）元祐 | 1 | |
| 1087 | 丁卯 | | 2 | 【西夏】崇宗（李乾顺）天仪治平元年 |
| 1088 | 戊辰 | | 3 | |
| 1089 | 己巳 | | 4 | |
| 1090 | 庚午 | | 5 | 【西夏】天祐民安元年 |

续表

| 公元 | 干支 | 北宋 | | 其他各国 |
|---|---|---|---|---|
| 1091 | 辛未 | | 6 | |
| 1092 | 壬申 | | 7 | |
| 1093 | 癸酉 | | 8 | |
| 1094 | 甲戌 | 绍圣（四） | 1 | |
| 1095 | 乙亥 | | 2 | 【辽】寿昌（隆）元年 |
| | | | | 【大理】高昇泰上治元年 |
| 1096 | 丙子 | | 3 | 【后理】段正淳天授元年 |
| 1097 | 丁丑 | | 4 | 【后理】开明元年 |
| 1098 | 戊寅 | 元符（六） | 1 | 【西夏】永安元年 |
| 1099 | 己卯 | | 2 | |
| 1100 | 庚辰 | | 3 | |
| 1101 | 辛巳 | 徽宗（赵佶）建中靖国 | 1 | 【辽】天祚帝（耶律延禧）乾统（二）元年 |
| | | | | 【西夏】贞观元年 |
| 1102 | 壬午 | 崇宁 | 1 | |
| 1103 | 癸未 | | 2 | 【后理】天正元年 |
| 1104 | 甲申 | | 3 | |
| 1105 | 乙酉 | | 4 | 【后理】文安元年 |
| 1106 | 丙戌 | | 5 | |
| 1107 | 丁亥 | 大观 | 1 | |
| 1108 | 戊子 | | 2 | |
| 1109 | 己丑 | | 3 | 【后理】段正严日新元年 |
| 1110 | 庚寅 | | 4 | 【后理】文治元年 |
| 1111 | 辛卯 | 政和 | 1 | 【辽】天庆元年 |
| 1112 | 壬辰 | | 2 | |
| 1113 | 癸巳 | | 3 | |
| 1114 | 甲午 | | 4 | 【西夏】雍宁元年 |
| 1115 | 乙未 | | 5 | 【金】太祖（完颜旻）收国元年⑥ |
| 1116 | 丙申 | | 6 | |
| 1117 | 丁酉 | | 7 | 【金】天辅元年 |

续表

| 公元 | 干支 | 北宋 | | 其他各国 |
|---|---|---|---|---|
| 1118 | 戊戌 | 重和（十一） | 1 | |
| 1119 | 己亥 | 宣和（二） | 1 | 【西夏】元德元年 |
| 1120 | 庚子 | | 2 | |
| 1121 | 辛丑 | | 3 | 【辽】保大元年 |
| 1122 | 壬寅 | | 4 | 【北辽】宣宗（耶律淳）建福元年 |
| | | | | 萧德妃德兴元年⑦ |
| 1123 | 癸卯 | | 5 | 【金】太宗（完颜晟）天会（九）元年 |
| | | | | 【北辽】梁王（耶律雅里）神历元年 |
| 1124 | 甲辰 | | 6 | 【西辽】德宗（耶律大石）延庆元年⑧ |
| 1125 | 乙巳 | | 7 | |
| 1126 | 丙午 | 钦宗（赵桓）靖康 | 1 | |

| 公元 | 干支 | 南宋⑨ | | 其他各国 |
|---|---|---|---|---|
| 1127 | 丁未 | 高宗（赵构） | | 【西夏】正德元年 |
| | | 建炎（五） | 1 | |
| 1128 | 戊申 | | 2 | |
| 1129 | 己酉 | | 3 | |
| 1130 | 庚戌 | | 4 | 【齐】刘豫阜昌元年 |
| 1131 | 辛亥 | 绍兴 | 1 | |
| 1132 | 壬子 | | 2 | |
| 1133 | 癸丑 | | 3 | |
| 1134 | 甲寅 | | 4 | 【西辽】康国元年 |
| 1135 | 乙卯 | | 5 | 【西夏】大德元年 |
| | | | | 【金】熙宗（完颜亶）天会十三年 |
| 1136 | 丙辰 | | 6 | |
| 1137 | 丁巳 | | 7 | |
| 1138 | 戊午 | | 8 | 【金】天眷元年 |
| 1139 | 己未 | | 9 | |
| 1140 | 庚申 | | 10 | 【西夏】仁宗（李仁孝）大庆元年 |

续表

| 公元 | 干支 | 南宋 | 其他各国 |
|---|---|---|---|
| 1141 | 辛酉 | 11 | 【金】皇统元年 |
| 1142 | 壬戌 | 12 | |
| 1143 | 癸亥 | 13 | |
| 1144 | 甲子 | 14 | 【西夏】人庆元年<br>【西辽】感天后（萧塔不烟）咸清元年 |
| 1145 | 乙丑 | 15 | |
| 1146 | 丙寅 | 16 | |
| 1147 | 丁卯 | 17 | |
| 1148 | 戊辰 | 18 | 【后理】段正兴永贞元年 |
| 1149 | 己巳 | 19 | 【西夏】天盛元年<br>【金】海陵王（完颜亮）天德（十二）元年<br>【后理】大宝元年 |
| 1150 | 庚午 | 20 | |
| 1151 | 辛未 | 21 | 【西辽】仁宗（耶律夷列）绍兴元年 |
| 1152 | 壬申 | 22 | |
| 1153 | 癸酉 | 23 | 【金】贞元（三）元年 |
| 1154 | 甲戌 | 24 | |
| 1155 | 乙亥 | 25 | |
| 1156 | 丙子 | 26 | 【金】正隆（二）元年 |
| 1157 | 丁丑 | 27 | |
| 1158 | 戊寅 | 28 | |
| 1159 | 己卯 | 29 | |
| 1160 | 庚辰 | 30 | |
| 1161 | 辛巳 | 31 | 【金】世宗（完颜雍）大定（十）元年 |
| 1162 | 壬午 | 32 | |
| 1163 | 癸未 | 孝宗（赵昚）隆兴 1 | |
| 1164 | 甲申 | 2 | 【西辽】承天后（耶律普速完）崇福元年 |
| 1165 | 乙酉 | 乾道 1 | |
| 1166 | 丙戌 | 2 | |
| 1167 | 丁亥 | 3 | |

续表

| 公元 | 干支 | 南宋 | | 其他各国 |
|---|---|---|---|---|
| 1168 | 戊子 | | 4 | |
| 1169 | 己丑 | | 5 | |
| 1170 | 庚寅 | | 6 | 【西夏】乾祐元年 |
| 1171 | 辛卯 | | 7 | |
| 1172 | 壬辰 | | 8 | 【后理】段智兴利贞元年 |
| 1173 | 癸巳 | | 9 | |
| 1174 | 甲午 | 淳熙 | 1 | |
| 1175 | 乙未 | | 2 | |
| 1176 | 丙申 | | 3 | 【后理】盛德元年 |
| 1177 | 丁酉 | | 4 | |
| 1178 | 戊戌 | | 5 | 【西辽】末主（耶律直鲁古）天禧元年 |
| 1179 | 己亥 | | 6 | |
| 1180 | 庚子 | | 7 | |
| 1181 | 辛丑 | | 8 | 【后理】嘉会元年 |
| 1182 | 壬寅 | | 9 | |
| 1183 | 癸卯 | | 10 | |
| 1184 | 甲辰 | | 11 | |
| 1185 | 乙巳 | | 12 | 【后理】元亨元年 |
| 1186 | 丙午 | | 13 | |
| 1187 | 丁未 | | 14 | |
| 1188 | 戊申 | | 15 | |
| 1189 | 己酉 | | 16 | |
| 1190 | 庚戌 | 光宗（赵惇）绍熙 | 1 | 【金】章宗（完颜璟）明昌元年 |
| 1191 | 辛亥 | | 2 | |
| 1192 | 壬子 | | 3 | |
| 1193 | 癸丑 | | 4 | |
| 1194 | 甲寅 | | 5 | 【西夏】桓宗（李纯祐）天庆元年 |
| 1195 | 乙卯 | 宁宗（赵扩）庆元 | 1 | |
| 1196 | 丙辰 | | 2 | 【金】承安（十一）元年 |
| 1197 | 丁巳 | | 3 | |

续表

| 公元 | 干支 | 南宋 | | 其他各国 |
|---|---|---|---|---|
| 1198 | 戊午 | | 4 | |
| 1199 | 己未 | | 5 | |
| 1200 | 庚申 | | 6 | |
| 1201 | 辛酉 | 嘉泰 | 1 | 【金】泰和元年<br>【后理】段智廉凤历元年 |
| 1202 | 壬戌 | | 2 | |
| 1203 | 癸亥 | | 3 | |
| 1204 | 甲子 | | 4 | |
| 1205 | 乙丑 | 开禧 | 1 | 【后理】段智祥天开元年 |
| 1206 | 丙寅 | | 2 | 【西夏】襄宗（李安全）应天元年<br>【蒙古】（元太祖）孛儿只斤·铁木真元年 ⑩ |
| 1207 | 丁卯 | | 3 | |
| 1208 | 戊辰 | 嘉定 | 1 | |
| 1209 | 己巳 | | 2 | 【金】卫绍王（完颜永济）大安元年 |
| 1210 | 庚午 | | 3 | 【西夏】皇建元年 |
| 1211 | 辛未 | | 4 | 【西夏】神宗（李遵顼）光定元年 |
| 1212 | 壬申 | | 5 | 【金】崇庆元年 |
| 1213 | 癸酉 | | 6 | 【金】至宁（五）元年；宣宗（完颜珣）贞祐（九）元年 |
| 1214 | 甲戌 | | 7 | 【金】杨安儿天顺元年 |
| 1215 | 乙亥 | | 8 | |
| 1216 | 丙子 | | 9 | 【金】大汉郝定顺天元年 |
| 1217 | 丁丑 | | 10 | 【金】兴定（九）元年 |
| 1218 | 戊寅 | | 11 | |
| 1219 | 己卯 | | 12 | |
| 1220 | 庚辰 | | 13 | |
| 1221 | 辛巳 | | 14 | |
| 1222 | 壬午 | | 15 | 【金】元光（八）元年 |
| 1223 | 癸未 | | 16 | |

续表

| 公元 | 干支 | 南宋 | | 其他各国 |
|---|---|---|---|---|
| 1224 | 甲申 | | 17 | 【西夏】献宗（李德旺）乾定元年<br>【金】哀宗（完颜守绪）正大元年 |
| 1225 | 乙酉 | 理宗（赵昀）宝庆 | 1 | |
| 1226 | 丙戌 | | 2 | 【后理】天辅元年 |
| 1227 | 丁亥 | | 3 | 【西夏】末主（李晛）宝义元年 |
| 1228 | 戊子 | 绍定 | 1 | 【蒙古】（元监国）孛儿只斤·拖雷元年 |
| 1229 | 己丑 | | 2 | 【蒙古】（元太宗）孛儿只斤·窝阔台元年 |
| 1230 | 庚寅 | | 3 | 【后理】仁寿元年 |
| 1231 | 辛卯 | | 4 | |
| 1232 | 壬辰 | | 5 | 【金】开兴元年；天兴（四）元年 |
| 1233 | 癸巳 | | 6 | |
| 1234 | 甲午 | 端平 | 1 | |
| 1235 | 乙未 | | 2 | |
| 1236 | 丙申 | | 3 | |
| 1237 | 丁酉 | 嘉熙 | 1 | |
| 1238 | 戊戌 | | 2 | |
| 1239 | 己亥 | | 3 | 【后理】段祥兴道隆元年 |
| 1240 | 庚子 | | 4 | |
| 1241 | 辛丑 | 淳祐 | 1 | |
| 1242 | 壬寅 | | 2 | 【蒙古】（元）乃马真后元年 |
| 1243 | 癸卯 | | 3 | |
| 1244 | 甲辰 | | 4 | |
| 1245 | 乙巳 | | 5 | |
| 1246 | 丙午 | | 6 | 【蒙古】（元定宗）孛儿只斤·贵由（七）元年 |
| 1247 | 丁未 | | 7 | |
| 1248 | 戊申 | | 8 | 【蒙古】（元）海迷失后（三）元年 |
| 1249 | 己酉 | | 9 | |
| 1250 | 庚戌 | | 10 | |

续表

| 公元 | 干支 | 南宋 | | 其他各国 |
|---|---|---|---|---|
| 1251 | 辛亥 | | 11 | 【蒙古】(元宪宗)孛儿只斤·蒙哥(六)元年 |
| 1252 | 壬子 | | 12 | 【后理】段兴智天定元年 |
| 1253 | 癸丑 | 宝祐 | 1 | |
| 1254 | 甲寅 | | 2 | |
| 1255 | 乙卯 | | 3 | |
| 1256 | 丙辰 | | 4 | |
| 1257 | 丁巳 | | 5 | |
| 1258 | 戊午 | | 6 | |
| 1259 | 己未 | 开庆 | 1 | |
| 1260 | 庚申 | 景定 | 1 | 【蒙古】(元世祖)孛儿只斤·忽必烈中统(五)元年 |
| 1261 | 辛酉 | | 2 | |
| 1262 | 壬戌 | | 3 | |
| 1263 | 癸亥 | | 4 | |
| 1264 | 甲子 | | 5 | 【蒙古】至元(八)元年 |
| 1265 | 乙丑 | 度宗(赵禥)咸淳 | 1 | |
| 1266 | 丙寅 | | 2 | |
| 1267 | 丁卯 | | 3 | |
| 1268 | 戊辰 | | 4 | |
| 1269 | 己巳 | | 5 | |
| 1270 | 庚午 | | 6 | |
| 1271 | 辛未 | | 7 | |
| 1272 | 壬申 | | 8 | |
| 1273 | 癸酉 | | 9 | |
| 1274 | 甲戌 | | 10 | |
| 1275 | 乙亥 | 恭帝(赵㬎)德祐 | 1 | |
| 1276 | 丙子 | 端宗(赵昰)景炎(五) | 1 | |
| 1277 | 丁丑 | | 2 | |

续表

| 公元 | 干支 | 南宋 | 其他各国 |
|---|---|---|---|
| 1278 | 戊寅 | 帝昺（赵昺）<br>祥兴（五） 1 | |
| 1279 | 己卯 | 2 | |

【注】

① 960年赵匡胤代后周称帝，建都于东京（今河南开封），国号为宋，史称北宋。1127年被金所灭。共168年。

② 947年契丹改国号为辽，改称皇都为上京。983年重称契丹，1066年仍称辽，1125年被金所灭。自耶律阿保机916年创建契丹国起，共210年。自907年耶律阿保机建契丹联盟起，共219年。

③ 李从德，又作李德从。

④ 北宋太宗赵光义，又名赵匡义、赵炅。

⑤ 8至9世纪，党项族酋长拓跋思恭占据夏州（今陕西榆林横山一带）。唐末受赐姓李，封夏国公。1032年李元昊继位，后改姓“嵬名”，1038年称帝，建都于兴庆府（今宁夏银川东南），国号大夏，史称西夏。1227年被蒙古所灭。自李元昊继位起，共196年。

⑥ 1115年女真族首领完颜旻（完颜阿骨打）称帝建国，建都于会宁（今黑龙江哈尔滨阿城南），国号为金。后迁都于中都（今北京），又迁都于开封（今河南开封）。1234年在蒙古和南宋的联合进攻下灭亡。共120年。

⑦ 1122年天祚帝为避金兵而出奔夹山。秦晋王耶律淳被立为帝，遥降天祚帝为湘阴王，史称这个政权为北辽。共2年。

⑧ 1124年辽宗室耶律大石自立为王。1131年称帝，建都于虎思斡耳朵（今吉尔吉斯斯坦托克马克以东楚河南岸）。1211年政权被乃蛮王屈出律篡夺，仍用西辽国号。1218年被蒙古所灭。共94年。

⑨ 1127年赵构在南京（今河南商丘）称帝，重建宋朝，后定都于临安（今浙江杭州），史称南宋。1279年被元所灭。共153年。

⑩ 1206年蒙古族乞颜部首领孛儿只斤·铁木真（成吉思汗）建立蒙古汗国。1234年蒙古灭金，1235年定都于和林（今蒙古国鄂尔浑河上游哈尔和林）。1260年孛儿只斤·忽必烈嗣立，1271年定国号为大元。

# （十三）元纪年表

| 公元 | 干支 | 元① | |
|---|---|---|---|
| 1279 | 己卯 | 世祖至元 | 16 |
| 1280 | 庚辰 | | 17 |
| 1281 | 辛巳 | | 18 |
| 1282 | 壬午 | | 19 |
| 1283 | 癸未 | | 20 |
| 1284 | 甲申 | | 21 |
| 1285 | 乙酉 | | 22 |
| 1286 | 丙戌 | | 23 |
| 1287 | 丁亥 | | 24 |
| 1288 | 戊子 | | 25 |
| 1289 | 己丑 | | 26 |
| 1290 | 庚寅 | | 27 |
| 1291 | 辛卯 | | 28 |
| 1292 | 壬辰 | | 29 |
| 1293 | 癸巳 | | 30 |
| 1294 | 甲午 | | 31 |
| 1295 | 乙未 | 成宗（孛儿只斤·铁穆耳）元贞 | 1 |
| 1296 | 丙申 | | 2 |
| 1297 | 丁酉 | 大德（二） | 1 |
| 1298 | 戊戌 | | 2 |
| 1299 | 己亥 | | 3 |
| 1300 | 庚子 | | 4 |
| 1301 | 辛丑 | | 5 |
| 1302 | 壬寅 | | 6 |
| 1303 | 癸卯 | | 7 |
| 1304 | 甲辰 | | 8 |
| 1305 | 乙巳 | | 9 |
| 1306 | 丙午 | | 10 |
| 1307 | 丁未 | | 11 |
| 1308 | 戊申 | 武宗（孛儿只斤·海山）至大 | 1 |
| 1309 | 己酉 | | 2 |
| 1310 | 庚戌 | | 3 |
| 1311 | 辛亥 | | 4 |
| 1312 | 壬子 | 仁宗（孛儿只斤·爱育黎拔力八达）皇庆 | 1 |
| 1313 | 癸丑 | | 2 |
| 1314 | 甲寅 | 延祐 | 1 |
| 1315 | 乙卯 | | 2 |
| 1316 | 丙辰 | | 3 |
| 1317 | 丁巳 | | 4 |
| 1318 | 戊午 | | 5 |
| 1319 | 己未 | | 6 |
| 1320 | 庚申 | | 7 |
| 1321 | 辛酉 | 英宗（孛儿只斤·硕德八剌）至治 | 1 |
| 1322 | 壬戌 | | 2 |
| 1323 | 癸亥 | | 3 |
| 1324 | 甲子 | 泰定帝（孛儿只斤·也孙铁木儿）②泰定 | 1 |
| 1325 | 乙丑 | | 2 |
| 1326 | 丙寅 | | 3 |
| 1327 | 丁卯 | | 4 |

续表

| 公元 | 干支 | 元 | | 公元 | 干支 | 元 |
|---|---|---|---|---|---|---|
| 1328 | 戊辰 | 致和 1<br>天顺帝（孛儿只斤·阿速吉八）天顺（九） 1<br>文宗（孛儿只斤·图帖睦尔）③天历（九） 1 | | 1345 | 乙酉 | 5 |
| | | | | 1346 | 丙戌 | 6 |
| | | | | 1347 | 丁亥 | 7 |
| | | | | 1348 | 戊子 | 8 |
| | | | | 1349 | 己丑 | 9 |
| 1329 | 己巳 | 明宗（孛儿只斤·和世㻋）④ 2 | | 1350 | 庚寅 | 10 |
| | | | | 1351 | 辛卯 | 11 |
| 1330 | 庚午 | 至顺（五） 1 | | 1352 | 壬辰 | 12 |
| 1331 | 辛未 | 2 | | 1353 | 癸巳 | 13 |
| 1332 | 壬申 | 宁宗（孛儿只斤·懿璘质班）至顺（十） 3 | | 1354 | 甲午 | 14 |
| | | | | 1355 | 乙未 | 15 |
| 1333 | 癸酉 | 惠宗（顺帝）（孛儿只斤·妥懽帖睦尔）元统（十）1 | | 1356 | 丙申 | 16 |
| | | | | 1357 | 丁酉 | 17 |
| 1334 | 甲戌 | 2 | | 1358 | 戊戌 | 18 |
| 1335 | 乙亥 | 至元（十一） 1 | | 1359 | 己亥 | 19 |
| 1336 | 丙子 | 2 | | 1360 | 庚子 | 20 |
| 1337 | 丁丑 | 3 | | 1361 | 辛丑 | 21 |
| 1338 | 戊寅 | 4 | | 1362 | 壬寅 | 22 |
| 1339 | 己卯 | 5 | | 1363 | 癸卯 | 23 |
| 1340 | 庚辰 | 6 | | 1364 | 甲辰 | 24 |
| 1341 | 辛巳 | 至正 1 | | 1365 | 乙巳 | 25 |
| 1342 | 壬午 | 2 | | 1366 | 丙午 | 26 |
| 1343 | 癸未 | 3 | | 1367 | 丁未 | 27 |
| 1344 | 甲申 | 4 | | 1368 | 戊申 | 28 |

【注】

① 1279 年孛儿只斤·忽必烈灭南宋，迁都于大都（今北京），统一全国。1368 年朱元璋攻入北京，元朝灭亡。从 1206 年成吉思汗（孛儿只斤·铁木真）建国开始，到元朝灭亡，共 163 年；从 1271 年孛儿只斤·忽必烈定国号到元朝灭亡，共 98 年。

② 泰定帝孛儿只斤·也孙铁木儿，又作也孙铁木耳。

③ 文宗孛儿只斤·图帖睦尔，又作图帖睦耳。

④ 明宗孛儿只斤·和世㻋于己巳年正月即位，以文宗为皇太子。八月明宗暴死，文宗复位。

# （十四）明纪年表

| 公元 | 干支 | 明① |
|---|---|---|
| 1368 | 戊申 | 太祖（朱元璋）洪武 1 |
| 1369 | 己酉 | 2 |
| 1370 | 庚戌 | 3 |
| 1371 | 辛亥 | 4 |
| 1372 | 壬子 | 5 |
| 1373 | 癸丑 | 6 |
| 1374 | 甲寅 | 7 |
| 1375 | 乙卯 | 8 |
| 1376 | 丙辰 | 9 |
| 1377 | 丁巳 | 10 |
| 1378 | 戊午 | 11 |
| 1379 | 己未 | 12 |
| 1380 | 庚申 | 13 |
| 1381 | 辛酉 | 14 |
| 1382 | 壬戌 | 15 |
| 1383 | 癸亥 | 16 |
| 1384 | 甲子 | 17 |
| 1385 | 乙丑 | 18 |
| 1386 | 丙寅 | 19 |
| 1387 | 丁卯 | 20 |
| 1388 | 戊辰 | 21 |
| 1389 | 己巳 | 22 |
| 1390 | 庚午 | 23 |
| 1391 | 辛未 | 24 |
| 1392 | 壬申 | 25 |
| 1393 | 癸酉 | 26 |
| 1394 | 甲戌 | 27 |

| 公元 | 干支 | 明 |
|---|---|---|
| 1395 | 乙亥 | 28 |
| 1396 | 丙子 | 29 |
| 1397 | 丁丑 | 30 |
| 1398 | 戊寅 | 31 |
| 1399 | 己卯 | 惠帝（朱允炆）建文 1 |
| 1400 | 庚辰 | 2 |
| 1401 | 辛巳 | 3 |
| 1402 | 壬午 | 4 |
| 1403 | 癸未 | 成祖（朱棣）永乐 1 |
| 1404 | 甲申 | 2 |
| 1405 | 乙酉 | 3 |
| 1406 | 丙戌 | 4 |
| 1407 | 丁亥 | 5 |
| 1408 | 戊子 | 6 |
| 1409 | 己丑 | 7 |
| 1410 | 庚寅 | 8 |
| 1411 | 辛卯 | 9 |
| 1412 | 壬辰 | 10 |
| 1413 | 癸巳 | 11 |
| 1414 | 甲午 | 12 |
| 1415 | 乙未 | 13 |
| 1416 | 丙申 | 14 |
| 1417 | 丁酉 | 15 |
| 1418 | 戊戌 | 16 |
| 1419 | 己亥 | 17 |
| 1420 | 庚子 | 18 |
| 1421 | 辛丑 | 19 |

续表

| 公元 | 干支 | 明 | | 公元 | 干支 | 明 | |
|---|---|---|---|---|---|---|---|
| 1422 | 壬寅 | | 20 | 1452 | 壬申 | | 3 |
| 1423 | 癸卯 | | 21 | 1453 | 癸酉 | | 4 |
| 1424 | 甲辰 | | 22 | 1454 | 甲戌 | | 5 |
| 1425 | 乙巳 | 仁宗（朱高炽）洪熙 | 1 | 1455 | 乙亥 | | 6 |
| 1426 | 丙午 | 宣宗（朱瞻基）宣德 | 1 | 1456 | 丙子 | | 7 |
| 1427 | 丁未 | | 2 | 1457 | 丁丑 | 英宗（朱祁镇）天顺 | 1 |
| 1428 | 戊申 | | 3 | 1458 | 戊寅 | | 2 |
| 1429 | 己酉 | | 4 | 1459 | 己卯 | | 3 |
| 1430 | 庚戌 | | 5 | 1460 | 庚辰 | | 4 |
| 1431 | 辛亥 | | 6 | 1461 | 辛巳 | | 5 |
| 1432 | 壬子 | | 7 | 1462 | 壬午 | | 6 |
| 1433 | 癸丑 | | 8 | 1463 | 癸未 | | 7 |
| 1434 | 甲寅 | | 9 | 1464 | 甲申 | | 8 |
| 1435 | 乙卯 | | 10 | 1465 | 乙酉 | 宪宗（朱见深）成化 | 1 |
| 1436 | 丙辰 | 英宗（朱祁镇）正统 | 1 | 1466 | 丙戌 | | 2 |
| 1437 | 丁巳 | | 2 | 1467 | 丁亥 | | 3 |
| 1438 | 戊午 | | 3 | 1468 | 戊子 | | 4 |
| 1439 | 己未 | | 4 | 1469 | 己丑 | | 5 |
| 1440 | 庚申 | | 5 | 1470 | 庚寅 | | 6 |
| 1441 | 辛酉 | | 6 | 1471 | 辛卯 | | 7 |
| 1442 | 壬戌 | | 7 | 1472 | 壬辰 | | 8 |
| 1443 | 癸亥 | | 8 | 1473 | 癸巳 | | 9 |
| 1444 | 甲子 | | 9 | 1474 | 甲午 | | 10 |
| 1445 | 乙丑 | | 10 | 1475 | 乙未 | | 11 |
| 1446 | 丙寅 | | 11 | 1476 | 丙申 | | 12 |
| 1447 | 丁卯 | | 12 | 1477 | 丁酉 | | 13 |
| 1448 | 戊辰 | | 13 | 1478 | 戊戌 | | 14 |
| 1449 | 己巳 | | 14 | 1479 | 己亥 | | 15 |
| 1450 | 庚午 | 代宗（朱祁钰）② 景泰 | 1 | 1480 | 庚子 | | 16 |
| 1451 | 辛未 | | 2 | 1481 | 辛丑 | | 17 |

续表

| 公元 | 干支 | 明 | | 公元 | 干支 | 明 | |
|---|---|---|---|---|---|---|---|
| 1482 | 壬寅 | | 18 | 1512 | 壬申 | | 7 |
| 1483 | 癸卯 | | 19 | 1513 | 癸酉 | | 8 |
| 1484 | 甲辰 | | 20 | 1514 | 甲戌 | | 9 |
| 1485 | 乙巳 | | 21 | 1515 | 乙亥 | | 10 |
| 1486 | 丙午 | | 22 | 1516 | 丙子 | | 11 |
| 1487 | 丁未 | | 23 | 1517 | 丁丑 | | 12 |
| 1488 | 戊申 | 孝宗（朱祐樘）弘治 | 1 | 1518 | 戊寅 | | 13 |
| 1489 | 己酉 | | 2 | 1519 | 己卯 | | 14 |
| 1490 | 庚戌 | | 3 | 1520 | 庚辰 | | 15 |
| 1491 | 辛亥 | | 4 | 1521 | 辛巳 | | 16 |
| 1492 | 壬子 | | 5 | 1522 | 壬午 | 世宗（朱厚熜）嘉靖 | 1 |
| 1493 | 癸丑 | | 6 | 1523 | 癸未 | | 2 |
| 1494 | 甲寅 | | 7 | 1524 | 甲申 | | 3 |
| 1495 | 乙卯 | | 8 | 1525 | 乙酉 | | 4 |
| 1496 | 丙辰 | | 9 | 1526 | 丙戌 | | 5 |
| 1497 | 丁巳 | | 10 | 1527 | 丁亥 | | 6 |
| 1498 | 戊午 | | 11 | 1528 | 戊子 | | 7 |
| 1499 | 己未 | | 12 | 1529 | 己丑 | | 8 |
| 1500 | 庚申 | | 13 | 1530 | 庚寅 | | 9 |
| 1501 | 辛酉 | | 14 | 1531 | 辛卯 | | 10 |
| 1502 | 壬戌 | | 15 | 1532 | 壬辰 | | 11 |
| 1503 | 癸亥 | | 16 | 1533 | 癸巳 | | 12 |
| 1504 | 甲子 | | 17 | 1534 | 甲午 | | 13 |
| 1505 | 乙丑 | | 18 | 1535 | 乙未 | | 14 |
| 1506 | 丙寅 | 武宗（朱厚照）正德 | 1 | 1536 | 丙申 | | 15 |
| 1507 | 丁卯 | | 2 | 1537 | 丁酉 | | 16 |
| 1508 | 戊辰 | | 3 | 1538 | 戊戌 | | 17 |
| 1509 | 己巳 | | 4 | 1539 | 己亥 | | 18 |
| 1510 | 庚午 | | 5 | 1540 | 庚子 | | 19 |
| 1511 | 辛未 | | 6 | 1541 | 辛丑 | | 20 |

续表

| 公元 | 干支 | 明 | | 公元 | 干支 | 明 | |
|---|---|---|---|---|---|---|---|
| 1542 | 壬寅 | | 21 | 1572 | 壬申 | | 6 |
| 1543 | 癸卯 | | 22 | 1573 | 癸酉 | 神宗（朱翊钧）万历 | 1 |
| 1544 | 甲辰 | | 23 | 1574 | 甲戌 | | 2 |
| 1545 | 乙巳 | | 24 | 1575 | 乙亥 | | 3 |
| 1546 | 丙午 | | 25 | 1576 | 丙子 | | 4 |
| 1547 | 丁未 | | 26 | 1577 | 丁丑 | | 5 |
| 1548 | 戊申 | | 27 | 1578 | 戊寅 | | 6 |
| 1549 | 己酉 | | 28 | 1579 | 己卯 | | 7 |
| 1550 | 庚戌 | | 29 | 1580 | 庚辰 | | 8 |
| 1551 | 辛亥 | | 30 | 1581 | 辛巳 | | 9 |
| 1552 | 壬子 | | 31 | 1582 | 壬午 | | 10 |
| 1553 | 癸丑 | | 32 | 1583 | 癸未 | | 11 |
| 1554 | 甲寅 | | 33 | 1584 | 甲申 | | 12 |
| 1555 | 乙卯 | | 34 | 1585 | 乙酉 | | 13 |
| 1556 | 丙辰 | | 35 | 1586 | 丙戌 | | 14 |
| 1557 | 丁巳 | | 36 | 1587 | 丁亥 | | 15 |
| 1558 | 戊午 | | 37 | 1588 | 戊子 | | 16 |
| 1559 | 己未 | | 38 | 1589 | 己丑 | | 17 |
| 1560 | 庚申 | | 39 | 1590 | 庚寅 | | 18 |
| 1561 | 辛酉 | | 40 | 1591 | 辛卯 | | 19 |
| 1562 | 壬戌 | | 41 | 1592 | 壬辰 | | 20 |
| 1563 | 癸亥 | | 42 | 1593 | 癸巳 | | 21 |
| 1564 | 甲子 | | 43 | 1594 | 甲午 | | 22 |
| 1565 | 乙丑 | | 44 | 1595 | 乙未 | | 23 |
| 1566 | 丙寅 | | 45 | 1596 | 丙申 | | 24 |
| 1567 | 丁卯 | 穆宗（朱载垕）隆庆 | 1 | 1597 | 丁酉 | | 25 |
| 1568 | 戊辰 | | 2 | 1598 | 戊戌 | | 26 |
| 1569 | 己巳 | | 3 | 1599 | 己亥 | | 27 |
| 1570 | 庚午 | | 4 | 1600 | 庚子 | | 28 |
| 1571 | 辛未 | | 5 | 1601 | 辛丑 | | 29 |

续表

| 公元 | 干支 | 明 |
|---|---|---|
| 1602 | 壬寅 | 30 |
| 1603 | 癸卯 | 31 |
| 1604 | 甲辰 | 32 |
| 1605 | 乙巳 | 33 |
| 1606 | 丙午 | 34 |
| 1607 | 丁未 | 35 |
| 1608 | 戊申 | 36 |
| 1609 | 己酉 | 37 |
| 1610 | 庚戌 | 38 |
| 1611 | 辛亥 | 39 |
| 1612 | 壬子 | 40 |
| 1613 | 癸丑 | 41 |
| 1614 | 甲寅 | 42 |
| 1615 | 乙卯 | 43 |
| 1616 | 丙辰 | 44 |
| | | （清太祖爱新觉罗·努尔哈赤天命元年） |
| 1617 | 丁巳 | 45 |
| 1618 | 戊午 | 46 |
| 1619 | 己未 | 47 |
| 1620 | 庚申 | 光宗（朱常洛）泰昌（八） 1 |
| 1621 | 辛酉 | 熹宗（朱由校）天启 1 |
| 1622 | 壬戌 | 2 |
| 1623 | 癸亥 | 3 |
| 1624 | 甲子 | 4 |
| 1625 | 乙丑 | 5 |
| 1626 | 丙寅 | 6 |
| 1627 | 丁卯 | 7 |
| | | （清太宗爱新觉罗·皇太极天聪元年） |
| 1628 | 戊辰 | 思宗（朱由检）崇祯 1 |
| 1629 | 己巳 | 2 |
| 1630 | 庚午 | 3 |
| 1631 | 辛未 | 4 |
| 1632 | 壬申 | 5 |
| 1633 | 癸酉 | 6 |
| 1634 | 甲戌 | 7 |
| 1635 | 乙亥 | 8 |
| 1636 | 丙子 | （清崇德元年） 9 |
| 1637 | 丁丑 | 10 |
| 1638 | 戊寅 | 11 |
| 1639 | 己卯 | 12 |
| 1640 | 庚辰 | 13 |
| 1641 | 辛巳 | 14 |
| 1642 | 壬午 | 15 |
| 1643 | 癸未 | 16 |
| 1644 | 甲申 | 17 |

【注】

① 1368 年朱元璋灭元称帝，建都于南京（今江苏南京），国号为明。1421 年朱棣迁都于北京（今北京）。1644 年李自成攻破北京，明朝灭亡。共 277 年。

② 代宗朱祁钰，又称景帝。

# （十五）清纪年表

| 公元 | 干支 | 清① |
| --- | --- | --- |
| 1644 | 甲申 | 世祖（爱新觉罗·福临）顺治 1 |
| 1645 | 乙酉 | 2 |
| 1646 | 丙戌 | 3 |
| 1647 | 丁亥 | 4 |
| 1648 | 戊子 | 5 |
| 1649 | 己丑 | 6 |
| 1650 | 庚寅 | 7 |
| 1651 | 辛卯 | 8 |
| 1652 | 壬辰 | 9 |
| 1653 | 癸巳 | 10 |
| 1654 | 甲午 | 11 |
| 1655 | 乙未 | 12 |
| 1656 | 丙申 | 13 |
| 1657 | 丁酉 | 14 |
| 1658 | 戊戌 | 15 |
| 1659 | 己亥 | 16 |
| 1660 | 庚子 | 17 |
| 1661 | 辛丑 | 18 |
| 1662 | 壬寅 | 圣祖（爱新觉罗·玄烨）康熙 1 |
| 1663 | 癸卯 | 2 |
| 1664 | 甲辰 | 3 |
| 1665 | 乙巳 | 4 |
| 1666 | 丙午 | 5 |
| 1667 | 丁未 | 6 |
| 1668 | 戊申 | 7 |

| 公元 | 干支 | 清 |
| --- | --- | --- |
| 1669 | 己酉 | 8 |
| 1670 | 庚戌 | 9 |
| 1671 | 辛亥 | 10 |
| 1672 | 壬子 | 11 |
| 1673 | 癸丑 | 12 |
| 1674 | 甲寅 | 13 |
| 1675 | 乙卯 | 14 |
| 1676 | 丙辰 | 15 |
| 1677 | 丁巳 | 16 |
| 1678 | 戊午 | 17 |
| 1679 | 己未 | 18 |
| 1680 | 庚申 | 19 |
| 1681 | 辛酉 | 20 |
| 1682 | 壬戌 | 21 |
| 1683 | 癸亥 | 22 |
| 1684 | 甲子 | 23 |
| 1685 | 乙丑 | 24 |
| 1686 | 丙寅 | 25 |
| 1687 | 丁卯 | 26 |
| 1688 | 戊辰 | 27 |
| 1689 | 己巳 | 28 |
| 1690 | 庚午 | 29 |
| 1691 | 辛未 | 30 |
| 1692 | 壬申 | 31 |
| 1693 | 癸酉 | 32 |
| 1694 | 甲戌 | 33 |
| 1695 | 乙亥 | 34 |

续表

| 公元 | 干支 | 清 | 公元 | 干支 | 清 |
|---|---|---|---|---|---|
| 1696 | 丙子 | 35 | 1725 | 乙巳 | 3 |
| 1697 | 丁丑 | 36 | 1726 | 丙午 | 4 |
| 1698 | 戊寅 | 37 | 1727 | 丁未 | 5 |
| 1699 | 己卯 | 38 | 1728 | 戊申 | 6 |
| 1700 | 庚辰 | 39 | 1729 | 己酉 | 7 |
| 1701 | 辛巳 | 40 | 1730 | 庚戌 | 8 |
| 1702 | 壬午 | 41 | 1731 | 辛亥 | 9 |
| 1703 | 癸未 | 42 | 1732 | 壬子 | 10 |
| 1704 | 甲申 | 43 | 1733 | 癸丑 | 11 |
| 1705 | 乙酉 | 44 | 1734 | 甲寅 | 12 |
| 1706 | 丙戌 | 45 | 1735 | 乙卯 | 13 |
| 1707 | 丁亥 | 46 | 1736 | 丙辰 | 高宗（爱新觉罗・弘历）乾隆 1 |
| 1708 | 戊子 | 47 | 1737 | 丁巳 | 2 |
| 1709 | 己丑 | 48 | 1738 | 戊午 | 3 |
| 1710 | 庚寅 | 49 | 1739 | 己未 | 4 |
| 1711 | 辛卯 | 50 | 1740 | 庚申 | 5 |
| 1712 | 壬辰 | 51 | 1741 | 辛酉 | 6 |
| 1713 | 癸巳 | 52 | 1742 | 壬戌 | 7 |
| 1714 | 甲午 | 53 | 1743 | 癸亥 | 8 |
| 1715 | 乙未 | 54 | 1744 | 甲子 | 9 |
| 1716 | 丙申 | 55 | 1745 | 乙丑 | 10 |
| 1717 | 丁酉 | 56 | 1746 | 丙寅 | 11 |
| 1718 | 戊戌 | 57 | 1747 | 丁卯 | 12 |
| 1719 | 己亥 | 58 | 1748 | 戊辰 | 13 |
| 1720 | 庚子 | 59 | 1749 | 己巳 | 14 |
| 1721 | 辛丑 | 60 | 1750 | 庚午 | 15 |
| 1722 | 壬寅 | 61 | 1751 | 辛未 | 16 |
| 1723 | 癸卯 | 世宗（爱新觉罗・胤禛）雍正 1 | 1752 | 壬申 | 17 |
| 1724 | 甲辰 | 2 | 1753 | 癸酉 | 18 |

续表

| 公元 | 干支 | 清 |
|---|---|---|
| 1754 | 甲戌 | 19 |
| 1755 | 乙亥 | 20 |
| 1756 | 丙子 | 21 |
| 1757 | 丁丑 | 22 |
| 1758 | 戊寅 | 23 |
| 1759 | 己卯 | 24 |
| 1760 | 庚辰 | 25 |
| 1761 | 辛巳 | 26 |
| 1762 | 壬午 | 27 |
| 1763 | 癸未 | 28 |
| 1764 | 甲申 | 29 |
| 1765 | 乙酉 | 30 |
| 1766 | 丙戌 | 31 |
| 1767 | 丁亥 | 32 |
| 1768 | 戊子 | 33 |
| 1769 | 己丑 | 34 |
| 1770 | 庚寅 | 35 |
| 1771 | 辛卯 | 36 |
| 1772 | 壬辰 | 37 |
| 1773 | 癸巳 | 38 |
| 1774 | 甲午 | 39 |
| 1775 | 乙未 | 40 |
| 1776 | 丙申 | 41 |
| 1777 | 丁酉 | 42 |
| 1778 | 戊戌 | 43 |
| 1779 | 己亥 | 44 |
| 1780 | 庚子 | 45 |
| 1781 | 辛丑 | 46 |
| 1782 | 壬寅 | 47 |
| 1783 | 癸卯 | 48 |

| 公元 | 干支 | 清 |
|---|---|---|
| 1784 | 甲辰 | 49 |
| 1785 | 乙巳 | 50 |
| 1786 | 丙午 | 51 |
| 1787 | 丁未 | 52 |
| 1788 | 戊申 | 53 |
| 1789 | 己酉 | 54 |
| 1790 | 庚戌 | 55 |
| 1791 | 辛亥 | 56 |
| 1792 | 壬子 | 57 |
| 1793 | 癸丑 | 58 |
| 1794 | 甲寅 | 59 |
| 1795 | 乙卯 | 60 |
| 1796 | 丙辰 | 仁宗（爱新觉罗・颙琰）<br>嘉庆 1 |
| 1797 | 丁巳 | 2 |
| 1798 | 戊午 | 3 |
| 1799 | 己未 | 4 |
| 1800 | 庚申 | 5 |
| 1801 | 辛酉 | 6 |
| 1802 | 壬戌 | 7 |
| 1803 | 癸亥 | 8 |
| 1804 | 甲子 | 9 |
| 1805 | 乙丑 | 10 |
| 1806 | 丙寅 | 11 |
| 1807 | 丁卯 | 12 |
| 1808 | 戊辰 | 13 |
| 1809 | 己巳 | 14 |
| 1810 | 庚午 | 15 |
| 1811 | 辛未 | 16 |
| 1812 | 壬申 | 17 |

续表

| 公元 | 干支 | 清 |
|---|---|---|
| 1813 | 癸酉 | 18 |
| 1814 | 甲戌 | 19 |
| 1815 | 乙亥 | 20 |
| 1816 | 丙子 | 21 |
| 1817 | 丁丑 | 22 |
| 1818 | 戊寅 | 23 |
| 1819 | 己卯 | 24 |
| 1820 | 庚辰 | 25 |
| 1821 | 辛巳 | 宣宗（爱新觉罗・旻宁）道光 1 |
| 1822 | 壬午 | 2 |
| 1823 | 癸未 | 3 |
| 1824 | 甲申 | 4 |
| 1825 | 乙酉 | 5 |
| 1826 | 丙戌 | 6 |
| 1827 | 丁亥 | 7 |
| 1828 | 戊子 | 8 |
| 1829 | 己丑 | 9 |
| 1830 | 庚寅 | 10 |
| 1831 | 辛卯 | 11 |
| 1832 | 壬辰 | 12 |
| 1833 | 癸巳 | 13 |
| 1834 | 甲午 | 14 |
| 1835 | 乙未 | 15 |
| 1836 | 丙申 | 16 |
| 1837 | 丁酉 | 17 |
| 1838 | 戊戌 | 18 |
| 1839 | 己亥 | 19 |
| 1840 | 庚子 | 20 |

| 公元 | 干支 | 清 |
|---|---|---|
| 1841 | 辛丑 | 21 |
| 1842 | 壬寅 | 22 |
| 1843 | 癸卯 | 23 |
| 1844 | 甲辰 | 24 |
| 1845 | 乙巳 | 25 |
| 1846 | 丙午 | 26 |
| 1847 | 丁未 | 27 |
| 1848 | 戊申 | 28 |
| 1849 | 己酉 | 29 |
| 1850 | 庚戌 | 30 |
| 1851 | 辛亥 | 文宗（爱新觉罗・奕詝）咸丰 1 |
| 1852 | 壬子 | 2 |
| 1853 | 癸丑 | 3 |
| 1854 | 甲寅 | 4 |
| 1855 | 乙卯 | 5 |
| 1856 | 丙辰 | 6 |
| 1857 | 丁巳 | 7 |
| 1858 | 戊午 | 8 |
| 1859 | 己未 | 9 |
| 1860 | 庚申 | 10 |
| 1861 | 辛酉 | 11 |
| 1862 | 壬戌 | 穆宗（爱新觉罗・载淳）同治 1 |
| 1863 | 癸亥 | 2 |
| 1864 | 甲子 | 3 |
| 1865 | 乙丑 | 4 |
| 1866 | 丙寅 | 5 |
| 1867 | 丁卯 | 6 |

续表

| 公元 | 干支 | 清 | 公元 | 干支 | 清 |
|---|---|---|---|---|---|
| 1868 | 戊辰 | 7 | 1890 | 庚寅 | 16 |
| 1869 | 己巳 | 8 | 1891 | 辛卯 | 17 |
| 1870 | 庚午 | 9 | 1892 | 壬辰 | 18 |
| 1871 | 辛未 | 10 | 1893 | 癸巳 | 19 |
| 1872 | 壬申 | 11 | 1894 | 甲午 | 20 |
| 1873 | 癸酉 | 12 | 1895 | 乙未 | 21 |
| 1874 | 甲戌 | 13 | 1896 | 丙申 | 22 |
| 1875 | 乙亥 | 德宗（爱新觉罗·载湉）光绪 1 | 1897 | 丁酉 | 23 |
| | | | 1898 | 戊戌 | 24 |
| 1876 | 丙子 | 2 | 1899 | 己亥 | 25 |
| 1877 | 丁丑 | 3 | 1900 | 庚子 | 26 |
| 1878 | 戊寅 | 4 | 1901 | 辛丑 | 27 |
| 1879 | 己卯 | 5 | 1902 | 壬寅 | 28 |
| 1880 | 庚辰 | 6 | 1903 | 癸卯 | 29 |
| 1881 | 辛巳 | 7 | 1904 | 甲辰 | 30 |
| 1882 | 壬午 | 8 | 1905 | 乙巳 | 31 |
| 1883 | 癸未 | 9 | 1906 | 丙午 | 32 |
| 1884 | 甲申 | 10 | 1907 | 丁未 | 33 |
| 1885 | 乙酉 | 11 | 1908 | 戊申 | 34 |
| 1886 | 丙戌 | 12 | 1909 | 己酉 | （爱新觉罗·溥仪）宣统 1 |
| 1887 | 丁亥 | 13 | | | |
| 1888 | 戊子 | 14 | 1910 | 庚戌 | 2 |
| 1889 | 己丑 | 15 | 1911 | 辛亥 | 3 |

【注】

① 1616 年女真族建州部首领爱新觉罗·努尔哈赤统一女真各部，在赫图阿拉（今辽宁新宾西南）建立政权，国号为金。1636 年爱新觉罗·皇太极在留都盛京（今辽宁沈阳）改国号为大清。1644 年顺治帝爱新觉罗·福临入关，定都北京，逐步统一全国。1911 年被孙中山领导的民主革命所推翻。自 1636 年皇太极改国号起，共历 11 帝，276 年。自 1644 年福临入关起，共历 10 帝，268 年。

# （十六）中华民国纪年表

| 公元 | 干支 | 中华民国① | 公元 | 干支 | 中华民国 |
|---|---|---|---|---|---|
| 1912 | 壬子 | 1② | 1931 | 辛未 | 20 |
| 1913 | 癸丑 | 2 | 1932 | 壬申 | 21⑥ |
| 1914 | 甲寅 | 3 | 1933 | 癸酉 | 22 |
| 1915 | 乙卯 | 4③ | 1934 | 甲戌 | 23 |
| 1916 | 丙辰 | 5④ | 1935 | 乙亥 | 24 |
| 1917 | 丁巳 | 6⑤ | 1936 | 丙子 | 25 |
| 1918 | 戊午 | 7 | 1937 | 丁丑 | 26 |
| 1919 | 己未 | 8 | 1938 | 戊寅 | 27 |
| 1920 | 庚申 | 9 | 1939 | 己卯 | 28 |
| 1921 | 辛酉 | 10 | 1940 | 庚辰 | 29 |
| 1922 | 壬戌 | 11 | 1941 | 辛巳 | 30 |
| 1923 | 癸亥 | 12 | 1942 | 壬午 | 31 |
| 1924 | 甲子 | 13 | 1943 | 癸未 | 32 |
| 1925 | 乙丑 | 14 | 1944 | 甲申 | 33 |
| 1926 | 丙寅 | 15 | 1945 | 乙酉 | 34⑦ |
| 1927 | 丁卯 | 16 | 1946 | 丙戌 | 35 |
| 1928 | 戊辰 | 17 | 1947 | 丁亥 | 36 |
| 1929 | 己巳 | 18 | 1948 | 戊子 | 37 |
| 1930 | 庚午 | 19 | 1949 | 己丑 | 38⑧ |

【注】

① 1912 年 1 月 1 日孙中山领导民主革命取得胜利，在南京成立了临时政府，定国号为中华民国，废除年号，改用公历，以 1912 年为中华民国元年。

② 1912 年 2 月袁世凯用武力胁迫孙中山让位，挟制清末代皇帝溥仪退位，就任中华民国临时大总统。

③ 1915 年 12 月袁世凯在北京发动帝制政变，定于 1916 年元旦正式即位，废除中华民国纪年，改为洪宪年号。

④ 1916 年 3 月 22 日袁世凯被迫取消帝制。

⑤ 1917 年 7 月 1 日张勋和康有为拥清末代皇帝溥仪复辟，当月 12 日即告失败。

⑥ 1932 年 3 月 1 日日本侵略者扶植溥仪为傀儡执政，在东北地区成立伪满洲国，以吉林长春为伪满洲国首都（改称新京），建年号大同。1934 年 3 月伪满洲国改为帝国，以溥仪为傀儡皇帝，改年号为康德。

⑦ 1945 年 8 月抗日战争胜利，伪满洲国灭亡。

⑧ 1949 年 10 月 1 日中华人民共和国成立，定都北京。

# 两晋南北朝时期十六国简表

| 国名 | 公元 | 创建者 | 民族 |
|---|---|---|---|
| 成汉 | 304—347（44 年） | 李雄 | 巴氐 |
| 前赵 | 304—329（26 年） | 刘渊 | 匈奴 |
| 后赵 | 319—351（32 年） | 石勒 | 羯 |
| 前凉 | 317—376（60 年） | 张寔 | 汉 |
| 后凉 | 386—403（18 年） | 吕光 | 氐 |
| 南凉 | 397—414（18 年） | 秃发乌孤 | 鲜卑 |
| 北凉 | 401—439（39 年） | 沮渠蒙逊 | 匈奴 |
| 西凉 | 400—421（22 年） | 李暠 | 汉 |
| 前燕 | 337—370（34 年） | 慕容皝 | 鲜卑 |
| 后燕 | 384—407（24 年） | 慕容垂 | 鲜卑 |
| 南燕 | 398—410（13 年） | 慕容德 | 鲜卑 |
| 北燕 | 407—436（30 年） | 冯跋 | 汉 |
| 前秦 | 350—394（45 年） | 苻洪 | 氐 |
| 后秦 | 384—417（34 年） | 姚苌 | 羌 |
| 西秦 | 385—431（47 年） | 乞伏国仁 | 鲜卑 |
| 夏 | 407—431（25 年） | 赫连勃勃 | 匈奴 |

# 五代时期十国简表

| 国名 | 公元 | 帝王 | 民族 |
| --- | --- | --- | --- |
| 吴 | 902—937<br>（36 年） | 杨行密<br>杨渥<br>杨隆演<br>杨溥 | 汉 |
| 前蜀 | 903—925<br>（23 年） | 王建<br>王衍 | 汉 |
| 楚 | 907—951<br>（45 年） | 马殷<br>马希声<br>马希范<br>马希广<br>马希萼 | 汉 |
| 吴越 | 907—978<br>（72 年） | 钱镠<br>钱元瓘<br>钱佐<br>钱倧<br>钱俶 | 汉 |
| 闽 | 909—945<br>（37 年） | 王审知<br>王延翰<br>王延钧<br>王昶<br>王曦<br>王延政 | 汉 |
| 南汉 | 917—971<br>（55 年） | 刘龑<br>刘玢<br>刘晟<br>刘鋹 | 汉 |

续表

| 国名 | 公元 | 帝王 | 民族 |
|---|---|---|---|
| 荆南（南平） | 924—963<br>（40 年） | 高季兴<br>高从诲<br>高保融<br>高保勖<br>高继冲 | 汉 |
| 后蜀 | 933—965<br>（33 年） | 孟知祥<br>孟昶 | 汉 |
| 南唐 | 937—975<br>（39 年） | 李昪<br>李璟<br>李煜 | 汉 |
| 北汉 | 951—979<br>（29 年） | 刘旻<br>刘钧<br>刘继恩<br>刘继元 | 突厥 |

# 中国历代帝王年表

【说明】

本表收列自周代至清代的主要帝王 268 位。

| 朝代 | 帝王姓名 | 帝号、庙号 | 概况 |
|---|---|---|---|
| 西周 | 姬发 | 周武王 | 周文王姬昌之子。牧野之战，率军灭商，于公元前 1046 年建立西周王朝。前 1043 年死。在位 4 年。 |
| 西周 | 姬诵 | 周成王 | 周武王之子。前 1042 年初登王位时年幼，由叔父周公旦摄政。前 1021 年死。在位 22 年。 |
| 西周 | 姬钊 | 周康王 | 周成王之子。前 1020 年即位，前 996 年死。在位 25 年。 |
| 西周 | 姬瑕 | 周昭王 | 周康王之子。前 995 年即位，前 977 年死。在位 19 年。 |
| 西周 | 姬满 | 周穆王 | 周昭王之子。前 976 年即位，前 922 年死。在位 55 年。 |
| 西周 | 姬繄扈 | 周共王 | 周穆王之子。前 922 年即位，前 900 年死。在位 23 年。 |
| 西周 | 姬囏 | 周懿王 | 周共王之子。前 899 年即位，前 892 年死。在位 8 年。 |
| 西周 | 姬辟方 | 周孝王 | 周共王之弟。前 891 年即位，前 886 年死。在位 6 年。 |
| 西周 | 姬燮 | 周夷王 | 周懿王之子。前 885 年即位，前 878 年死。在位 8 年。 |
| 西周 | 姬胡 | 周厉王 | 周夷王之子。前 877 年即位，前 841 年国人发难，被逐。在位 37 年。 |

续表

| 朝代 | 帝王姓名 | 帝号、庙号 | 概况 |
| --- | --- | --- | --- |
| 西周 | 姬静 | 周宣王 | 周厉王之子。前 841 年共伯和代行王政，至前 828 年归政于周宣王。周宣王前 782 年死。在位 46 年。 |
| 西周 | 姬宫涅 | 周幽王 | 周宣王之子。前 781 年即位，前 771 年被杀。在位 11 年。 |
| 东周 | 姬宜臼 | 周平王 | 周幽王之子。前 770 年被拥立，前 720 年死。在位 51 年。 |
| 东周 | 姬林 | 周桓王 | 周平王之孙。前 719 年即位，前 697 年死。在位 23 年。 |
| 东周 | 姬佗 | 周庄王 | 周桓王之子。前 696 年即位，前 682 年死。在位 15 年。 |
| 东周 | 姬胡齐 | 周釐王（周僖王） | 周庄王之子。前 681 年即位，前 677 年死。在位 5 年。 |
| 东周 | 姬阆 | 周惠王 | 周釐王之子。前 676 年即位，前 652 年死。在位 25 年。 |
| 东周 | 姬郑 | 周襄王 | 周惠王之子。前 651 年即位，前 619 年死。在位 33 年。 |
| 东周 | 姬壬臣 | 周顷王 | 前 618 年即位，前 613 年死。在位 6 年。 |
| 东周 | 姬班 | 周匡王 | 前 612 年即位，前 607 年死。在位 6 年。 |
| 东周 | 姬瑜 | 周定王 | 周襄王之曾孙。前 606 年即位，前 586 年死。在位 21 年。 |
| 东周 | 姬夷 | 周简王 | 周定王之子。前 585 年即位，前 572 年死。在位 14 年。 |
| 东周 | 姬泄心 | 周灵王 | 周简王之子。前 571 年即位，前 545 年死。在位 27 年。 |
| 东周 | 姬贵 | 周景王 | 周灵王之子。前 544 年即位，前 520 年死。在位 25 年。 |
| 东周 | 姬匄 | 周敬王 | 前 519 年即位，前 477 年死。在位 43 年。 |

续表

| 朝代 | 帝王姓名 | 帝号、庙号 | 概况 |
|---|---|---|---|
| 东周 | 姬仁 | 周元王 | 前476年即位，前469年死。在位8年。 |
| 东周 | 姬介 | 周贞定王 | 前468年即位，前441年死。在位28年。 |
| 东周 | 姬嵬 | 周考王 | 周贞定王之子。前440年即位，前426年死。在位15年。 |
| 东周 | 姬午 | 周威烈王 | 周考王之子。前425年即位，前402年死。在位24年。 |
| 东周 | 姬骄 | 周安王 | 前401年即位，前376年死。在位26年。 |
| 东周 | 姬喜 | 周烈王 | 前375年即位，前369年死。在位7年。 |
| 东周 | 姬扁 | 周显王 | 周威烈王之孙。前368年即位，前321年死。在位48年。 |
| 东周 | 姬定 | 周慎靓王 | 周显王之子。前320年即位，前315年死。在位6年。 |
| 东周 | 姬延 | 周赧王 | 周慎靓王之子。前314年即位，前256年死。在位59年。 |
| 秦 | 嬴政 | 始皇帝 | 秦庄襄王之子。前246年为秦国国君，前221年统一全国称帝，前210年死。在位37年。 |
| 秦 | 嬴胡亥 | 二世皇帝 | 秦始皇之子。前210年嗣立，前207年被杀。在位3年。 |
| 西汉 | 刘邦 | 高帝 | 前209年起兵，前206年灭秦为汉王，前202年即帝位，前195年死。在位12年。 |
| 西汉 | 刘盈 | 惠帝 | 汉高帝之子。前195年嗣立，前188年死。在位7年。 |
| 西汉 | 吕雉 | 高后 | 汉高帝之妻。惠帝死即临朝，前180年死。在位8年。 |
| 西汉 | 刘恒 | 文帝 | 汉高帝之子。前180年受太尉周勃等迎立，前157年死。在位23年。 |
| 西汉 | 刘启 | 景帝 | 汉文帝之子。前157年嗣立，前141年死。在位16年。 |

续表

| 朝代 | 帝王姓名 | 帝号、庙号 | 概况 |
|---|---|---|---|
| 西汉 | 刘彻 | 武帝 | 汉景帝之子。前141年嗣立，前87年死。在位54年。 |
| 西汉 | 刘弗陵 | 昭帝 | 汉武帝之子。前87年嗣立，前74年死。在位13年。 |
| 西汉 | 刘询 | 宣帝 | 汉武帝之曾孙。昭帝死，昌邑王刘贺立，被大将军霍光废。前74年嗣立，前49年死。在位25年。 |
| 西汉 | 刘奭 | 元帝 | 汉宣帝之子。前49年嗣立，前33年死。在位16年。 |
| 西汉 | 刘骜 | 成帝 | 汉元帝之子。前33年嗣立，前7年死。在位26年。 |
| 西汉 | 刘欣 | 哀帝 | 汉元帝之庶孙，定陶王刘康之子。被成帝立为太子。前7年嗣立，前1年死。在位6年。 |
| 西汉 | 刘衎 | 平帝 | 汉元帝之庶孙，中山王刘兴之子。前1年嗣立，5年被王莽毒死。在位5年。 |
| 西汉 | 刘婴 | 孺子 | 汉宣帝之曾孙。6年立，外戚王莽称假皇帝摄政。8年被王莽废。在位3年。 |
| 新 | 王莽 | | 汉元帝皇后侄，以外戚掌权。9年篡汉建国，改国号为新，23年被杀。在位15年。 |
| 玄汉 | 刘玄 | 更始帝 | 西汉远支皇族。23年于高阳称帝，王莽死后迁都长安（今陕西西安西北），25年被杀。在位3年。 |
| 东汉 | 刘秀 | 光武帝 | 西汉远支皇族。25年即帝位，57年死。在位33年。 |
| 东汉 | 刘庄 | 明帝 | 汉光武帝之子。57年嗣立，75年死。在位18年。 |
| 东汉 | 刘炟 | 章帝 | 汉明帝之子。75年嗣立，88年死。在位13年。 |

续表

| 朝代 | 帝王姓名 | 帝号、庙号 | 概况 |
|---|---|---|---|
| 东汉 | 刘肇 | 和帝 | 汉章帝之子。88 年嗣立，105 年死。在位 17 年。 |
| 东汉 | 刘隆 | 殇帝 | 汉和帝之子。105 年嗣立，106 年死。在位 1 年。 |
| 东汉 | 刘祜 | 安帝 | 汉章帝之孙。106 年嗣立，125 年死。在位 19 年。 |
| 东汉 | 刘保 | 顺帝 | 汉安帝之太子，被废。125 年被中常侍孙程等奉迎即位，144 年死。在位 19 年。 |
| 东汉 | 刘炳 | 冲帝 | 汉顺帝之子。144 年嗣立，145 年死。在位 1 年。 |
| 东汉 | 刘缵 | 质帝 | 汉章帝之玄孙。145 年嗣立，146 年被汉顺帝皇后之兄大将军梁冀毒死。在位 1 年。 |
| 东汉 | 刘志 | 桓帝 | 汉章帝之曾孙。146 年嗣立，167 年死。在位 21 年。 |
| 东汉 | 刘宏 | 灵帝 | 汉章帝之玄孙。167 年嗣立，189 年死。在位 22 年。 |
| 东汉 | 刘辩 | 少帝 | 汉灵帝之子。189 年嗣立，不久被权臣董卓毒死。在位不足 1 年。 |
| 东汉 | 刘协 | 献帝 | 汉灵帝之子。189 年嗣立，220 年被迫禅位于权臣曹操之子曹丕。在位 32 年。 |
| 三国魏 | 曹丕 | 文帝 | 东汉权臣魏王曹操之子。220 年曹操死，袭位为魏王。不久代汉称帝，国号为魏。226 年死。在位 7 年。 |
| 三国魏 | 曹叡 | 明帝 | 魏文帝之子。226 年嗣立，239 年死。在位 13 年。 |
| 三国魏 | 曹芳 | 齐王 | 魏明帝之养子。239 年嗣立，254 年被大将军司马师所废。在位 15 年。 |
| 三国魏 | 曹髦 | 高贵乡公 | 曹丕之孙。254 年嗣立，260 年被大将军司马昭所杀。在位 7 年。 |

续表

| 朝代 | 帝王姓名 | 帝号、庙号 | 概况 |
|---|---|---|---|
| 三国魏 | 曹奂 | 元帝（陈留王） | 曹操之孙。260年嗣立，265年司马昭之子晋王司马炎代魏称帝，被废。在位6年。 |
| 三国蜀汉 | 刘备 | 昭烈帝 | 汉远支皇族。东汉末起兵，219年称汉中王，221年称帝，国号汉，史称蜀汉。223年死。在位3年。 |
| 三国蜀汉 | 刘禅 | 后主 | 刘备之子。223年嗣立，263年降于魏。在位41年。 |
| 三国吴 | 孙权 | 大帝 | 229年于武昌（今湖北鄂州）称帝，不久迁都建邺（今江苏南京），252年死。在位32年。 |
| 三国吴 | 孙亮 | 会稽王 | 孙权之子。252年嗣立，258年被宗室孙綝所废。在位7年。 |
| 三国吴 | 孙休 | 景帝 | 孙权之子。258年嗣立，264年死。在位7年。 |
| 三国吴 | 孙皓 | 末帝（乌程侯） | 孙权之孙。264年嗣立，280年降于晋。在位17年。 |
| 西晋 | 司马炎 | 武帝 | 司马昭之子。265年嗣封晋王，不久代魏称帝，290年死。在位26年。 |
| 西晋 | 司马衷 | 惠帝 | 司马炎之子。290年嗣立，306年死。在位17年。 |
| 西晋 | 司马炽 | 怀帝 | 司马炎之子。306年嗣立，311年被俘。在位5年。 |
| 西晋 | 司马邺 | 愍帝 | 司马炎之孙。313年立于长安（今陕西西安），316年被俘。在位4年。 |
| 东晋 | 司马睿 | 元帝 | 司马懿之曾孙。袭封琅玡王，317年称晋王，318年即帝位，322年死。在位6年。 |
| 东晋 | 司马绍 | 明帝 | 司马睿之子。322年嗣立，325年死。在位3年。 |

续表

| 朝代 | 帝王姓名 | 帝号、庙号 | 概况 |
|---|---|---|---|
| 东晋 | 司马衍 | 成帝 | 司马绍之子。325 年嗣立，342 年死。在位 17 年。 |
| 东晋 | 司马岳 | 康帝 | 司马衍之弟。342 年嗣立，344 年死。在位 2 年。 |
| 东晋 | 司马聃 | 穆帝 | 司马岳之子。344 年嗣立，361 年死。在位 17 年。 |
| 东晋 | 司马丕 | 哀帝 | 司马衍之子。361 年嗣立，365 年死。在位 4 年。 |
| 东晋 | 司马奕 | 废帝（海西公） | 司马丕之弟。365 年嗣立，371 年被外戚权臣桓温所废。在位 6 年。 |
| 东晋 | 司马昱 | 简文帝 | 司马睿之子。371 年即位，372 年死。在位 2 年。 |
| 东晋 | 司马曜 | 孝武帝 | 司马昱之子。372 年嗣位，396 年死。在位 24 年。 |
| 东晋 | 司马德宗 | 安帝 | 司马曜之子。396 年嗣立，403 年被权臣桓玄篡位。404 年复位，418 年被宋王刘裕所杀。在位 22 年。 |
| 东晋 | 司马德文 | 恭帝 | 司马德宗之弟。418 年嗣立，420 年被迫禅位于宋武帝刘裕。在位 2 年。 |
| 南北朝宋 | 刘裕 | 武帝 | 东晋权臣，封宋王。420 年代晋称帝，422 年死。在位 3 年。 |
| 南北朝宋 | 刘义符 | 少帝 | 刘裕之子。422 年嗣立，424 年被权臣徐羡之等所杀。在位 2 年。 |
| 南北朝宋 | 刘义隆 | 文帝 | 刘裕之子。424 年嗣立，453 年被太子刘劭所杀。在位 30 年。 |
| 南北朝宋 | 刘骏 | 孝武帝 | 刘义隆之子。453 年杀刘劭嗣立,464 年死。在位 11 年。 |
| 南北朝宋 | 刘子业 | 前废帝 | 刘骏之子。464 年嗣立，465 年被杀。在位 2 年。 |

续表

| 朝代 | 帝王姓名 | 帝号、庙号 | 概况 |
|---|---|---|---|
| 南北朝宋 | 刘彧 | 明帝 | 刘义隆之子。465年嗣立，472年死。在位8年。 |
| 南北朝宋 | 刘昱 | 后废帝（苍梧王） | 刘彧之子。472年嗣立，477年被杀。在位5年。 |
| 南北朝宋 | 刘準 | 顺帝 | 刘彧之子。477年被权臣萧道成奉立，479年被迫禅位于齐。在位3年。 |
| 南北朝齐 | 萧道成 | 高帝 | 南朝宋权臣，封齐公。479年代宋称帝，482年死。在位4年。 |
| 南北朝齐 | 萧赜 | 武帝 | 萧道成之子。482年嗣立，493年死。在位11年。 |
| 南北朝齐 | 萧昭业 | 鬱林王 | 萧赜之孙。493年嗣立，494年被宗室萧鸾所废。在位1年。 |
| 南北朝齐 | 萧昭文 | 海陵王 | 萧昭业之弟。494年由西昌侯萧鸾立，不久被废。在位不足1年。 |
| 南北朝齐 | 萧鸾 | 明帝 | 萧道成之子。封西昌侯，494年自立为帝，498年死。在位5年。 |
| 南北朝齐 | 萧宝卷 | 东昏侯 | 萧鸾之子。498年嗣立，501年被杀。在位3年。 |
| 南北朝齐 | 萧宝融 | 和帝 | 萧鸾之子。501年即位，502年被迫禅位于梁。在位2年。 |
| 南北朝梁 | 萧衍 | 武帝 | 封梁王。502年代齐称帝，549年被东魏大将侯景困死。在位48年。 |
| 南北朝梁 | 萧纲 | 简文帝 | 萧衍之子。549年嗣立,551年被侯景所杀。在位2年。 |
| 南北朝梁 | 萧栋 | 豫章王 | 萧衍之曾孙。551年由侯景立，不久被废。在位不足1年。 |
| 南北朝梁 | 萧纪 | 武陵王 | 萧衍之子。552年即位于蜀（今四川），553年被萧绎所杀。在位1年。 |
| 南北朝梁 | 萧绎 | 元帝 | 萧衍之子。552年即位，554年被西魏军所杀。在位4年。 |

续表

| 朝代 | 帝王姓名 | 帝号、庙号 | 概况 |
| --- | --- | --- | --- |
| 南北朝<br>梁 | 萧渊明 | 贞阳侯<br>（建安公） | 萧衍之侄。555 年由王僧辩立，不久后让位于敬帝萧方智。在位不足 1 年。 |
| 南北朝<br>梁 | 萧方智 | 敬帝 | 萧绎之子。555 年嗣立，557 年被迫禅位于陈。在位 3 年。 |
| 南北朝<br>陈 | 陈霸先 | 武帝 | 封陈王。557 年代梁称帝，559 年死。在位 3 年。 |
| 南北朝<br>陈 | 陈蒨 | 文帝 | 陈霸先之侄。559 年嗣立，566 年死。在位 7 年。 |
| 南北朝<br>陈 | 陈伯宗 | 废帝<br>（临海王） | 陈蒨之子。566 年嗣立,568 年被陈顼所废。在位 2 年。 |
| 南北朝<br>陈 | 陈顼 | 宣帝 | 陈霸先之侄。封安成王。569 年自立为帝，582 年死。在位 14 年。 |
| 南北朝<br>陈 | 陈叔宝 | 后主 | 陈顼之子。582 年嗣立，589 年降于隋。在位 7 年。 |
| 南北朝<br>北魏 | 拓跋珪 | 道武帝 | 386 年即代王位，改称魏王。398 年即帝位，定国号为魏，409 年被其子拓跋绍所杀。在位 14 年。 |
| 南北朝<br>北魏 | 拓跋嗣 | 明元帝 | 拓跋珪之子。409 年嗣立，423 年死。在位 15 年。 |
| 南北朝<br>北魏 | 拓跋焘 | 太武帝 | 拓跋嗣之子。423 年嗣立，452 年被宦官宗爱所杀。在位 29 年。 |
| 南北朝<br>北魏 | 拓跋余 | 南安王 | 拓跋焘之子。452 年由宦官宗爱拥立，不久被杀。在位不足 1 年。 |
| 南北朝<br>北魏 | 拓跋濬 | 文成帝 | 拓跋焘之孙。452 年嗣立，465 年死。在位 14 年。 |
| 南北朝<br>北魏 | 拓跋弘 | 献文帝 | 拓跋濬之子。465 年嗣立，471 年禅位于太子。在位 6 年。 |
| 南北朝<br>北魏 | 元宏 | 孝文帝 | 拓跋弘之子。471 年受禅立，改姓元，499 年死。在位 29 年。 |

续表

| 朝代 | 帝王姓名 | 帝号、庙号 | 概况 |
| --- | --- | --- | --- |
| 南北朝北魏 | 元恪 | 宣武帝 | 元宏之子。499年嗣立，515年死。在位16年。 |
| 南北朝北魏 | 元诩 | 孝明帝 | 元恪之子。515年嗣立，528年被其母胡太后毒死。在位13年。 |
| 南北朝北魏 | 元子攸 | 孝庄帝 | 拓跋弘之孙。528年由权臣尔朱荣所立，530年被杀。在位3年。 |
| 南北朝北魏 | 元晔 | 长广王（东海王） | 拓跋焘之玄孙。530年由权臣尔朱氏所立，531年被废。在位2年。 |
| 南北朝北魏 | 元恭 | 节闵帝 | 拓跋弘之孙。531年由权臣尔朱世隆所立，532年被权臣高欢所废。在位1年。 |
| 南北朝北魏 | 元朗 | 安定王 | 拓跋焘之后裔。531年由权臣高欢所立，532年被废。在位1年。 |
| 南北朝北魏 | 元脩 | 孝武帝（出帝） | 拓跋焘之后裔。532年由权臣高欢所立，534年被权臣宇文泰所杀。在位3年。 |
| 南北朝东魏 | 元善见 | 孝静帝 | 534年由权臣高欢所立，史称东魏。550年禅位于北齐。在位17年。 |
| 南北朝西魏 | 元宝炬 | 文帝 | 535年由权臣宇文泰所立，551年死。在位17年。 |
| 南北朝西魏 | 元钦 | 废帝 | 元宝炬之子。551年嗣立，554年被权臣宇文泰所废。在位3年。 |
| 南北朝西魏 | 拓跋廓 | 恭帝 | 元宝炬之子。554年由权臣宇文泰所立，恢复拓跋姓，556年被迫禅位于北周。在位3年。 |
| 南北朝北齐 | 高洋 | 文宣帝 | 北魏权臣高欢之子。封齐王。550年代魏自立，559年死。在位10年。 |
| 南北朝北齐 | 高殷 | 废帝 | 高洋之子。559年嗣立，560年被常山王高演所废。在位1年。 |
| 南北朝北齐 | 高演 | 孝昭帝 | 高洋之弟。封常山王。560年自立，561年死。在位2年。 |

续表

| 朝代 | 帝王姓名 | 帝号、庙号 | 概况 |
|---|---|---|---|
| 南北朝北齐 | 高湛 | 武成帝 | 高演之弟。561 年嗣立,565 年禅位于太子。在位 5 年。 |
| 南北朝北齐 | 高纬 | 后主 | 高湛之子。565 年受禅立，577 年被迫禅位于太子。在位 13 年。 |
| 南北朝北齐 | 高恒 | 幼主 | 高纬之子。577 年受禅立，不久被俘。在位不足 1 年。 |
| 南北朝北周 | 宇文觉 | 孝闵帝 | 西魏权臣宇文泰之子。556 年受西魏禅位，不久被废。在位不足 1 年。 |
| 南北朝北周 | 宇文毓 | 明帝 | 宇文泰之子。557 年嗣称天王，559 年即帝位，560 年死。在位 4 年。 |
| 南北朝北周 | 宇文邕 | 武帝 | 宇文泰之子。560 年嗣立，578 年死。在位 18 年。 |
| 南北朝北周 | 宇文赟 | 宣帝 | 宇文邕之子。578 年嗣立，579 年禅位于太子。在位 1 年。 |
| 南北朝北周 | 宇文衍（宇文阐） | 静帝 | 宇文赟之子。后改名。579 年受禅立，581 年被迫禅位于隋。在位 3 年。 |
| 隋 | 杨坚 | 文帝 | 北周时封隋王。581 年代北周称帝，604 年被其子杨广所杀。在位 24 年。 |
| 隋 | 杨广 | 炀帝 | 杨坚之子。604 年杀父即位，618 年被禁军将领宇文化及所杀。在位 14 年。 |
| 隋 | 杨侑 | 恭帝 | 杨广之孙。617 年由李渊所立，618 年禅位于唐。在位不足 1 年。 |
| 隋 | 杨侗 | 越王 | 杨广之孙。618 年由留守官所立，619 年被王世充所杀。在位 2 年。 |
| 唐 | 李渊 | 高祖 | 初任太原留守，617 年起兵攻取长安，拥立杨侑为恭帝，618 年代隋称帝，626 年传位给次子李世民。在位 9 年。 |
| 唐 | 李世民 | 太宗 | 李渊之子。626 年受禅嗣立，649 年死。在位 23 年。 |

续表

| 朝代 | 帝王姓名 | 帝号、庙号 | 概况 |
|---|---|---|---|
| 唐 | 李治 | 高宗 | 李世民之子。649 年嗣立，683 年死。在位 34 年。 |
| 唐 | 李显（李哲） | 中宗 | 李治之子。683 年嗣立，不久被武后所废。在位不足 1 年。 |
| 唐 | 李旦（李轮） | 睿宗 | 李治之子。684 年由武后所立,690 年被废。在位 6 年。 |
| 唐 | 武曌 | 武后（则天后） | 李治之皇后。684 年废中宗，立睿宗为帝，临朝听政，690 年改国号为周，705 年还位于中宗。在位 21 年。 |
| 唐 | 李显（李哲） | 中宗 | 705 年复位，恢复国号为唐，710 年被韦后所杀。在位 5 年。 |
| 唐 | 李重茂 | 少帝（殇帝） | 李显之子。710 年由韦后所立，不久让位于睿宗。在位不足 1 年。 |
| 唐 | 李旦 | 睿宗 | 710 年由其子临淄王李隆基迎立，712 年传位于太子。在位 2 年。 |
| 唐 | 李隆基 | 玄宗 | 李旦之子。712 年受禅立，755 年爆发安史之乱，756 年逃往蜀中（今四川）。在位 44 年。 |
| 唐 | 李亨 | 肃宗 | 李隆基之子。756 年即位于灵武（今属宁夏中卫），收复都城长安、洛阳。762 年死。在位 7 年。 |
| 唐 | 李豫（李俶） | 代宗 | 李亨之子。762 年嗣立，779 年死。在位 17 年。 |
| 唐 | 李适 | 德宗 | 李豫之子。779 年嗣立，805 年死。在位 26 年。 |
| 唐 | 李诵 | 顺宗 | 李适之子。805 年嗣立，不久传位于太子。在位不足 1 年。 |
| 唐 | 李纯 | 宪宗 | 李诵之子。805 年受禅立，820 年死。在位 15 年。 |

续表

| 朝代 | 帝王姓名 | 帝号、庙号 | 概况 |
| --- | --- | --- | --- |
| 唐 | 李恒 | 穆宗 | 李纯之子。820年嗣立，824年死。在位4年。 |
| 唐 | 李湛 | 敬宗 | 李恒之子。824年嗣立,826年被宦官所杀。在位2年。 |
| 唐 | 李昂 | 文宗 | 李恒之子。826年由宦官王守澄等拥立，840年死。在位14年。 |
| 唐 | 李炎（李瀍） | 武宗 | 李恒之子。840年由宦官仇士良等拥立，846年死。在位6年。 |
| 唐 | 李忱（李怡） | 宣宗 | 李纯之子。846年由宦官马元贽等拥立，859年死。在位13年。 |
| 唐 | 李漼（李温） | 懿宗 | 李忱之子。859年嗣立，873年死。在位14年。 |
| 唐 | 李儇（李俨） | 僖宗 | 李漼之子。873年嗣立，888年死。在位15年。 |
| 唐 | 李晔（李傑） | 昭宗 | 李儇之弟。888年由宦官杨复恭迎立，904年被梁王朱温所杀。在位16年。 |
| 唐 | 李柷（李祚） | 哀帝 | 李晔之子。904年嗣立，907年被梁王朱温篡位。在位4年。 |
| 五代后梁 | 朱温（朱晃）（朱全忠） | 太祖 | 黄巢起义后降唐，封梁王。907年代唐称帝，改国号为梁。912年被其子朱友珪所杀。在位6年。 |
| 五代后梁 | 朱友贞（朱瑱） | 末帝 | 朱温之子。913年杀朱友珪嗣立，923年被唐兵所杀。在位11年。 |
| 五代后唐 | 李存勖 | 庄宗 | 晋王李克用之子，嗣封晋王。923年即帝位，国号为唐，史称后唐。926年发生兵乱，中流矢而死。在位4年。 |
| 五代后唐 | 李嗣源（李亶） | 明宗 | 李克用之养子。926年嗣立，933年死。在位8年。 |
| 五代后唐 | 李从厚 | 闵帝 | 李嗣源之子。933年嗣立，934年被杀。在位1年。 |

续表

| 朝代 | 帝王姓名 | 帝号、庙号 | 概况 |
| --- | --- | --- | --- |
| 五代<br>后唐 | 李从珂 | 末帝 | 李嗣源之养子。934年废闵帝自立，936年被逼自杀。在位3年。 |
| 五代<br>后晋 | 石敬瑭 | 高祖 | 936年在契丹援助下灭后唐为帝，国号为晋，942年死。在位7年。 |
| 五代<br>后晋 | 石重贵 | 出帝 | 石敬瑭之侄。942年嗣立，946年被契丹俘虏。在位5年。 |
| 五代<br>后汉 | 刘知远<br>（刘暠） | 高祖 | 封北平王。946年契丹灭后晋,947年称帝，国号为汉，史称后汉。948年死。在位2年。 |
| 五代<br>后汉 | 刘承祐 | 隐帝 | 刘知远之子。948年嗣立，950年被杀。在位2年。 |
| 五代<br>后周 | 郭威 | 太祖 | 初任邺都留守。951年代后汉称帝，国号为周，954年死。在位4年。 |
| 五代<br>后周 | 柴荣 | 世宗 | 郭威之养子。954年嗣立，959年死。在位5年。 |
| 五代<br>后周 | 柴宗训 | 恭帝 | 柴荣之子。959年嗣立，960年被迫禅位于宋。在位1年。 |
| 宋<br>北宋 | 赵匡胤 | 太祖 | 960年发动陈桥兵变，即帝位，国号为宋，976年死。在位17年。 |
| 宋<br>北宋 | 赵光义<br>（赵匡义）<br>（赵炅） | 太宗 | 赵匡胤之弟。976年嗣立，997年死。在位22年。 |
| 宋<br>北宋 | 赵恒<br>（赵元侃） | 真宗 | 赵光义之子。997年嗣立，1022年死。在位25年。 |
| 宋<br>北宋 | 赵祯<br>（赵受益） | 仁宗 | 赵恒之子。1022年嗣立，1063年死。在位41年。 |
| 宋<br>北宋 | 赵曙<br>（赵宗实） | 英宗 | 濮安懿王赵允让之子，仁宗立为皇子。1063年嗣立，1067年死。在位4年。 |
| 宋<br>北宋 | 赵顼 | 神宗 | 赵曙之子。1067年嗣立，1085年死。在位18年。 |

续表

| 朝代 | 帝王姓名 | 帝号、庙号 | 概况 |
| --- | --- | --- | --- |
| 宋<br>北宋 | 赵煦<br>（赵傭） | 哲宗 | 赵顼之子。1085年嗣立，1100年死。在位15年。 |
| 宋<br>北宋 | 赵佶 | 徽宗 | 赵煦之弟。1100年嗣立，1125年传位于太子赵桓。在位25年。 |
| 宋<br>北宋 | 赵桓 | 钦宗 | 赵佶之子。1125年受禅立，1127年被金兵俘虏。在位2年。 |
| 宋<br>南宋 | 赵构 | 高宗 | 赵桓之弟。1127年即位，1162年传位于太子赵昚。在位36年。 |
| 宋<br>南宋 | 赵昚<br>（赵瑗） | 孝宗 | 秦王赵德芳之后，高宗立为皇子。1162年受禅立，1189年传位于太子赵惇。在位27年。 |
| 宋<br>南宋 | 赵惇 | 光宗 | 赵昚之子。1189年受禅立，1194年受皇太后之命传位于嘉王赵扩。在位5年。 |
| 宋<br>南宋 | 赵扩 | 宁宗 | 赵惇之子。1194年受太皇太后吴氏之命嗣立，1224年死。在位30年。 |
| 宋<br>南宋 | 赵昀<br>（赵贵诚） | 理宗 | 魏王赵德昭之后。1224年被权臣史弥远选为宁宗嗣子拥立，1264年死。在位40年。 |
| 宋<br>南宋 | 赵禥<br>（赵孟启） | 度宗 | 献福王之子，理宗立为太子。1264年嗣立，1274年死。在位10年。 |
| 宋<br>南宋 | 赵㬎 | 恭帝<br>（少帝） | 赵禥之子。1274年嗣立，1276年被元兵俘虏。在位2年。 |
| 宋<br>南宋 | 赵昰 | 端宗 | 赵㬎之兄。1276年即位于福州（今属福建），1278年死。在位3年。 |
| 宋<br>南宋 | 赵昺 |  | 赵㬎之弟。1278年由陆秀夫、张世杰等群臣拥立于硇州（今属广东），1279年被逼赴海自杀。在位1年。 |
| 辽 | 耶律<br>阿保机<br>（耶律亿） | 太祖 | 907年任契丹联盟长。916年正式称帝，建契丹国，926年又建东丹国，不久病死。在位20年。 |

续表

| 朝代 | 帝王姓名 | 帝号、庙号 | 概况 |
| --- | --- | --- | --- |
| 辽 | 耶律德光 | 太宗 | 耶律阿保机之子。927年嗣立，936年协助石敬瑭建后晋，946年灭后晋，947年改国号为辽，不久病死。在位22年。 |
| 辽 | 耶律阮 | 世宗 | 东丹王耶律倍之子。947年即位，951年被泰宁王耶律察割所杀。在位5年。 |
| 辽 | 耶律璟 | 穆宗 | 耶律德光之子。951年嗣立，969年被庖厨辛古等所杀。在位19年。 |
| 辽 | 耶律贤 | 景宗 | 耶律阮之子。969年嗣立，982年死。在位14年。 |
| 辽 | 耶律隆绪 | 圣宗 | 耶律贤之子。982年嗣立，983年恢复国号契丹，1031年死。在位49年。 |
| 辽 | 耶律宗真 | 兴宗 | 耶律隆绪之子。1031年嗣立，1055年死。在位25年。 |
| 辽 | 耶律洪基 | 道宗 | 耶律宗真之子。1055年嗣立，1066年改国号为辽，1101年死。在位47年。 |
| 辽 | 耶律延禧 | 天祚帝 | 耶律洪基之孙。1101年嗣立，1125年被金兵俘虏。在位25年。 |
| 金 | 完颜旻（阿骨打） | 太祖 | 女真族完颜部首领。1115年称帝，国号为金，1123年死。在位9年。 |
| 金 | 完颜晟（吴乞买） | 太宗 | 完颜旻之弟。1123年嗣立，1135年死。在位13年。 |
| 金 | 完颜亶 | 熙宗 | 完颜旻之孙。1135年嗣立，1149年被海陵王完颜亮所杀。在位14年。 |
| 金 | 完颜亮（迭古乃） | 海陵王（废帝） | 完颜旻之孙。任丞相。1149年杀熙宗自立，1161年被部将完颜元宜等所杀。在位13年。 |
| 金 | 完颜雍（乌禄） | 世宗 | 完颜旻之孙。1161年即位，1189年死。在位29年。 |
| 金 | 完颜璟 | 章宗 | 完颜雍之孙。1189年嗣立，1208年死。在位19年。 |

续表

| 朝代 | 帝王姓名 | 帝号、庙号 | 概况 |
| --- | --- | --- | --- |
| 金 | 完颜永济 | 卫绍王 | 完颜雍之子。1208 年嗣立，1213 年被杀。在位 5 年。 |
| 金 | 完颜珣 | 宣宗 | 完颜璟之庶兄。1213 年嗣立，1223 年死。在位 11 年。 |
| 金 | 完颜守绪 | 哀宗 | 完颜珣之子。1223 年嗣立，1234 年被元兵围困，自缢而死。在位 11 年。 |
| 元 | 铁木真 | 太祖（成吉思汗） | 1206 年即位，建蒙古汗国，1227 年死。在位 22 年。 |
| 元 | 拖雷 | 监国 | 铁木真之子。1228 年任监国，后与诸王迎其兄窝阔台即汗位。 |
| 元 | 窝阔台 | 太宗 | 铁木真之子。1229 年嗣立，1241 年死。在位 13 年。 |
| 元 | 乃马真后 | | 太宗死，皇后乃马真氏 1242 年听政，5 年。 |
| 元 | 贵由 | 定宗 | 窝阔台之子。1246 年嗣立，1248 年死。在位 3 年。 |
| 元 | 海迷失后 | | 定宗死，皇后海迷失氏 1248 年听政，3 年。 |
| 元 | 蒙哥 | 宪宗 | 拖雷之子。1251 年嗣立，1259 年死。在位 9 年。 |
| 元 | 忽必烈 | 世祖 | 蒙哥之弟。1260 年嗣立，1271 年改国号为元，1279 年灭南宋，1294 年死。在位 35 年。 |
| 元 | 铁穆耳 | 成宗 | 忽必烈之孙。1294 年嗣立，1307 年死。在位 13 年。 |
| 元 | 海山 | 武宗 | 忽必烈之孙。1307 年嗣立，1311 年死。在位 4 年。 |
| 元 | 爱育黎拔力八达 | 仁宗 | 海山之弟。1311 年嗣立，1320 年死。在位 9 年。 |

续表

| 朝代 | 帝王姓名 | 帝号、庙号 | 概况 |
| --- | --- | --- | --- |
| 元 | 硕德八剌 | 英宗 | 爱育黎拔力八达之子。1320年嗣立，1323年被杀。在位3年。 |
| 元 | 也孙铁木儿 | 泰定帝 | 忽必烈之曾孙。1323年嗣立，1328年死。在位5年。 |
| 元 | 阿速吉八 | 天顺帝（幼主） | 也孙铁木儿之子。1328年嗣立于上都（今内蒙古正蓝旗东），后被文宗派兵攻陷，失踪。在位不足1年。 |
| 元 | 图帖睦尔 | 文宗 | 海山之子。1328年即位于大都（今北京），1332年死。在位5年。 |
| 元 | 懿璘质班 | 宁宗 | 海山之孙。1332年嗣立，不久死。在位不足1年。 |
| 元 | 妥懽帖睦尔 | 惠宗（顺帝） | 海山之孙。1333年嗣立，1370年死。在位36年。 |
| 明 | 朱元璋 | 太祖 | 封吴王。1368年称帝，国号为明，1398年死。在位31年。 |
| 明 | 朱允炆 | 惠帝（惠宗） | 朱元璋之孙。1398年嗣立，1402年燕王朱棣发兵攻陷京师而死，一说逃亡。在位4年。 |
| 明 | 朱棣 | 成祖（太宗） | 朱元璋之子。1402年起兵称帝,1424年死。在位22年。 |
| 明 | 朱高炽 | 仁宗 | 朱棣之子。1424年嗣立，1425年死。在位1年。 |
| 明 | 朱瞻基 | 宣宗 | 朱高炽之子。1425年嗣立，1435年死。在位10年。 |
| 明 | 朱祁镇 | 英宗 | 朱瞻基之子。1435年嗣立，1449年在土木之变中被俘,1450年被释回京，称上皇，1457年发动政变复帝位，1464年死。在位共22年。 |
| 明 | 朱祁钰 | 代宗（景帝） | 朱祁镇之弟。1449年因英宗被俘而嗣立，1457年英宗复辟后死。在位8年。 |

续表

| 朝代 | 帝王姓名 | 帝号、庙号 | 概况 |
| --- | --- | --- | --- |
| 明 | 朱见深 | 宪宗 | 朱祁镇之子。1464年嗣立，1487年死。在位23年。 |
| 明 | 朱祐樘 | 孝宗 | 朱见深之子。1487年嗣立，1505年死。在位18年。 |
| 明 | 朱厚照 | 武宗 | 朱祐樘之子。1505年嗣立，1521年死。在位16年。 |
| 明 | 朱厚熜 | 世宗 | 朱见深之孙。1521年嗣立，1566年死。在位45年。 |
| 明 | 朱载垕 | 穆宗 | 朱厚熜之子。1566年嗣立，1572年死。在位6年。 |
| 明 | 朱翊钧 | 神宗 | 朱载垕之子。1572年嗣立，1620年死。在位48年。 |
| 明 | 朱常洛 | 光宗 | 朱翊钧之子。1620年嗣立，次月死。 |
| 明 | 朱由校 | 熹宗 | 朱常洛之子。1620年嗣立，1627年死。在位7年。 |
| 明 | 朱由检 | 思宗（毅宗） | 朱由校之弟。1627年嗣立，1644年李自成起义军攻克北京时自缢而死。在位17年。 |
| 清 | 努尔哈赤 | 太祖 | 1616年即汗位于赫图阿拉（今辽宁新宾西南），国号为金，1626年死。在位11年。 |
| 清 | 皇太极 | 太宗 | 努尔哈赤之子。1626年嗣立，1636年改国号为清，1643年死。在位17年。 |
| 清 | 福临 | 世祖 | 皇太极之子。1643年嗣立，1644年入关，定都北京，1661年死。在位18年。 |
| 清 | 玄烨 | 圣祖 | 福临之子。1661年嗣立，1722年死。在位61年。 |
| 清 | 胤禛 | 世宗 | 玄烨之子。1722年嗣立，1735年死。在位13年。 |

续表

| 朝代 | 帝王姓名 | 帝号、庙号 | 概况 |
| --- | --- | --- | --- |
| 清 | 弘历 | 高宗 | 胤禛之子。1735年嗣立，1795年传位于其子颙琰。在位60年。 |
| 清 | 颙琰 | 仁宗 | 弘历之子。1795年受禅立，1820年死。在位25年。 |
| 清 | 旻宁 | 宣宗 | 颙琰之子。1820年嗣立，1850年死。在位30年。 |
| 清 | 奕訢 | 文宗 | 旻宁之子。1850年嗣立，1861年死。在位11年。 |
| 清 | 载淳 | 穆宗 | 奕訢之子。1861年嗣立，1874年死。在位13年。 |
| 清 | 载湉 | 德宗 | 旻宁之孙，醇亲王奕譞之子。1874年嗣立，1908年死。在位34年。在位期间，慈禧太后听政专权。 |
| 清 | 溥仪 |  | 载湉之侄，醇亲王载沣之子。1908年嗣立，辛亥革命后1912年退位。在位4年。 |

# 中国历代年号简表

【说明】

（1）本表汇录中国历代帝王、人民起义、地方割据和少数民族政权的年号共800余个，按其不同的使用情况列为1000余条。时间起于西汉建元元年（公元前140年），迄于中华人民共和国成立以前。

（2）本表起讫年份注公元年，属公元前者加“前”字。凡属年中改元和终止者，注明农历月份。使用年数为该年号的继续年数（所跨年度），不是周年数。具体时间不详的，录以备考。

（3）本表按年号的汉语拼音为序。

| 年号 | 起讫年份 | 元年干支 | 使用年数 | 使用者 |
|---|---|---|---|---|
| 安定 | ?—1200 | | | 后理·段智兴 |
| | 1289二月—十月 | 己丑 | 1 | 元·杨镇龙 |
| 安国 | 903—909 | 癸亥 | 7 | 南诏·大长和·郑买嗣 |
| 安乐 | 618十一月—619五月 | 戊寅 | 2 | 唐·李轨 |
| 白龙 | 925十二月—928二月 | 乙酉 | 4 | 南汉·刘龑 |
| 白雀 | 384四月—386四月 | 甲申 | 3 | 后秦·姚苌 |
| 白乌 | 613十二月 | 癸酉 | 1 | 隋·向海明 |
| 宝大 | 924—925 | 甲申 | 2 | 吴越·钱镠 |
| 宝鼎 | 266八月—269九月 | 丙戌 | 4 | 三国·吴·末帝（乌程侯）·孙皓 |
| 宝历 | 774—? | 甲寅 | | 渤海·文王·大钦茂 |
| | 825—827二月 | 乙巳 | 3 | 唐·敬宗·李湛 |
| 宝庆 | 1225—1227 | 乙酉 | 3 | 南宋·理宗·赵昀 |
| 宝胜 | 762八月—763四月 | 壬寅 | 2 | 唐·袁晁 |

续表

| 年号 | 起讫年份 | 元年干支 | 使用年数 | 使用者 |
|---|---|---|---|---|
| 宝义 | 1226 七月—1227 六月 | 丙戌 | 2 | 西夏·末主·李晛 |
| 宝应 | 762 四月—763 六月 | 壬寅 | 2 | 唐·肃宗·李亨 |
| 宝祐 | 1253—1258 | 癸丑 | 6 | 南宋·理宗·赵昀 |
| 宝元 | 1038 十一月—1040 二月 | 戊寅 | 3 | 北宋·仁宗·赵祯 |
| 宝正 | 926—931 | 丙戌 | 6 | 吴越·钱镠 |
| 保安 | 1045—1052 | 乙酉 | 8 | 大理·段思廉 |
| 保大 | 943 三月—957 | 癸卯 | 15 | 南唐·李璟 |
| | 950 十二月—951 十一月 | 庚戌 | 2 | 楚·马希萼 |
| | 1121—1125 二月 | 辛丑 | 5 | 辽·天祚帝·耶律延禧 |
| 保德 | ？—1074 | | | 大理·段思廉 |
| 保定 | 561—565 | 辛巳 | 5 | 北朝·北周·宇文邕 |
| 保和 | 824—839 | 甲辰 | 16 | 南诏·劝丰祐 |
| 保立 | 1082—? | 壬戌 | | 大理·段正明 |
| 保宁 | 969 二月—979 十一月 | 己巳 | 11 | 辽·景宗·耶律贤 |
| 保天 | 1129—? | 己酉 | | 后理·段正严 |
| 本初 | 146 | 丙戌 | 1 | 东汉·质帝·刘缵 |
| 本始 | 前 73—前 70 | 戊申 | 4 | 西汉·宣帝·刘询 |
| 昌达 | 615 十二月—619 闰二月 | 乙亥 | 5 | 隋·朱粲 |
| 昌平 | 386 二月—三月 | 丙戌 | 1 | 西燕·段随 |
| 昌泰 | 1281 | 辛巳 | 1 | 元·陈吊眼 |
| 昌武 | 418 十一月—419 正月 | 戊午 | 2 | 夏·赫连勃勃 |
| 长安 | 701 十月—704 | 辛丑 | 4 | 唐·武后·武曌 |
| 长乐 | 399—401 七月 | 己亥 | 3 | 后燕·慕容盛 |
| 长庆 | 821—824 | 辛丑 | 4 | 唐·穆宗·李恒 |

续表

| 年号 | 起讫年份 | 元年干支 | 使用年数 | 使用者 |
|---|---|---|---|---|
| 长寿 | 692 九月—694 五月 | 壬辰 | 3 | 唐·武后·武曌 |
| | 769—779 | 己酉 | 11 | 南诏·阁罗风 |
| 长兴 | 930 二月—933 | 庚寅 | 4 | 五代·后唐·明宗·李嗣源 |
| | 930 十一月—932 六月 | 庚寅 | 3 | 楚·马希声 |
| | 930 二月—932 | 庚寅 | 3 | 闽·王延钧 |
| | 930 二月—933 | 庚寅 | 4 | 荆南·高从诲 |
| | 932 四月—933 | 壬辰 | 2 | 吴越·钱元瓘 |
| | 932 七月—933 | 壬辰 | 2 | 楚·马希范 |
| 成化 | 1465—1487 | 乙酉 | 23 | 明·宪宗·朱见深 |
| 承安 | 1196 十一月—1200 | 丙辰 | 5 | 金·章宗·完颜璟 |
| 承光 | 425 八月—428 二月 | 乙丑 | 4 | 夏·赫连昌 |
| | 557 正月—三月 | 丁酉 | 1 | 北朝·北齐·幼主·高恒 |
| 承和 | 433 四月—439 九月 | 癸酉 | 7 | 北凉·沮渠牧犍 |
| 承明 | 476 六月—十二月 | 丙辰 | 1 | 北朝·北魏·孝文帝·元宏 |
| 承平 | 443—460 | 癸未 | 18 | 北凉·沮渠无讳 |
| | 452 二月—十月 | 壬辰 | 1 | 北朝·北魏·南安王·拓跋余 |
| | 502—510 | 壬午 | 9 | 北朝·高昌·麹嘉 |
| 承圣 | 552 十一月—555 四月 | 壬申 | 4 | 南朝·梁·元帝·萧绎 |
| 承玄 | 428 六月—431 | 戊辰 | 4 | 北凉·沮渠蒙逊 |
| 赤符 | 1337 正月—七月 | 丁丑 | 1 | 元·朱光卿 |
| 赤乌 | 238 八月—251 四月 | 戊午 | 14 | 三国·吴·大帝·孙权 |
| 崇德 | 1636 四月—1643 | 丙子 | 8 | 清·太宗·爱新觉罗·皇太极 |
| 崇福 | 1164—1177 | 甲申 | 14 | 西辽·承天后·耶律普速完 |
| 崇宁 | 1102—1106 | 壬午 | 5 | 北宋·徽宗·赵佶 |

续表

| 年号 | 起讫年份 | 元年干支 | 使用年数 | 使用者 |
|---|---|---|---|---|
| 崇庆 | 1212—1213 四月 | 壬申 | 2 | 金·卫绍王·完颜永济 |
| 崇祯 | 1628—1644 三月 | 戊辰 | 17 | 明·思宗·朱由检 |
| 重德 | 1229 | 己丑 | 1 | 南宋·廖森 |
| 重光 | 620 二月—623 | 庚辰 | 4 | 北朝·高昌·麹伯雅 |
| 重和 | 1118 十一月—1119 二月 | 戊戌 | 2 | 北宋·徽宗·赵佶 |
| 重熙 | 1032 十一月—1055 八月 | 壬申 | 24 | 辽·兴宗·耶律宗真 |
| 重兴 | 1644 | 甲申 | 1 | 清·秦尚行 |
| 初平 | 190—193 | 庚午 | 4 | 东汉·献帝·刘协 |
| 初始 | 8 十一月 | 戊辰 | 1 | 西汉·孺子·刘婴 |
| 初元 | 前 48—前 44 | 癸酉 | 5 | 西汉·元帝·刘奭 |
| 垂拱 | 685—688 | 乙酉 | 4 | 唐·武后·武曌 |
| 淳化 | 990—994 | 庚寅 | 5 | 北宋·太宗·赵光义 |
| 淳熙 | 1174—1189 | 甲午 | 16 | 南宋·孝宗·赵昚 |
| 淳祐 | 1241—1252 | 辛丑 | 12 | 南宋·理宗·赵昀 |
| 嵯耶 | 889—897 | 己酉 | 9 | 大封民·隆舜 |
| 大安 | 1075—1085 | 乙卯 | 11 | 西夏·惠宗·李秉常 |
|  | 1085—1094 | 乙丑 | 10 | 辽·道宗·耶律洪基 |
|  | 1209—1211 | 己巳 | 3 | 金·卫绍王·完颜永济 |
| 大宝 | 550—551 | 庚午 | 2 | 南朝·梁·简文帝·萧纲 |
|  | 958 八月—971 二月 | 戊午 | 14 | 南汉·刘鋹 |
|  | 1149—1155 | 己巳 | 7 | 后理·段正兴 |
|  | 1565 十二月—1566 正月 | 乙丑 | 2 | 明·蔡伯贯 |
| 大成 | 579 正月—二月 | 己亥 | 1 | 北朝·北周·宣帝·宇文赟 |
| 大成兴胜 | 1622 五月—十月 | 壬戌 | 1 | 明·徐鸿儒 |

续表

| 年号 | 起讫年份 | 元年干支 | 使用年数 | 使用者 |
| --- | --- | --- | --- | --- |
| 大德 | 1135—1139 | 乙卯 | 5 | 西夏·崇宗·李乾顺 |
| | 1297 二月—1307 | 丁酉 | 11 | 元·成宗·铁穆耳 |
| 大定 | 555—562 正月 | 乙亥 | 8 | 后梁·宣帝·萧詧 |
| | 581 正月—二月 | 辛丑 | 1 | 北朝·北周·静帝·宇文衍 |
| | 1161 十月—1189 | 辛巳 | 29 | 金·世宗·完颜雍 |
| | 1361—1363 八月 | 辛丑 | 2 | 元·陈友谅 |
| 大丰 | 820—823 | 庚子 | 4 | 南诏·劝利晟 |
| 大观 | 1107—1110 | 丁亥 | 4 | 北宋·徽宗·赵佶 |
| 大和 | 827 二月—835 | 丁未 | 9 | 唐·文宗·李昂 |
| | 929 十一月—935 八月 | 己丑 | 7 | 吴·杨溥 |
| 大亨 | 402 三月—十二月 | 壬寅 | 1 | 东晋·安帝·司马德宗 |
| 大康 | 1075—1084 | 乙卯 | 10 | 辽·道宗·耶律洪基 |
| 大历 | 766 十一月—779 | 丙午 | 14 | 唐·代宗·李豫 |
| 大明 | 457—464 | 丁酉 | 8 | 南朝·宋·孝武帝·刘骏 |
| | 931—937 | 辛卯 | 7 | 南诏·大义宁·杨干贞 |
| 大明国 | 1902 | 壬寅 | 1 | 清·洪全福 |
| 大庆 | 1036 十二月—1038 九月 | 丙子 | 3 | 西夏·景宗·李元昊 |
| | 1140—1143 | 庚戌 | 4 | 西夏·仁宗·李仁孝 |
| | 1665 四月 | 乙巳 | 1 | 清·王耀祖 |
| | 1797 二月 | 丁巳 | 1 | 清·王大叔 |
| 大圣天王 | 1133 四月—1135 六月 | 癸丑 | 3 | 南宋·杨幺 |
| 大世 | 614 五月 | 甲戌 | 1 | 隋·刘迦论 |

续表

| 年号 | 起讫年份 | 元年干支 | 使用年数 | 使用者 |
|---|---|---|---|---|
| 大顺 | 890—891 | 庚戌 | 2 | 唐·昭宗·李晔 |
| | 1644 十一月—1646 | 甲申 | 3 | 明·张献忠 |
| 大通 | 527 三月—529 九月 | 丁未 | 3 | 南朝·梁·武帝·萧衍 |
| 大同 | 535—546 四月 | 乙卯 | 12 | 南朝·梁·武帝·萧衍 |
| | ？—888 | | | 大封民·隆舜 |
| | 947 二月—九月 | 丁未 | 1 | 辽·太宗·耶律德光 |
| | 1224—1233 九月 | 乙亥 | 9 | 金·蒲鲜万奴 |
| 大统 | 535—551 | 乙卯 | 17 | 北朝·西魏·文帝·元宝炬 |
| 大象 | 579 二月—580 | 己亥 | 2 | 北朝·北周·静帝·宇文衍 |
| 大兴 | 318 三月—321 | 戊寅 | 4 | 东晋·元帝·司马睿 |
| | 738—794 | 戊寅 | 57 | 渤海·文王·大钦茂 |
| 大业 | 605—618 三月 | 乙丑 | 14 | 隋·炀帝·杨广 |
| 大义 | 1360 五月—十二月 | 庚子 | 11 | 元·陈友谅 |
| 大有 | 928 三月—942 三月 | 戊子 | 15 | 南汉·刘龑 |
| 大中 | 847—860 十月 | 丁卯 | 14 | 唐·宣宗·李忱 |
| 大中祥符 | 1008—1016 | 戊申 | 9 | 北宋·真宗·赵恒 |
| 大足 | 701 正月—十月 | 辛丑 | 1 | 唐·武后·武曌 |
| 道光 | 1821—1850 | 辛巳 | 30 | 清·宣宗·爱新觉罗·旻宁 |
| 道隆 | 1239—1251 | 己亥 | 13 | 后理·段祥兴 |
| 得圣 | 1047 十一月—1048 闰正月 | 丁亥 | 2 | 北宋·王则 |
| 德昌 | 576 十二月 | 丙申 | 1 | 北朝·北齐·安德王·高延宗 |
| 德胜 | 1465—1466 闰三月 | 乙酉 | 2 | 明·刘通 |
| 德寿 | 1363 九月—1364 二月 | 癸卯 | 2 | 元·陈理 |
| 德兴 | 1122 六月—十二月 | 壬寅 | 1 | 北辽·萧德妃·普贤女 |

续表

| 年号 | 起讫年份 | 元年干支 | 使用年数 | 使用者 |
|---|---|---|---|---|
| 德祐 | 1275—1276 四月 | 乙亥 | 2 | 南宋·恭帝·赵㬎 |
| 登国 | 386—396 六月 | 丙戌 | 11 | 北朝·北魏·道武帝·拓跋珪 |
| 地皇 | 20—23 九月 | 庚辰 | 4 | 西汉·王莽 |
| 地节 | 前 69—前 66 | 壬子 | 4 | 西汉·宣帝·刘询 |
| 丁丑 | 617—618 十一月 | 丁丑 | 2 | 隋·窦建德 |
| 定鼎 | 391 十月—392 六月 | 辛卯 | 2 | 后燕·翟钊 |
| 定武 | 1646—1663 | 丙戌 | 18 | 南明·韩王·朱亶塉 |
| 东武 | 1648 | 戊子 | 1 | 南明·淮王·朱常清 |
| 东阳 | 1449 九月—1450 | 己巳 | 2 | 明·黄萧养 |
| 端拱 | 988—989 | 戊子 | 2 | 北宋·太宗·赵光义 |
| 端平 | 1234—1236 | 甲午 | 3 | 南宋·理宗·赵昀 |
| 䪺都 | 1057—1062 | 丁酉 | 6 | 西夏·毅宗·李谅祚 |
| 法轮 | 618 十二月 | 戊寅 | 1 | 唐·高云晟 |
| 法尧 | ？—877 | | | 南诏·世隆 |
| 凤凰 | 272—274 | 壬辰 | 3 | 三国·吴·末帝（乌程侯）·孙皓 |
| | 370 八月—九月 | 庚午 | 1 | 东晋·李弘、李金银 |
| | 386 二月—十一月 | 丙戌 | 1 | 前凉·张大豫 |
| 凤历 | 913 正月—二月 | 癸酉 | 1 | 五代·后梁·郢王·朱友珪 |
| | 913 正月 | 癸酉 | 1 | 吴越·钱镠 |
| | 1201—? | 辛酉 | | 后理·段智廉 |
| 凤翔 | 413 三月—418 十月 | 癸丑 | 6 | 夏·赫连勃勃 |
| 福圣承道 | 1053—1056 | 癸巳 | 4 | 西夏·毅宗·李谅祚 |
| 阜昌 | 1131—1137 十一月 | 辛亥 | 7 | 南宋·刘豫 |

续表

| 年号 | 起讫年份 | 元年干支 | 使用年数 | 使用者 |
|---|---|---|---|---|
| 甘露 | 前 53—前 50 | 戊辰 | 4 | 西汉·宣帝·刘询 |
| | 256 六月—260 五月 | 丙子 | 5 | 三国·魏·高贵乡公·曹髦 |
| | 265 四月—266 七月 | 乙酉 | 2 | 三国·吴·末帝（乌程侯）·孙皓 |
| | 359 六月—364 | 己未 | 6 | 前秦·苻坚 |
| | 926—936 | 丙戌 | 11 | 东丹·人皇王·耶律倍 |
| 更始 | 23 二月—25 九月 | 癸未 | 3 | 西汉·刘玄 |
| | 385—386 二月 | 己酉 | 2 | 西燕·慕容冲 |
| | 409 七月—412 八月 | 己酉 | 4 | 西秦·乞伏乾归 |
| 更兴 | 530 六月—532 | 庚戌 | 3 | 北朝·北魏·汝南王·元悦 |
| 庚子 | 400 十一月—404 | 庚子 | 5 | 西凉·李暠 |
| 拱化 | 1063—1067 | 癸卯 | 5 | 西夏·毅宗·李谅祚 |
| 光初 | 318 十月—329 八月 | 戊寅 | 12 | 前赵·刘曜 |
| 光大 | 567—568 | 丁亥 | 2 | 南朝·陈·废帝·陈伯宗 |
| 光定 | 1211 八月—1223 | 辛未 | 13 | 西夏·神宗·李遵顼 |
| 光和 | 178 三月—184 | 戊午 | 7 | 东汉·灵帝·刘宏 |
| 光化 | 898 八月—901 三月 | 戊午 | 4 | 唐·昭宗·李晔 |
| 光启 | 885 三月—888 正月 | 乙巳 | 4 | 唐·僖宗·李儇 |
| 光始 | 401 八月—406 | 辛丑 | 7 | 后燕·慕容熙 |
| 光寿 | 357 二月—359 | 丁巳 | 3 | 前燕·慕容儁 |
| 光天 | 918 | 戊寅 | 1 | 前蜀·王建 |
| | 942 四月—943 二月 | 壬寅 | 2 | 南汉·刘玢 |
| 光熙 | 306 六月—十二月 | 丙寅 | 1 | 西晋·惠帝·司马衷 |
| 光熹 | 189 四月—八月 | 己巳 | 1 | 东汉·少帝·刘辩 |
| 光兴 | 310 七月—311 五月 | 庚午 | 2 | 前赵·刘聪 |

续表

| 年号 | 起讫年份 | 元年干支 | 使用年数 | 使用者 |
|---|---|---|---|---|
| 光绪 | 1875—1908 | 乙亥 | 34 | 清·德宗·爱新觉罗·载湉 |
| 光宅 | 684 九月—十二月 | 甲申 | 1 | 唐·武后·武曌 |
| 广安 | 526 九月—528 九月 | 丙午 | 3 | 北朝·北魏·葛荣 |
| | 1077—1080 | 丁巳 | 4 | 大理·段连义 |
| 广德 | 763 七月—764 | 癸卯 | 2 | 唐·代宗·李豫 |
| | ？—967 | | | 大理·段思聪 |
| | 1673—1680 | 癸丑 | 8 | 清·杨起隆 |
| 广明 | 880—881 七月 | 庚子 | 2 | 唐·僖宗·李儇 |
| | 986—? | 丙戌 | | 大理·段素英 |
| 广顺 | 951—953 | 辛亥 | 3 | 五代·后周·太祖·郭威 |
| | 951—953 | 辛亥 | 3 | 吴越·钱俶 |
| | 951—953 | 辛亥 | 3 | 荆南·高保融 |
| 广运 | 586—587 九月 | 丙午 | 2 | 后梁·莒公·萧琮 |
| | 974—979 五月 | 甲戌 | 6 | 北汉·刘继元 |
| | 1034 八月—1036 | 甲戌 | 3 | 西夏·景宗·李元昊 |
| | ？—1147 | | | 后理·段正严 |
| 广政 | 938—965 正月 | 戊戌 | 28 | 后蜀·孟昶 |
| 汉安 | 142—144 四月 | 壬午 | 3 | 东汉·顺帝·刘保 |
| 汉昌 | 318 七月—九月 | 戊寅 | 1 | 前赵·刘粲 |
| 汉德 | 1906—? | 丙午 | | 清·龚春台 |
| 汉复 | 23 七月—34 十月 | 癸未 | 12 | 西汉·隗嚣 |
| 汉兴 | 338 四月—343 | 戊戌 | 6 | 成汉·李寿 |
| 和平 | 150 | 庚寅 | 1 | 东汉·桓帝·刘志 |
| | 354—355 九月 | 甲寅 | 2 | 前凉·张祚 |
| | 460—465 | 庚子 | 6 | 北朝·北魏·文成帝·拓跋濬 |

续表

| 年号 | 起讫年份 | 元年干支 | 使用年数 | 使用者 |
|---|---|---|---|---|
| 河平 | 前28三月—前25 | 癸巳 | 4 | 西汉·成帝·刘骜 |
| 河清 | 562四月—565四月 | 壬午 | 4 | 北朝·北齐·武成帝·高湛 |
| 河瑞 | 309五月—310六月 | 己巳 | 2 | 前赵·刘渊 |
| 黑龙 | 374六月—九月 | 甲戌 | 1 | 前秦·张育 |
| 弘昌 | 402三月—404二月 | 壬寅 | 3 | 南凉·秃发傉檀 |
| 弘道 | 683十二月 | 癸未 | 1 | 唐·高宗·李治 |
| 弘光 | 1645正月—五月 | 乙酉 | 1 | 南明·福王·朱由崧 |
| 弘始 | 399九月—416正月 | 己亥 | 18 | 后秦·姚兴 |
| 弘治 | 1488—1505 | 戊申 | 18 | 明·孝宗·朱祐樘 |
| 洪德 | 1855—1864 | 乙卯 | 10 | 清·陈开 |
| 洪化 | 1678八月—1681十月 | 壬午 | 4 | 清·吴世璠 |
| 洪顺 | 1853五月 | 癸丑 | 1 | 清·李明先 |
| 洪武 | 1368—1398 | 戊申 | 31 | 明·太祖·朱元璋 |
|  | 1619四月 | 己未 | 1 | 明·李新 |
| 洪熙 | 1425 | 乙巳 | 1 | 明·仁宗·朱高炽 |
| 鸿嘉 | 前20—前17 | 辛丑 | 4 | 西汉·成帝·刘骜 |
| 后元 | 前88—前87 | 癸巳 | 2 | 西汉·武帝·刘彻 |
| 化顺 | 1000正月—十月 | 庚子 | 1 | 北宋·王均 |
| 皇初 | 394五月—399九月 | 甲午 | 6 | 后秦·姚兴 |
| 皇建 | 560八月—561十一月 | 庚辰 | 2 | 北朝·北齐·孝昭帝·高演 |
|  | 1210—1211八月 | 庚午 | 2 | 西夏·襄宗·李安全 |
| 皇祐 | 1049—1054三月 | 己丑 | 6 | 北宋·仁宗·赵祯 |
| 皇庆 | 1312—1313 | 戊申 | 4 | 元·仁宗·爱育黎拔力八达 |
| 皇始 | 351—355五月 | 辛亥 | 5 | 前秦·苻健 |
|  | 396七月—398 | 丙申 | 3 | 北朝·北魏·道武帝·拓跋珪 |

续表

| 年号 | 起讫年份 | 元年干支 | 使用年数 | 使用者 |
|---|---|---|---|---|
| 皇泰 | 618 五月—619 四月 | 戊寅 | 2 | 隋·越王·杨侗 |
| 皇统 | 1141—1149 | 辛酉 | 9 | 金·熙宗·完颜亶 |
| 皇兴 | 467 八月—471 八月 | 丁未 | 5 | 北朝·北魏·献文帝·拓跋弘 |
| 黄初 | 220 十月—226 | 庚子 | 7 | 三国·魏·文帝·曹丕 |
| 黄龙 | 前 49 | 壬申 | 1 | 西汉·宣帝·刘询 |
|  | 229 四月—231 | 己酉 | 3 | 三国·吴·大帝·孙权 |
|  | 761 三月—五月 | 辛丑 | 1 | 唐·段子璋 |
| 黄武 | 222 十月—229 四月 | 壬寅 | 8 | 三国·吴·大帝·孙权 |
| 会昌 | 841—846 | 辛酉 | 6 | 唐·武宗·李炎 |
| 会同 | 938 十一月—947 正月 | 戊戌 | 10 | 辽·太宗·耶律德光 |
| 嘉定 | 1208—1224 | 戊辰 | 17 | 南宋·宁宗·赵扩 |
| 嘉禾 | 232—238 八月 | 壬子 | 7 | 三国·吴·大帝·孙权 |
| 嘉会 | 1181—1184 | 辛丑 | 4 | 后理·段智兴 |
| 嘉靖 | 1522—1566 | 壬午 | 45 | 明·世宗·朱厚熜 |
| 嘉宁 | 346 十月—347 三月 | 丙午 | 2 | 成汉·李势 |
| 嘉平 | 249 四月—254 十月 | 己巳 | 6 | 三国·魏·齐王·曹芳 |
|  | 311 六月—315 二月 | 辛未 | 5 | 前赵·刘聪 |
|  | 408 十一月—414 七月 | 戊申 | 7 | 南凉·秃发傉檀 |
| 嘉庆 | 1796—1820 | 丙辰 | 25 | 清·仁宗·爱新觉罗·颙琰 |
| 嘉泰 | 1201—1204 | 辛酉 | 4 | 南宋·宁宗·赵扩 |
| 嘉熙 | 1237—1240 | 丁酉 | 4 | 南宋·理宗·赵昀 |
| 嘉兴 | 417 二月—420 七月 | 丁巳 | 4 | 西凉·李歆 |
| 嘉祐 | 1056 九月—1063 | 丙申 | 8 | 北宋·仁宗·赵祯 |
| 见龙 | 780—783 | 庚申 | 4 | 南诏·异牟寻 |

续表

| 年号 | 起讫年份 | 元年干支 | 使用年数 | 使用者 |
|---|---|---|---|---|
| 建安 | 196—220 二月 | 丙子 | 25 | 东汉・献帝・刘协 |
| 建昌 | 352 正月—五月 | 壬子 | 1 | 前秦・张琚 |
| | 508—520 | 戊子 | 13 | 北朝・柔然・豆罗伏跋豆伐可汗・丑奴 |
| | 555—560 | 乙亥 | 6 | 北朝・高昌・麹宝茂 |
| 建初 | 76—84 八月 | 丙子 | 9 | 东汉・章帝・刘炟 |
| | 303—304 九月 | 癸亥 | 2 | 成汉・李特 |
| | 386 四月—394 四月 | 丙戌 | 9 | 后秦・姚苌 |
| | 405—417 二月 | 乙巳 | 13 | 西凉・李暠 |
| | 489—491 | 己巳 | 3 | 北朝・高昌・阚首归 |
| 建德 | 572 三月—578 三月 | 壬辰 | 7 | 北朝・北周・武帝・宇文邕 |
| | ？—1171 | | | 后理・段正兴 |
| 建福 | 1122 三月—六月 | 壬寅 | 1 | 北辽・宣宗・耶律淳 |
| 建光 | 121 七月—122 三月 | 辛酉 | 2 | 东汉・安帝・刘祜 |
| | 388 二月—391 十月 | 戊子 | 4 | 后燕・翟辽 |
| 建国 | 338 十一月—376 | 戊戌 | 39 | 北朝・北魏・拓跋什翼犍 |
| 建和 | 147—149 | 丁亥 | 3 | 东汉・桓帝・刘志 |
| | 400—402 三月 | 庚子 | 3 | 南凉・秃发利鹿孤 |
| 建衡 | 269 十月—271 | 己丑 | 3 | 三国・吴・末帝（乌程侯）・孙皓 |
| 建弘 | 420—428 五月 | 庚申 | 9 | 西秦・乞伏炽磐 |
| 建极 | 860—? | 庚辰 | | 南诏・世隆 |
| 建康 | 144 四月—十二月 | 甲申 | 1 | 东汉・顺帝・刘保 |
| | 319 四月—320 五月 | 己卯 | 2 | 东晋・南阳王・司马保 |

续表

| 年号 | 起讫年份 | 元年干支 | 使用年数 | 使用者 |
|---|---|---|---|---|
| 建隆 | 960—961 | 庚申 | 2 | 南唐·李璟 |
| | 960—963 十一月 | 庚申 | 4 | 北宋·太祖·赵匡胤 |
| | 960—963 十一月 | 庚申 | 4 | 吴越·钱俶 |
| | 960 八月—962 十月 | 庚申 | 3 | 荆南·高保勖 |
| | 961 七月—963 十一月 | 辛酉 | 3 | 南唐·李煜 |
| | 962 十一月—963 五月 | 壬戌 | 2 | 荆南·高继冲 |
| 建明 | 386 三月 | 丙戌 | 1 | 西燕·慕容觊 |
| | 506 正月—七月 | 丙戌 | 1 | 北朝·北魏·吕苟儿·王法智 |
| | 530 十月—531 二月 | 庚戌 | 2 | 北朝·北魏·长广王·元晔 |
| 建宁 | 168—172 五月 | 戊申 | 5 | 东汉·灵帝·刘宏 |
| 建平 | 前 6—前 3 | 乙卯 | 4 | 西汉·哀帝·刘欣 |
| | 330 九月—333 | 庚寅 | 4 | 后赵·石勒 |
| | 386 三月 | 丙戌 | 1 | 西燕·慕容瑶 |
| | 398 十月—十二月 | 戊戌 | 1 | 后燕·慕容盛 |
| | 400—405 十一月 | 庚子 | 6 | 南燕·慕容德 |
| | 415 三月—416 九月 | 乙卯 | 2 | 北朝·北魏·白亚栗斯、刘虎 |
| | 454 二月—六月 | 甲午 | 1 | 南朝·宋·鲁爽 |
| | 508 八月—九月 | 戊子 | 1 | 北朝·北魏·京兆王·元愉 |
| 建始 | 前 32—前 28 二月 | 己丑 | 5 | 西汉·成帝·刘骜 |
| | 301 正月—四月 | 辛酉 | 1 | 西晋·赵王·司马伦 |
| | 397 五月—七月 | 丁酉 | 1 | 后燕·慕容详 |
| | 407 正月—七月 | 丁未 | 1 | 后燕·慕容熙 |
| 建世 | 25 六月—27 闰正月 | 乙酉 | 3 | 西汉·刘盆子 |
| 建文 | 1399—1402 | 己卯 | 4 | 明·惠帝·朱允炆 |

续表

| 年号 | 起讫年份 | 元年干支 | 使用年数 | 使用者 |
|---|---|---|---|---|
| 建武 | 25 六月—56 四月 | 乙酉 | 32 | 东汉・光武帝・刘秀 |
| | 304 七月—十一月 | 甲子 | 1 | 西晋・惠帝・司马衷 |
| | 317 三月—318 三月 | 丁丑 | 2 | 东晋・元帝・司马睿 |
| | 335—348 | 乙未 | 14 | 后赵・石虎 |
| | 386 三月 | 丙戌 | 1 | 西燕・慕容瑶 |
| | 494 十月—498 四月 | 甲戌 | 5 | 南朝・齐・明帝・萧鸾 |
| | 529 五月—闰六月 | 己酉 | 1 | 北朝・北魏・北海王・元颢 |
| 建武中元 | 56 四月—57 | 丙辰 | 2 | 东汉・光武帝・刘秀 |
| 建熙 | 360—370 十一月 | 庚申 | 11 | 前燕・慕容暐 |
| 建兴 | 223 五月—237 | 癸卯 | 15 | 三国・蜀・后主・刘禅 |
| | 252 四月—253 | 壬申 | 2 | 三国・吴・会稽王・孙亮 |
| | 304 十月—306 六月 | 甲子 | 3 | 成汉・李雄 |
| | 313 四月—317 三月 | 癸酉 | 5 | 西晋・愍帝・司马邺 |
| | 317—320 五月 | 丁丑 | 4 | 前凉・张寔 |
| | 320 六月—324 四月 | 庚辰 | 5 | 前凉・张茂 |
| | 324 五月—346 四月 | 甲申 | 3 | 前凉・张骏 |
| | 346 五月—353 | 丙午 | 8 | 前凉・张重华 |
| | 355 闰九月—361 十一月 | 乙卯 | 7 | 前凉・张玄靓 |
| | 386 二月—396 四月 | 丙戌 | 11 | 后燕・慕容垂 |
| | 819—830 | 己亥 | 12 | 渤海・宣王・大仁秀 |
| 建炎 | 1127 五月—1130 | 丁未 | 4 | 南宋・高宗・赵构 |
| 建义 | 385 九月—388 六月 | 乙酉 | 4 | 西秦・乞伏国仁 |
| | 436 三月—442 闰五月 | 丙子 | 7 | 南朝・宋・杨难当 |
| | 500 二月—三月 | 庚辰 | 1 | 南朝・齐・雍道晞 |

续表

| 年号 | 起讫年份 | 元年干支 | 使用年数 | 使用者 |
|---|---|---|---|---|
| 建义 | 528 四月—九月 | 戊申 | 1 | 北朝·北魏·孝庄帝·元子攸 |
| 建元 | 前 140—前 135 | 辛丑 | 6 | 西汉·武帝·刘彻 |
| | 315 三月—316 十月 | 乙亥 | 2 | 前赵·刘聪 |
| | 343—344 | 癸卯 | 2 | 东晋·康帝·司马岳 |
| | 365—385 七月 | 乙丑 | 21 | 前秦·苻坚 |
| | 479 四月—482 | 己未 | 4 | 南朝·齐·高帝·萧道成 |
| 建昭 | 前 38—前 34 | 癸未 | 5 | 西汉·元帝·刘奭 |
| 建贞 | 886 十月—十二月 | 丙午 | 1 | 唐·襄王·李煴 |
| 建中 | 780—783 | 庚申 | 4 | 唐·德宗·李适 |
| 建中靖国 | 1101 | 辛巳 | 1 | 北宋·徽宗·赵佶 |
| 江汉 | 1854 | 甲寅 | | 清·杨龙喜 |
| 交泰 | 958 三月—五月 | 戊午 | 1 | 南唐·李璟 |
| 金统 | 880 十二月—884 六月 | 庚子 | 5 | 唐·黄巢 |
| 进通 | 623 | 癸未 | 1 | 唐·王摩沙 |
| 景初 | 237 三月—239 | 丁巳 | 3 | 三国·魏·明帝·曹叡 |
| 景德 | 1004—1007 | 甲辰 | 4 | 北宋·真宗·赵恒 |
| 景定 | 1260—1264 | 庚申 | 5 | 南宋·理宗·赵昀 |
| 景福 | 892—893 | 壬子 | 2 | 唐·昭宗·李晔 |
| | 1031 六月—1032 十一月 | 辛未 | 2 | 辽·兴宗·耶律宗真 |
| 景和 | 465 八月—十一月 | 乙巳 | 1 | 南朝·宋·前废帝·刘子业 |
| 景龙 | 707 九月—710 六月 | 丁未 | 4 | 唐·中宗·李显 |
| 景明 | 500—504 正月 | 庚辰 | 5 | 北朝·北魏·宣武帝·元恪 |
| 景平 | 423—424 八月 | 癸亥 | 2 | 南朝·宋·少帝·刘义符 |
| 景瑞 | 1049—1052 四月 | 己丑 | 4 | 北宋·侬智高 |

续表

| 年号 | 起讫年份 | 元年干支 | 使用年数 | 使用者 |
|---|---|---|---|---|
| 景泰 | 1450—1456 | 庚午 | 7 | 明・代宗・朱祁钰 |
| 景炎 | 1276 五月—1278 四月 | 丙子 | 3 | 南宋・端宗・赵昰 |
| 景耀 | 258—263 七月 | 戊寅 | 6 | 三国・蜀・后主・刘禅 |
| 景祐 | 1034—1038 十一月 | 甲戌 | 5 | 北宋・仁宗・赵祯 |
| 景元 | 260 六月—264 五月 | 庚辰 | 5 | 三国・魏・元帝・曹奂 |
| | 710 七月—712 正月 | 庚戌 | 3 | 唐・睿宗・李旦 |
| 竟宁 | 前 33 | 戊子 | 1 | 西汉・元帝・刘奭 |
| 靖康 | 1126—1127 四月 | 丙午 | 2 | 北宋・钦宗・赵桓 |
| 久视 | 700 五月—701 正月 | 庚子 | 2 | 唐・武后・武曌 |
| 居摄 | 6—8 十一月 | 丙寅 | 3 | 西汉・孺子・刘婴 |
| 开宝 | 968 十一月—975 十一月 | 戊辰 | 8 | 南唐・李煜 |
| | 968 十一月—976 | 戊辰 | 9 | 吴越・钱俶 |
| | 968 十一月—976 | 戊辰 | 9 | 北宋・太祖・赵匡胤 |
| 开成 | 836—840 | 丙辰 | 5 | 唐・文宗・李昂 |
| 开皇 | 581 二月—600 | 辛丑 | 20 | 隋・文帝・杨坚 |
| 开明 | 619 四月—621 五月 | 己卯 | 3 | 唐・王世充 |
| | 1097—1102 | 丁丑 | 6 | 后理・段正淳 |
| 开平 | 907 四月—911 四月 | 丁卯 | 5 | 五代・后梁・太祖・朱温 |
| | 909 四月—911 四月 | 己巳 | 3 | 闽・王审知 |
| 开庆 | 1259 | 己未 | 1 | 南宋・理宗・赵昀 |
| 开泰 | 1012 十一月—1021 十一月 | 壬子 | 10 | 辽・圣宗・耶律隆绪 |
| 开熙 | 1367—1371 六月 | 丁未 | 5 | 元・明昇 |
| 开禧 | 1205—1207 | 乙丑 | 3 | 南宋・宁宗・赵扩 |
| 开兴 | 1232 正月—四月 | 壬辰 | 1 | 金・哀宗・完颜守绪 |

续表

| 年号 | 起讫年份 | 元年干支 | 使用年数 | 使用者 |
|---|---|---|---|---|
| 开耀 | 681 九月—682 二月 | 辛巳 | 2 | 唐·高宗·李治 |
| 开元 | 713 十二月—741 | 癸丑 | 29 | 唐·玄宗·李隆基 |
| 开运 | 944 七月—946 | 甲辰 | 3 | 后晋·出帝·石重贵 |
| | 944 七月—946 | 甲辰 | 3 | 吴越·钱佐 |
| | 944 七月—946 | 甲辰 | 3 | 楚·马希范 |
| | 944 七月—946 | 甲辰 | 3 | 荆南·高从诲 |
| | 1034 七月 | 甲戌 | 1 | 西夏·景宗·李元昊 |
| 康定 | 1040 二月—1041 十一月 | 庚辰 | 2 | 北宋·仁宗·赵祯 |
| 康国 | 1134—1143 | 甲寅 | 10 | 西辽·德宗·耶律大石 |
| 康熙 | 1662—1722 | 壬寅 | 61 | 清·圣祖·爱新觉罗·玄烨 |
| 利贞 | 1172—1175 | 壬辰 | 4 | 后理·段智兴 |
| 麟德 | 664—665 | 甲子 | 2 | 唐·高宗·李治 |
| 麟嘉 | 316 十一月—318 六月 | 丙子 | 3 | 前赵·刘聪 |
| | 389 二月—396 六月 | 己丑 | 8 | 后凉·吕光 |
| 龙德 | 921 五月—923 | 辛巳 | 3 | 吴越·钱镠 |
| | 921 五月—923 三月 | 辛巳 | 3 | 闽·王审知 |
| | 921 五月—923 十月 | 辛巳 | 3 | 五代·后梁·末帝·朱友贞 |
| 龙飞 | 396 六月—399 | 丙申 | 4 | 后凉·吕光 |
| 龙凤 | 1355 二月—1366 | 乙未 | 12 | 元·韩林儿 |
| | 1397 | 丁丑 | 1 | 明·田九成、王金刚奴 |
| 龙纪 | 889 | 乙酉 | 1 | 唐·昭宗·李晔 |
| 龙启 | 933—934 | 癸巳 | 2 | 闽·王延钧 |
| 龙升 | 407 六月—413 二月 | 丁未 | 7 | 夏·赫连勃勃 |
| 龙朔 | 661 三月—663 | 辛酉 | 3 | 唐·高宗·李治 |

续表

| 年号 | 起讫年份 | 元年干支 | 使用年数 | 使用者 |
|---|---|---|---|---|
| 龙兴 | 25 四月—36 十一月 | 乙酉 | 12 | 西汉·公孙述 |
| | 337 七月 | 丁酉 | 1 | 后赵·侯子光（李子扬） |
| | 810—816 | 庚寅 | 7 | 南诏·劝龙晟 |
| | 1155—? | 丙子 | | 后理·段正兴 |
| 隆安 | 397—401 | 丁酉 | 5 | 东晋·安帝·司马德宗 |
| 隆昌 | 494 正月—七月 | 甲戌 | 1 | 南朝·齐·鬱林王·萧昭业 |
| 隆和 | 362—363 二月 | 壬戌 | 2 | 东晋·哀帝·司马丕 |
| 隆化 | 576 十二月 | 丙申 | 1 | 北朝·北齐·后主·高纬 |
| 隆基 | 1116 正月—四月 | 丙申 | 1 | 辽·高永昌 |
| 隆庆 | 1567—1572 | 丁卯 | 6 | 明·穆宗·朱载垕 |
| 隆武 | 1645 闰六月—1646 八月 | 乙酉 | 2 | 南明·唐王·朱聿键 |
| 隆兴 | 1163—1164 | 癸未 | 2 | 南宋·孝宗·赵昚 |
| 隆绪 | 527 十月—528 正月 | 丁未 | 2 | 北朝·北魏·萧宝夤 |
| 鲁兴 | 526 正月—八月 | 丙午 | 1 | 北朝·北魏·鲜于修礼 |
| 罗平 | 860 二月—八月 | 庚辰 | 1 | 唐·裘甫 |
| | 1141 六月 | 辛酉 | 1 | 南宋·王法恩 |
| | 1179 六月—十月 | 己亥 | 1 | 南宋·李接 |
| 明昌 | 1190—1196 十一月 | 庚戌 | 7 | 金·章宗·完颜璟 |
| 明道 | 1032 十一月—1033 | 壬申 | 2 | 北宋·仁宗·赵祯 |
| 明德 | 934 四月—937 | 甲午 | 4 | 后蜀·孟知祥 |
| | 952—? | 壬子 | | 大理·段思聪 |
| 明启 | 1010—1022 | 庚戌 | 13 | 大理·段素廉 |
| 明受 | 1129 三月—四月 | 己酉 | 1 | 南宋·元懿太子·赵旉 |
| 明通 | 1023—1026 | 癸亥 | 4 | 大理·段素隆 |

续表

| 年号 | 起讫年份 | 元年干支 | 使用年数 | 使用者 |
|---|---|---|---|---|
| 明运 | ？—1009 | | | 大理·段素英 |
| 明政 | 619 九月—621 十一月 | 己卯 | 3 | 唐·李子通 |
| | 969—985 | 己巳 | 17 | 大理·段素顺 |
| 鸣凤 | 617 十月—621 十月 | 丁丑 | 5 | 隋·萧铣 |
| 宁康 | 373—375 | 癸酉 | 3 | 东晋·孝武帝·司马曜 |
| 平都 | 536 九月 | 丙辰 | 1 | 北朝·东魏·王迢触、曹贰龙 |
| 平赵 | 320 六月 | 庚辰 | 1 | 前赵·句渠知 |
| 普泰 | 531 二月—十月 | 辛亥 | 1 | 北朝·北魏·节闵帝·元恭 |
| 普通 | 520—527 三月 | 庚子 | 8 | 南朝·梁·武帝·萧衍 |
| 祺祥 | 1861 七月—十二月 | 辛酉 | 1 | 清·穆宗·爱新觉罗·载淳 |
| 启历 | 1052 五月—1053 正月 | 壬辰 | 2 | 北宋·侬智高 |
| 乾道 | 1067—1068 | 丁未 | 2 | 西夏·惠宗·李秉常 |
| | 1165—1173 | 乙酉 | 9 | 南宋·孝宗·赵昚 |
| 乾德 | 919—924 | 己卯 | 6 | 前蜀·王衍 |
| | 963 十一月—968 十一月 | 癸亥 | 6 | 北宋·太祖·赵匡胤 |
| | 963 十一月—968 十一月 | 癸亥 | 6 | 南唐·李煜 |
| | 963 十一月—968 十一月 | 癸亥 | 6 | 吴越·钱俶 |
| 乾定 | 1223 十二月—1226 七月 | 癸未 | 4 | 西夏·献宗·李德旺 |
| 乾封 | 666—668 二月 | 丙寅 | 3 | 唐·高宗·李治 |
| 乾符 | 874 十一月—879 | 甲午 | 6 | 唐·僖宗·李儇 |
| 乾和 | 943 十一月—958 七月 | 癸卯 | 16 | 南汉·刘晟 |
| 乾亨 | 917 七月—925 十一月 | 丁丑 | 9 | 南汉·刘龑 |
| | 979 十一月—983 六月 | 己卯 | 5 | 辽·景宗·耶律贤 |
| 乾化 | 911 五月—913 正月 | 辛未 | 3 | 五代·后梁·太祖·朱温 |

续表

| 年号 | 起讫年份 | 元年干支 | 使用年数 | 使用者 |
|---|---|---|---|---|
| 乾化 | 911 五月—915 七月 | 辛未 | 5 | 闽·王审知 |
| | 913 二月—915 十月 | 癸酉 | 3 | 吴越·钱镠 |
| | 913 二月—915 十月 | 癸酉 | 3 | 五代·后梁·末帝·朱友贞 |
| 乾祐 | 948 | 戊申 | 1 | 五代·后汉·高祖·刘知远 |
| | 948—950 | 戊申 | 3 | 吴越·钱俶 |
| | 948—950 十一月 | 戊申 | 3 | 楚·马希广 |
| | 948 正月—十月 | 戊申 | 1 | 荆南·高从诲 |
| | 948 二月—950 | 戊申 | 3 | 五代·后汉·隐帝·刘承祐 |
| | 948 十一月—950 | 戊申 | 3 | 荆南·高保融 |
| | 951—954 十月 | 辛亥 | 4 | 北汉·刘旻 |
| | 954 十一月—956 | 甲寅 | 3 | 北汉·刘钧 |
| | 1170—1193 | 庚寅 | 24 | 西夏·仁宗·李仁孝 |
| 乾隆 | 1736—1795 | 丙辰 | 60 | 清·高宗·爱新觉罗·弘历 |
| 乾明 | 560 正月—八月 | 庚辰 | 1 | 北朝·北齐·废帝·高殷 |
| 乾宁 | 894—898 八月 | 甲寅 | 5 | 唐·昭宗·李晔 |
| 乾统 | 1101 二月—1110 | 辛巳 | 10 | 辽·天祚帝·耶律延禧 |
| 乾兴 | 1022 | 壬戌 | 1 | 北宋·真宗·赵恒 |
| 乾元 | 758 二月—760 闰四月 | 戊戌 | 3 | 唐·肃宗·李亨 |
| 乾贞 | 927 十一月—929 十月 | 丁亥 | 3 | 吴·杨溥 |
| | 928 六月—十二月 | 戊子 | 1 | 荆南·高季兴 |
| | 929 正月—六月 | 己丑 | 1 | 荆南·高从诲 |
| | 1176 | 丙申 | 1 | 南宋·阿谢 |
| 秦兴 | 617 四月—618 十一月 | 丁丑 | 2 | 隋·薛举 |
| 青龙 | 233 二月—237 二月 | 癸丑 | 5 | 三国·魏·明帝·曹叡 |

续表

| 年号 | 起讫年份 | 元年干支 | 使用年数 | 使用者 |
| --- | --- | --- | --- | --- |
| 青龙 | 350 正月—闰二月 | 庚戌 | 1 | 后赵・石鉴 |
| | 398 四月—七月 | 戊戌 | 1 | 后燕・兰汗 |
| 清光 | 1645 | 乙酉 | 1 | 清・胡守龙 |
| 清宁 | 1055 八月—1064 | 乙未 | 10 | 辽・道宗・耶律洪基 |
| 清泰 | 934 四月—936 闰十一月 | 甲午 | 3 | 五代・后唐・末帝・李从珂 |
| | 934 四月—936 十一月 | 甲午 | 3 | 吴越・钱元瓘 |
| | 934 四月—936 十一月 | 甲午 | 3 | 楚・马希范 |
| | 934 四月—936 十一月 | 甲午 | 3 | 荆南・高从诲 |
| 庆历 | 1041 十一月—1048 | 辛巳 | 8 | 北宋・仁宗・赵祯 |
| 庆元 | 1195—1200 | 乙卯 | 6 | 南宋・宁宗・赵扩 |
| 全义 | 816—819 | 丙申 | 4 | 南诏・劝利晟 |
| 人庆 | 1144—1148 | 甲子 | 5 | 西夏・仁宗・李仁孝 |
| 仁安 | 720—737 | 庚申 | 18 | 渤海・武王・大武艺 |
| 仁寿 | 601—604 | 辛酉 | 4 | 隋・文帝・杨坚 |
| | ？—1238 | | | 后理・段智祥 |
| 日新 | 1109 | 己丑 | 1 | 后理・段正严 |
| 如意 | 692 四月—九月 | 壬辰 | 1 | 唐・武后・武曌 |
| 瑞应 | 1621 九月 | 辛酉 | 1 | 明・奢崇明 |
| 上德 | 1076 | 丙辰 | 1 | 大理・段连义 |
| 上明 | 1081 | 辛酉 | 1 | 大理・段寿辉 |
| 上元 | 674 八月—676 十一月 | 甲戌 | 3 | 唐・高宗・李治 |
| | 760 闰四月—761 九月 | 庚子 | 2 | 唐・肃宗・李亨 |
| | 784—？ | 甲子 | | 南诏・异牟寻 |
| 上愿 | 535 | 乙卯 | 1 | 南朝・梁・鲜于琛 |

续表

| 年号 | 起讫年份 | 元年干支 | 使用年数 | 使用者 |
|---|---|---|---|---|
| 上治 | 1095 | 乙亥 | 1 | 大中·高昇泰 |
| 绍定 | 1228—1233 | 戊子 | 6 | 南宋·理宗·赵昀 |
| 绍汉 | 237 七月—238 八月 | 丁巳 | 2 | 三国·魏·公孙渊 |
| 绍圣 | 1094 四月—1098 五月 | 甲戌 | 5 | 北宋·哲宗·赵煦 |
| 绍泰 | 555 十月—556 八月 | 乙亥 | 2 | 南朝·梁·敬帝·萧方智 |
| 绍武 | 1646 十一月—十二月 | 丙戌 | 1 | 南明·唐王·朱聿鐭 |
| 绍熙 | 1190—1194 | 庚戌 | 5 | 南宋·光宗·赵惇 |
| 绍兴 | 1131—1162 | 辛亥 | 32 | 南宋·高宗·赵构 |
| | 1151—1163 | 辛未 | 13 | 西辽·仁宗·耶律夷列 |
| 身圣 | 1196 十月 | 丙辰 | 1 | 金·德寿、陁锁 |
| 神册 | 916 十二月—922 正月 | 丙子 | 7 | 辽·太祖·耶律阿保机 |
| 神鼎 | 401 二月—403 八月 | 辛丑 | 3 | 后梁·吕隆 |
| 神凤 | 252 二月—三月 | 壬申 | 1 | 三国·吴·大帝·孙权 |
| | 303 五月—八月 | 癸亥 | 1 | 西晋·刘尼、张昌 |
| 神功 | 697 九月—十二月 | 丁酉 | 1 | 唐·武后·武曌 |
| 神龟 | 518 二月—520 七月 | 戊戌 | 3 | 北朝·北魏·孝明帝·元诩 |
| 神嘉 | 525 十二月—535 三月 | 乙巳 | 11 | 北朝·北魏·刘蠡升 |
| 神䴥 | 428 二月—431 | 戊辰 | 4 | 北朝·北魏·太武帝·拓跋焘 |
| 神爵 | 前 61 三月—前 58 | 庚申 | 4 | 西汉·宣帝·刘询 |
| 神历 | 1123 五月—十月 | 癸卯 | 1 | 北辽·梁王·耶律雅里 |
| 神龙 | 705—707 九月 | 乙巳 | 3 | 唐·武后·武曌 |
| 神瑞 | 414—416 四月 | 甲寅 | 3 | 北朝·北魏·明元帝·拓跋嗣 |
| 神兽 | 528 七月—530 四月 | 戊申 | 3 | 北朝·北魏·万俟丑奴 |
| 神武 | ？—944 | | | 大理·段思平 |

续表

| 年号 | 起讫年份 | 元年干支 | 使用年数 | 使用者 |
|---|---|---|---|---|
| 神玺 | 397 五月—399 正月 | 丁酉 | 3 | 北凉・段业 |
| 升平 | 357—361 | 丁巳 | 5 | 东晋・穆帝・司马聃 |
| | 363 八月—376 八月 | 癸亥 | 4 | 前凉・张天锡 |
| 昇明 | 477 七月—479 四月 | 丁已 | 3 | 南朝・宋・顺帝・刘凖 |
| 昇元 | 937 十月—943 二月 | 丁酉 | 7 | 南唐・李昪 |
| 胜光 | 428 二月—431 六月 | 戊辰 | 4 | 夏・赫连定 |
| 圣君 | 471 | 辛亥 | 1 | 北朝・北魏・司马小君 |
| 圣历 | 698—700 五月 | 戊戌 | 3 | 唐・武后・武曌 |
| 圣明 | 506 正月—七月 | 丙戌 | 1 | 北朝・北魏・陈瞻 |
| | 1042—? | 壬午 | | 大理・段素兴 |
| 圣武 | 756—757 正月 | 丙申 | 2 | 唐・安禄山 |
| 盛德 | 1176—1180 | 丙申 | 5 | 后理・段智兴 |
| 石平 | 577 十一月 | 丁酉 | 1 | 北朝・北周・刘没铎 |
| 始光 | 424—428 正月 | 甲子 | 5 | 北朝・北魏・太武帝・拓跋焘 |
| 始建国 | 9—13 | 己巳 | 5 | 西汉・王莽 |
| 始平 | 506—507 | 丙戌 | 2 | 北朝・柔然・佗汗可汗・伏图 |
| 始兴 | 616 十二月 | 丙子 | 1 | 隋・操师乞 |
| | 618 十二月—624 二月 | 戊寅 | 7 | 唐・高开道 |
| 始元 | 前 86—前 80 七月 | 乙未 | 7 | 西汉・昭帝・刘弗陵 |
| | 910—? | 庚午 | | 大长和・郑仁旻 |
| 收国 | 1115—1116 | 乙未 | 2 | 金・太祖・完颜旻 |
| 寿昌 | 1095—1101 正月 | 乙亥 | 7 | 辽・道宗・耶律洪基 |
| 寿光 | 355 六月—357 五月 | 乙卯 | 3 | 前秦・苻生 |

续表

| 年号 | 起讫年份 | 元年干支 | 使用年数 | 使用者 |
|---|---|---|---|---|
| 顺德 | ？—967 | | | 大理·段思聪 |
| | 1519 六月—七月 | 己卯 | 1 | 明·朱宸濠 |
| 顺天 | 759 四月—761 三月 | 己亥 | 3 | 唐·史思明 |
| | 895 二月—896 五月 | 己卯 | 2 | 唐·董昌 |
| | 1216 | 丙子 | 1 | 金·郝定 |
| | 1787—1788 正月 | 丁未 | 2 | 清·林爽文 |
| | 1860—1864 | 庚申 | 5 | 清·李永和、蓝朝鼎 |
| 顺义 | 921 二月—927 十月 | 辛巳 | 7 | 吴·杨溥 |
| 顺治 | 1644—1661 | 甲申 | 18 | 清·世祖·爱新觉罗·福临 |
| 嗣圣 | 684 正月—二月 | 甲申 | 1 | 唐·中宗·李显 |
| 嗣统 | 1864—? | 甲子 | | 清·朱明月、刘仪顺 |
| 绥和 | 前 8—前 7 | 癸丑 | 2 | 西汉·成帝·刘骜 |
| 太安 | 302 十二月—303 | 壬戌 | 2 | 西晋·惠帝·司马衷 |
| | 385 八月—386 十月 | 乙酉 | 2 | 前秦·苻丕 |
| | 386 十月—389 正月 | 丙戌 | 4 | 后凉·吕光 |
| | 455 六月—459 | 乙未 | 5 | 北朝·北魏·文成帝·拓跋濬 |
| | 492—505 | 壬申 | 14 | 北朝·柔然·候其伏代库者可汗·那盖 |
| 太昌 | 532 四月—十二月 | 壬子 | 1 | 北朝·北魏·孝武帝·元脩 |
| 太初 | 前 104—前 101 | 丁丑 | 4 | 西汉·武帝·刘彻 |
| | 386 十一月—394 六月 | 丙戌 | 9 | 前秦·苻登 |
| | 388 六月—400 七月 | 戊子 | 13 | 西秦·乞伏乾归 |
| | 397—399 | 丁酉 | 3 | 南凉·秃发乌孤 |
| | 453 二月—五月 | 癸巳 | 1 | 南朝·宋·文帝太子·刘劭 |

续表

| 年号 | 起讫年份 | 元年干支 | 使用年数 | 使用者 |
|---|---|---|---|---|
| 太初元将 | 前 5 六月—八月 | 丙辰 | 1 | 西汉·哀帝·刘欣 |
| 太和 | 227—233 正月 | 丁未 | 7 | 三国·魏·明帝·曹叡 |
| | 328 二月—330 八月 | 戊子 | 3 | 后赵·石勒 |
| | 344—346 九月 | 甲辰 | 3 | 成汉·李势 |
| | 366—371 十一月 | 丙寅 | 6 | 东晋·废帝·司马奕 |
| | 477—499 | 丁巳 | 23 | 北朝·北魏·孝文帝·元宏 |
| 太极 | 712 正月—四月 | 壬子 | 1 | 唐·睿宗·李旦 |
| 太建 | 569—582 | 己丑 | 14 | 南朝·陈·宣帝·陈顼 |
| 太康 | 280 四月—289 | 庚子 | 10 | 西晋·武帝·司马炎 |
| 太宁 | 323 三月—326 正月 | 癸未 | 4 | 东晋·明帝·司马绍 |
| | 349 | 己酉 | 1 | 后赵·石虎 |
| | 561 十一月—562 四月 | 辛巳 | 2 | 北朝·北齐·武成帝·高湛 |
| 太平 | 256 十月—258 十月 | 丙子 | 3 | 三国·吴·会稽王·孙亮 |
| | 300 十二月—301 正月 | 庚申 | 2 | 西晋·赵廞 |
| | 403 四月 | 癸卯 | 1 | 南燕·王始 |
| | 409 十月—430 | 己酉 | 22 | 北燕·冯跋 |
| | 485—491 | 乙丑 | 7 | 北朝·柔然·伏名敦可汗·豆崙 |
| | 556 九月—557 十月 | 丙子 | 2 | 南朝·梁·敬帝·萧方智 |
| | 616 十二月—622 十月 | 丙子 | 7 | 隋·林士弘 |
| | 1021 十一月—1031 六月 | 辛酉 | 11 | 辽·圣宗·耶律隆绪 |
| | 1356—1358 七月 | 丙申 | 3 | 元·徐寿辉 |
| 太平天国 | 1851—1864 | 辛亥 | 14 | 清·洪秀全 |

续表

| 年号 | 起讫年份 | 元年干支 | 使用年数 | 使用者 |
|---|---|---|---|---|
| 太平兴国 | 976 十二月—978 五月 | 丙子 | 3 | 吴越·钱俶 |
| | 976 十二月—984 十一月 | 丙子 | 9 | 北宋·太宗·赵光义 |
| 太平真君 | 440 六月—451 六月 | 庚辰 | 12 | 北朝·北魏·太武帝·拓跋焘 |
| 太清 | 547 四月—549 | 丁卯 | 3 | 南朝·梁·武帝·萧衍 |
| 太上 | 405 十一月—410 二月 | 乙巳 | 6 | 南燕·慕容超 |
| 太始 | 前 96—前 93 | 乙酉 | 4 | 西汉·武帝·刘彻 |
| | 551 十一月—552 三月 | 辛未 | 2 | 南朝·梁·侯景 |
| | 818 | 戊戌 | 1 | 渤海·简王·大明忠 |
| 太熙 | 290 正月—四月 | 庚戌 | 1 | 西晋·武帝·司马炎 |
| 太兴 | 431—436 五月 | 辛未 | 6 | 北燕·冯宏 |
| 太延 | 435—440 六月 | 乙亥 | 6 | 北朝·北魏·太武帝·拓跋焘 |
| 太元 | 251 五月—252 正月 | 辛未 | 2 | 三国·吴·大帝·孙权 |
| | 376—396 | 丙子 | 21 | 东晋·孝武帝·司马曜 |
| 泰昌 | 1620 八月—十二月 | 庚申 | 1 | 明·光宗·朱常洛 |
| 泰常 | 416 四月—423 | 丙辰 | 8 | 北朝·北魏·明元帝·拓跋嗣 |
| 泰定 | 1324—1328 二月 | 甲子 | 5 | 元·泰定帝·也孙铁木儿 |
| | 1448—1449 | 戊辰 | 2 | 明·陈鉴胡 |
| 泰和 | 1201—1208 | 辛酉 | 8 | 金·章宗·完颜璟 |
| 泰始 | 265 十二月—274 | 乙酉 | 10 | 西晋·武帝·司马炎 |
| | 432—437 四月 | 壬申 | 6 | 南朝·宋·赵广、程道养 |
| | 465 十二月—471 | 乙巳 | 7 | 南朝·宋·明帝·刘彧 |
| 泰豫 | 472 | 壬子 | 1 | 南朝·宋·明帝·刘彧 |
| 唐隆 | 710 六月—七月 | 庚戌 | 1 | 唐·少帝·李重茂 |
| 天安 | 466—467 八月 | 丙午 | 2 | 北朝·北魏·献文帝·拓跋弘 |

续表

| 年号 | 起讫年份 | 元年干支 | 使用年数 | 使用者 |
|---|---|---|---|---|
| 天安礼定 | 1086 正月—七月 | 丙寅 | 1 | 西夏・惠宗・李秉常 |
| 天宝 | 742—756 七月 | 壬午 | 15 | 唐・玄宗・李隆基 |
|  | 908—912 | 戊辰 | 5 | 吴越・钱镠 |
| 天保 | 550 五月—559 | 庚午 | 10 | 北朝・北齐・文宣帝・高洋 |
|  | 562 二月—585 | 壬午 | 24 | 后梁・明帝・萧岿 |
| 天册 | 275—276 六月 | 乙未 | 2 | 三国・吴・末帝（乌程侯）・孙皓 |
| 天册万岁 | 695 九月—十一月 | 乙未 | 1 | 唐・武后・武曌 |
| 天成 | 555 五月—十月 | 乙亥 | 1 | 南朝・梁・贞阳侯・萧渊明 |
|  | 757 十月—759 三月 | 丁酉 | 3 | 唐・安庆绪 |
|  | 926 | 丙戌 | 1 | 闽・王延翰 |
|  | 926 四月—928 六月 | 丙戌 | 3 | 荆南・高季兴 |
|  | 926 四月—930 二月 | 丙戌 | 5 | 五代・后唐・明宗・李嗣源 |
|  | 926 十二月—930 二月 | 丙戌 | 5 | 闽・王延钧 |
|  | 927 六月—930 | 丁亥 | 4 | 楚・马殷 |
|  | 929 七月—930 正月 | 己丑 | 2 | 荆南・高从海 |
| 天赐 | 404 十月—409 十月 | 甲辰 | 6 | 北朝・北魏・道武帝・拓跋珪 |
|  | 1214 | 甲戌 | 1 | 金・刘永昌 |
| 天赐礼盛国庆 | 1069—1074 | 己酉 | 6 | 西夏・惠宗・李秉常 |
| 天聪 | 1627—1636 三月 | 丁卯 | 10 | 清・太宗・爱新觉罗・皇太极 |
| 天德 | 943 二月—945 八月 | 癸卯 | 3 | 闽・王延政 |
|  | 1149 十二月—1153 三月 | 己巳 | 5 | 金・海陵王・完颜亮 |

续表

| 年号 | 起讫年份 | 元年干支 | 使用年数 | 使用者 |
|---|---|---|---|---|
| 天德 | 1216 | 丙子 | 1 | 金・金山 |
| | 1708 | 戊子 | 1 | 清・张念一、朱永祚 |
| | 1851 | 辛亥 | 1 | 清・林万青 |
| | 1853 | 癸丑 | 1 | 清・黄威 |
| 天定 | 1252—1254 | 壬子 | 3 | 后理・段兴智 |
| | 1359 四月—1360 闰五月 | 己亥 | 2 | 元・徐寿辉 |
| | 1386 | 丙寅 | 1 | 明・彭玉琳 |
| | 1644 | 甲申 | 1 | 清・刘守分 |
| 天凤 | 14—19 | 甲戌 | 6 | 西汉・王莽 |
| 天福 | 936 十一月—941 | 丙申 | 6 | 吴越・钱元瓘 |
| | 936 十一月—944 六月 | 丙申 | 9 | 五代・后晋・高祖・石敬瑭 |
| | 936 十一月—944 六月 | 丙申 | 9 | 楚・马希范 |
| | 936 十一月—944 六月 | 丙申 | 9 | 荆南・高从诲 |
| | 941 九月—944 六月 | 辛丑 | 4 | 吴越・钱佐 |
| | 947 | 丁未 | 1 | 五代・后汉・刘知远 |
| | 947 | 丁未 | 1 | 吴越・钱倧 |
| | 947 | 丁未 | 1 | 荆南・高从诲 |
| | 947 四月 | 丁未 | 1 | 楚・马希广 |
| 天辅 | 1117—1123 九月 | 丁酉 | 7 | 金・太祖・完颜旻 |
| | 1226—? | 丙戌 | | 后理・段智祥 |
| 天复 | 901 四月—904 闰四月 | 辛酉 | 4 | 唐・昭宗・李晔 |
| | 902 三月—904 | 壬戌 | 3 | 吴・杨行密 |
| | 907 九月 | 丁卯 | 1 | 前蜀・王建 |
| | 1123 正月—八月 | 癸卯 | 1 | 辽・回离保 |

续表

| 年号 | 起讫年份 | 元年干支 | 使用年数 | 使用者 |
|---|---|---|---|---|
| 天汉 | 前 100—前 97 | 辛巳 | 4 | 西汉・武帝・刘彻 |
| | 917 | 丁丑 | 1 | 前蜀・王建 |
| 天和 | 566—572 三月 | 丙戌 | 7 | 北朝・北周・武帝・宇文邕 |
| 天皇 | 784 正月—六月 | 甲子 | 1 | 唐・朱泚 |
| 天会 | 957—973 | 丁巳 | 17 | 北汉・刘钧 |
| | 1123 九月—1137 | 癸卯 | 15 | 金・太宗・完颜晟 |
| 天纪 | 277—280 三月 | 丁酉 | 4 | 三国・吴・末帝（乌程侯）・孙皓 |
| 天嘉 | 560—566 二月 | 庚辰 | 7 | 南朝・陈・文帝・陈蒨 |
| 天监 | 502 四月—519 | 壬午 | 18 | 南朝・梁・武帝・萧衍 |
| 天建 | 524 六月—527 九月 | 甲辰 | 4 | 北朝・北魏・莫折念生 |
| 天眷 | 1138—1140 | 戊午 | 3 | 金・熙宗・完颜亶 |
| 天开 | 1205—1225 | 乙丑 | 21 | 后理・段智祥 |
| 天康 | 404—405 二月 | 甲辰 | 2 | 东晋・桓谦 |
| | 566 二月—十二月 | 丙戌 | 1 | 南朝・陈・文帝・陈蒨 |
| 天历 | 1328 九月—1330 五月 | 戊辰 | 3 | 元・文宗・图帖睦尔 |
| 天禄 | 947 九月—951 九月 | 丁未 | 5 | 辽・世宗・耶律阮 |
| 天明 | 623 八月—624 三月 | 癸未 | 2 | 唐・辅公祏 |
| | ？—1044 | | | 大理・段素兴 |
| 天命 | 1616—1626 | 丙辰 | 11 | 清・太祖・爱新觉罗・努尔哈赤 |
| 天平 | 534 十月—537 | 甲寅 | 4 | 北朝・东魏・孝静帝・元善见 |
| 天启 | 525 正月—三月 | 乙巳 | 1 | 北朝・北魏・元法僧 |
| | 558 三月—560 二月 | 戊寅 | 3 | 南朝・梁・永嘉王・萧庄 |
| | 840—859 | 庚申 | 20 | 南诏・劝丰祐 |

续表

| 年号 | 起讫年份 | 元年干支 | 使用年数 | 使用者 |
| --- | --- | --- | --- | --- |
| 天启 | 1358 八月—1359 三月 | 戊戌 | 2 | 元·徐寿辉 |
| | 1621—1627 | 辛酉 | 7 | 明·熹宗·朱由校 |
| 天庆 | 1029 八月—1030 八月 | 己巳 | 2 | 辽·大延琳 |
| | 1111—1120 | 辛卯 | 10 | 辽·天祚帝·耶律延禧 |
| | 1194—1206 正月 | 申寅 | 13 | 西夏·桓宗·李纯祐 |
| 天圣 | 1023—1032 十一月 | 癸亥 | 10 | 北宋·仁宗·赵祯 |
| 天盛 | 1149—1169 | 己巳 | 21 | 西夏·仁宗·李仁孝 |
| 天寿 | 618 九月—619 二月 | 戊寅 | 2 | 唐·宇文化及 |
| 天授 | 527 七月 | 丁未 | 1 | 北朝·北魏·刘获、郑辩 |
| | 690 九月—692 三月 | 庚寅 | 3 | 唐·武后·武曌 |
| | 1096 | 丙子 | 1 | 后理·段正淳 |
| 天授礼法延祚 | 1038 十月—1048 | 戊寅 | 11 | 西夏·景宗·李元昊 |
| 天顺 | 1214 五月—十二月 | 甲戌 | 1 | 金·杨安儿 |
| | 1328 九月 | 戊辰 | 1 | 元·天顺帝·阿速吉八 |
| | 1456 | 丙子 | 1 | 明·李珍 |
| | 1457—1464 | 丁丑 | 8 | 明·英宗·朱祁镇 |
| | 1661 | 辛丑 | 1 | 清·萧惟堂 |
| 天嗣 | 1123 | 癸卯 | 1 | 辽·萧斡 |
| 天泰 | 1215 十月—1223 | 乙亥 | 9 | 金·蒲鲜万奴 |
| 天统 | 528 六月—529 四月 | 戊申 | 2 | 北朝·北魏·邢杲 |
| | 565 四月—569 | 乙酉 | 5 | 北朝·北齐·后主·高纬 |
| | 1363—1366 | 癸卯 | 4 | 元·明玉珍 |
| 天威 | 1216 | 丙子 | 1 | 金·耶厮不 |

续表

| 年号 | 起讫年份 | 元年干支 | 使用年数 | 使用者 |
|---|---|---|---|---|
| 天玺 | 276 七月—十二月 | 丙申 | 1 | 三国・吴・末帝（乌程侯）・孙皓 |
| | 399 二月—401 五月 | 己亥 | 3 | 北凉・段业 |
| 天禧 | 1017—1021 | 丁巳 | 5 | 北宋・真宗・赵恒 |
| | 1178—1211 | 戊戌 | 34 | 西辽・末主・耶律直鲁古 |
| 天显 | 926 二月—938 | 丙戌 | 13 | 辽・太祖・耶律阿保机 |
| 天兴 | 398 十二月—400 十月 | 戊戌 | 7 | 北朝・北魏・道武帝・拓跋珪 |
| | 617 三月—620 四月 | 丁丑 | 4 | 隋・刘武周 |
| | 986—999 | 丙戌 | 14 | 于阗・尉迟僧伽罗摩 |
| | 1147 | 丁卯 | 1 | 金・熬罗孛极烈 |
| | 1232 四月—1234 正月 | 壬辰 | 3 | 金・哀宗・完颜守绪 |
| 天绣 | 1457—? | 丁丑 | | 明・王斌 |
| 天仪治平 | 1086 七月—1089 | 丙寅 | 4 | 西夏・崇宗・李乾顺 |
| 天应 | 927 | 丁亥 | 1 | 大长和・郑隆亶 |
| 天祐 | 904 闰四月—907 三月 | 甲子 | 4 | 唐・昭宗・李晔 |
| | 904—919 | 甲子 | 16 | 吴・杨行密 |
| | 907 五月 | 丁卯 | 1 | 吴越・钱镠 |
| | ？—1094 | | | 大理・段正明 |
| | 1354—1357 八月 | 甲午 | 4 | 元・张士诚 |
| 天祐垂圣 | 1050—1052 | 庚寅 | 3 | 西夏・毅宗・李谅祚 |
| 天祐民安 | 1090—1097 | 庚午 | 8 | 西夏・崇宗・李乾顺 |
| 天渊 | 1546 | 丙午 | 1 | 明・田斌 |
| 天元 | 1379 六月—1387 | 己未 | 9 | 北元・后主・脱古斯帖木儿 |

续表

| 年号 | 起讫年份 | 元年干支 | 使用年数 | 使用者 |
|---|---|---|---|---|
| 天运 | 1637 | 丁丑 | 1 | 明・张普薇 |
| | 1786 十一月 | 丙午 | 1 | 清・林爽文 |
| | 1795 三月 | 乙卯 | 1 | 清・陈周全 |
| | 1832 十一月—1833 正月 | 壬辰 | 2 | 清・张丙 |
| | 1853 八月—1855 正月 | 癸丑 | 3 | 清・刘丽川 |
| 天载 | 1130 二月—三月 | 庚戌 | 1 | 南宋・钟相 |
| 天赞 | 922 二月—926 二月 | 壬午 | 5 | 辽・太祖・耶律阿保机 |
| 天造 | 622—623 正月 | 壬午 | 2 | 唐・刘黑闼 |
| 天正 | 551 八月—十一月 | 辛未 | 1 | 南朝・梁・豫章王・萧栋 |
| | 552 四月—553 七月 | 壬申 | 2 | 南朝・梁・武陵王・萧纪 |
| | 1161 十二月 | 辛巳 | 1 | 金・移剌窝斡 |
| | 1648 | 戊子 | 1 | 清・东明起义军 |
| 天政 | 1103—1104 | 癸未 | 2 | 后理・段正淳 |
| 天纵 | 1860—1863 | 庚申 | 4 | 清・宋继鹏 |
| 天尊 | 967—977 | 丁卯 | 11 | 于阗・尉迟苏拉 |
| 天祚 | 935 九月—937 十月 | 乙未 | 3 | 吴・杨溥 |
| 添元 | 1453—1457 | 癸酉 | 5 | 明・瓦剌王・也先 |
| 调露 | 679 六月—680 八月 | 己卯 | 2 | 唐・高宗・李治 |
| 通圣 | 617 十二月 | 丁丑 | 1 | 隋・曹武彻 |
| 通文 | 936 三月—939 七月 | 丙申 | 4 | 闽・王昶 |
| 通正 | 916 | 丙子 | 1 | 前蜀・王建 |
| 通志 | 1915 | 乙卯 | 1 | 中华民国・察都 |
| 同光 | 923 四月—925 | 癸未 | 3 | 闽・王审知 |
| | 923 四月—926 四月 | 癸未 | 4 | 五代・后唐・庄宗・李存勖 |
| | 924 三月—926 四月 | 甲申 | 3 | 荆南・高季兴 |

续表

| 年号 | 起讫年份 | 元年干支 | 使用年数 | 使用者 |
|---|---|---|---|---|
| 同庆 | 912—966 | 壬申 | 55 | 于阗·李圣天（尉迟僧乌波） |
| 同治 | 1862—1874 | 壬戌 | 13 | 清·穆宗·爱新觉罗·载淳 |
| 统和 | 983 六月—1012 闰十月 | 癸未 | 30 | 辽·圣宗·耶律隆绪 |
| 万乘 | 1280 四月 | 庚辰 | 1 | 元·杜可用 |
| 万历 | 1573—1620 七月 | 癸酉 | 48 | 明·神宗·朱翊钧 |
| 万利 | 1797 | 丁巳 | 1 | 清·黎树 |
| 万岁登封 | 695 十二月—696 三月 | 乙未 | 2 | 唐·武后·武曌 |
| 万岁通天 | 696 三月—697 九月 | 丙申 | 2 | 唐·武后·武曌 |
| 王霸 | 878 二月—880 十一月 | 戊戌 | 3 | 唐·黄巢 |
| 文安 | 1105—1108 | 甲申 | 4 | 后理·段正淳 |
| 文德 | 888 二月—十二月 | 戊申 | 1 | 唐·僖宗·李儇 |
| | 938—? | 戊戌 | | 大理·段思平 |
| 文经 | 945 | 乙巳 | 1 | 大理·段思英 |
| 文明 | 684 二月—八月 | 甲申 | 1 | 唐·睿宗·李旦 |
| 文兴 | 1704 | 甲申 | 1 | 清·魏枝叶 |
| 文治 | 1110—? | 庚寅 | | 后理·段正严 |
| 五凤 | 前 57—前 54 | 甲子 | 4 | 西汉·宣帝·刘询 |
| | 254—256 十月 | 甲戌 | 3 | 三国·吴·会稽王·孙亮 |
| | 618 十一月—621 五月 | 戊寅 | 4 | 隋·窦建德 |
| 武成 | 559 八月—560 | 己卯 | 2 | 北朝·北周·明帝·宇文毓 |
| | 784—786 四月 | 甲子 | 3 | 唐·李希烈 |
| | 908—910 | 戊辰 | 3 | 前蜀·王建 |
| 武德 | 618 五月—626 | 戊寅 | 9 | 唐·高祖·李渊 |

续表

| 年号 | 起讫年份 | 元年干支 | 使用年数 | 使用者 |
|---|---|---|---|---|
| 武定 | 543—550 五月 | 癸亥 | 8 | 北朝·东魏·孝静帝·元善见 |
| 武平 | 570—576 | 庚寅 | 7 | 北朝·北齐·后主·高纬 |
| | 578 | 戊戌 | 1 | 北朝·北齐·范阳王·高绍义 |
| 武泰 | 528 正月—四月 | 戊申 | 1 | 北朝·北魏·孝明帝·元诩 |
| 武义 | 919 四月—921 正月 | 己卯 | 3 | 吴·杨隆演 |
| 熙宁 | 1068—1077 | 戊申 | 10 | 北宋·神宗·赵顼 |
| 熙平 | 516—518 二月 | 丙申 | 3 | 北朝·北魏·孝明帝·元诩 |
| 熹平 | 172 五月—178 三月 | 壬子 | 7 | 东汉·灵帝·刘宏 |
| 先天 | 712 八月—713 十一月 | 壬子 | 2 | 唐·玄宗·李隆基 |
| 咸安 | 371 十一月—372 | 辛未 | 2 | 东晋·简文帝·司马昱 |
| 咸淳 | 1265—1274 | 乙丑 | 10 | 南宋·度宗·赵禥 |
| 咸丰 | 1851—1861 七月 | 辛亥 | 11 | 清·文宗·爱新觉罗·奕詝 |
| 咸和 | 326 二月—334 | 丙戌 | 9 | 东晋·成帝·司马衍 |
| | 831—857 | 辛亥 | 27 | 渤海·大彝震 |
| 咸亨 | 670 三月—674 八月 | 庚午 | 5 | 唐·高宗·李治 |
| 咸康 | 335—342 | 乙未 | 8 | 东晋·成帝·司马衍 |
| | 925 正月—十一月 | 乙酉 | 1 | 前蜀·王衍 |
| 咸宁 | 275—280 四月 | 乙未 | 6 | 西晋·武帝·司马炎 |
| | 399 十二月—401 正月 | 乙亥 | 3 | 后凉·吕纂 |
| 咸平 | 998—1003 | 戊戌 | 6 | 北宋·真宗·赵恒 |
| 咸清 | 1144—1150 | 甲子 | 7 | 西辽·感天后·萧塔不烟 |
| 咸通 | 860 十一月—874 十一月 | 庚辰 | 15 | 唐·懿宗·李漼 |
| 咸熙 | 264 五月—265 | 甲申 | 2 | 三国·魏·元帝·曹奂 |
| 咸雍 | 1065—1074 | 乙巳 | 10 | 辽·道宗·耶律洪基 |

续表

| 年号 | 起讫年份 | 元年干支 | 使用年数 | 使用者 |
|---|---|---|---|---|
| 显道 | 1032—1034 六月 | 壬申 | 3 | 西夏·景宗·李元昊 |
| 显德 | 954—957 五月 | 甲寅 | 4 | 五代·后周·世宗·柴荣 |
| | 954—960 正月 | 甲寅 | 7 | 五代·后周·太祖·郭威 |
| | 954—960 正月 | 甲寅 | 7 | 吴越·钱俶 |
| | 954—960 七月 | 甲寅 | 7 | 荆南·高保融 |
| | 958 五月—960 | 戊午 | 3 | 南唐·李璟 |
| | 959 六月—960 正月 | 己未 | 2 | 五代·后周·恭帝·柴宗训 |
| 显庆 | 656—661 二月 | 丙辰 | 6 | 唐·高宗·李治 |
| 显圣 | 761 三月—763 正月 | 辛丑 | 3 | 唐·史朝义 |
| 祥兴 | 1278 五月—1279 二月 | 戊寅 | 2 | 南宋·帝昺·赵昺 |
| 孝昌 | 525 六月—528 正月 | 乙巳 | 4 | 北朝·北魏·孝明帝·元诩 |
| 孝基 | 529 四月—五月 | 乙酉 | 1 | 北朝·北魏·北海王·元颢 |
| 孝建 | 454—456 | 甲午 | 3 | 南朝·宋·孝武帝·刘骏 |
| 兴安 | 452 十月—454 七月 | 壬辰 | 3 | 北朝·北魏·文成帝·拓跋濬 |
| 兴定 | 1217 九月—1222 八月 | 丁丑 | 6 | 金·宣宗·完颜珣 |
| 兴光 | 454 七月—455 六月 | 甲午 | 2 | 北朝·北魏·文成帝·拓跋濬 |
| 兴和 | 539 十一月—542 | 己未 | 4 | 北朝·东魏·孝静帝·元善见 |
| 兴隆 | 1216—1217 | 丙子 | 2 | 金·张致 |
| 兴宁 | 363 二月—365 | 癸亥 | 3 | 东晋·哀帝·司马丕 |
| 兴平 | 194—195 | 甲戌 | 2 | 东汉·献帝·刘协 |
| | 486 | 丙寅 | 1 | 南朝·齐·唐寓之 |
| 兴圣 | 903 | 庚寅 | 1 | 大义宁·杨干贞 |
| 兴武 | 1635 | 乙亥 | 1 | 明·高迎祥 |
| 兴元 | 784 | 甲子 | 1 | 唐·德宗·李适 |

续表

| 年号 | 起讫年份 | 元年干支 | 使用年数 | 使用者 |
|---|---|---|---|---|
| 宣德 | 1426—1435 | 丙午 | 10 | 明・宣宗・朱瞻基 |
| 宣光 | 1371—1379 六月 | 辛亥 | 9 | 北元・昭宗・爱猷识里达腊 |
| 宣和 | 1119 二月—1125 | 己亥 | 7 | 北宋・徽宗・赵佶 |
| 宣统 | 1909—1911 | 己酉 | 3 | 清・爱新觉罗・溥仪 |
| 宣政 | 578 三月—十二月 | 戊戌 | 1 | 北朝・北周・武帝・宇文邕 |
| 玄静 | 1622 | 壬戌 | 1 | 明・万俟德 |
| 玄始 | 412 十一月—428 | 壬子 | 17 | 北凉・沮渠蒙逊 |
| 玄元 | 1451 | 辛未 | 1 | 明・朱徽煤 |
| 延昌 | 512 四月—515 | 壬辰 | 4 | 北朝・北魏・宣武帝・元恪 |
| | 561—601 | 辛巳 | 41 | 北朝・高昌・麹乾固 |
| 延初 | 394 七月—十月 | 甲午 | 1 | 前秦・苻崇 |
| 延光 | 122 三月—125 | 壬戌 | 4 | 东汉・安帝・刘祜 |
| 延和 | 432—435 正月 | 壬申 | 4 | 北朝・北魏・太武帝・拓跋焘 |
| | 602—613 | 壬戌 | 12 | 北朝・高昌・麹伯雅 |
| | 712 五月—八月 | 壬子 | 1 | 唐・睿宗・李旦 |
| 延康 | 220 三月—十月 | 庚子 | 1 | 东汉・献帝・刘协 |
| | 619 九月—620 | 己卯 | 2 | 唐・沈法兴 |
| | 1283 三月 | 癸未 | 1 | 元・林桂方、赵良钤 |
| 延佑 | 1314—1320 | 甲寅 | 7 | 元・仁宗・爱育黎拔力八达 |
| 延平 | 106 | 丙午 | 1 | 东汉・殇帝・刘隆 |
| | 397 七月—十月 | 丁酉 | 1 | 后燕・慕容麟 |
| 延庆 | 1124 二月—1133 | 甲辰 | 10 | 西辽・德宗・耶律大石 |
| 延寿 | 624—640 | 甲申 | 17 | 北朝・高昌・麹文泰 |
| 延嗣宁国 | 1049 | 己丑 | 1 | 西夏・毅宗・李谅祚 |

续表

| 年号 | 起讫年份 | 元年干支 | 使用年数 | 使用者 |
|---|---|---|---|---|
| 延熙 | 238—257 | 戊午 | 20 | 三国·蜀·后主·刘禅 |
| | 334 | 甲午 | 1 | 后赵·石弘 |
| 延熹 | 158 六月—167 六月 | 戊戌 | 10 | 东汉·桓帝·刘志 |
| 延兴 | 471 八月—476 六月 | 辛亥 | 6 | 北朝·北魏·孝文帝·元宏 |
| | 494 七月—十月 | 甲戌 | 1 | 南朝·齐·海陵王·萧昭文 |
| 延载 | 694 五月—十二月 | 甲午 | 1 | 唐·武后·武曌 |
| 炎兴 | 263 八月—十一月 | 癸未 | 1 | 三国·蜀·后主·刘禅 |
| 晏朝 | 1814 | 甲戌 | 1 | 清·朱毛俚 |
| 晏平 | 306 六月—310 | 丙寅 | 5 | 成汉·李雄 |
| 燕兴 | 384 四月—十二月 | 甲申 | 1 | 西燕·慕容泓 |
| 燕元 | 384—386 二月 | 甲申 | 3 | 后燕·慕容垂 |
| 阳嘉 | 132 三月—135 | 壬申 | 4 | 东汉·顺帝·刘保 |
| 阳朔 | 前 24—前 21 | 丁酉 | 4 | 西汉·成帝·刘骜 |
| 仪凤 | 676 十一月—679 六月 | 丙子 | 4 | 唐·高宗·李治 |
| 彝泰 | 815—838 | 乙未 | 24 | 吐蕃·可黎可足赞普 |
| 义和 | 431 六月—433 四月 | 辛未 | 3 | 北凉·沮渠蒙逊 |
| | 614—619 | 甲戌 | 6 | 北朝·高昌·麴□□ |
| 义嘉 | 466 正月—八月 | 丙午 | 1 | 南朝·宋·晋安王·刘子勋 |
| 义宁 | 617 十一月—618 五月 | 丁丑 | 2 | 隋·恭帝·杨侑 |
| 义熙 | 405—418 | 乙巳 | 14 | 东晋·安帝·司马德宗 |
| | 511—523 | 辛卯 | 13 | 北朝·高昌·麴嘉 |
| 应道 | 809 | 己丑 | 1 | 南诏·寻阁劝 |
| 应历 | 951 九月—969 二月 | 辛亥 | 19 | 辽·穆宗·耶律璟 |
| 应乾 | 943 三月—十月 | 癸卯 | 1 | 南汉·刘晟 |

续表

| 年号 | 起讫年份 | 元年干支 | 使用年数 | 使用者 |
|---|---|---|---|---|
| 应顺 | 934 | 甲午 | 1 | 吴越·钱元瓘 |
| | 934 正月—四月 | 甲午 | 1 | 五代·后唐·闵帝·李从厚 |
| | 934 正月—四月 | 甲午 | 1 | 楚·马希范 |
| | 934 正月—四月 | 甲午 | 1 | 荆南·高从诲 |
| 应天 | 759 正月—三月 | 己亥 | 1 | 唐·史思明 |
| | 783 十月—十二月 | 癸亥 | 1 | 唐·朱泚 |
| | 911 八月—913 十一月 | 辛未 | 3 | 五代·后梁·刘守光 |
| | 1206—1209 | 丙寅 | 4 | 西夏·襄宗·李安全 |
| 应运 | 994 正月—五月 | 甲午 | 1 | 北宋·李顺 |
| 雍宁 | 1114—1118 | 甲午 | 5 | 西夏·崇宗·李乾顺 |
| 雍熙 | 984 十一月—987 | 甲申 | 4 | 北宋·太宗·赵光义 |
| 雍正 | 1723—1735 | 癸卯 | 13 | 清·爱新觉罗·胤禛 |
| 永安 | 258 十月—264 六月 | 戊寅 | 7 | 三国·吴·景帝·孙休 |
| | 304 正月—七月 | 甲子 | 1 | 西晋·惠帝·司马衷 |
| | 401 六月—412 十月 | 辛丑 | 12 | 北凉·沮渠蒙逊 |
| | 528 九月—530 十月 | 戊申 | 1 | 北朝·北魏·孝庄帝·元子攸 |
| | 1098—1100 | 戊寅 | 3 | 西夏·崇宗·李乾顺 |
| 永昌 | 322—323 二月 | 壬午 | 2 | 东晋·元帝·司马睿 |
| | 689 正月—十一月 | 己丑 | 1 | 唐·武后·武曌 |
| | 1644—1645 五月 | 甲申 | 2 | 明·李自成 |
| | 1644—1645 | 甲申 | 2 | 清·宫文彩 |
| 永初 | 107—113 | 丁未 | 7 | 东汉·安帝·刘祜 |
| | 420 六月—422 | 庚申 | 3 | 南朝·宋·武帝·刘裕 |
| 永淳 | 682 二月—683 | 壬午 | 2 | 唐·高宗·李治 |

续表

| 年号 | 起讫年份 | 元年干支 | 使用年数 | 使用者 |
|---|---|---|---|---|
| 永德 | 810—812 | 庚寅 | 3 | 渤海·定王·大元瑜 |
| 永定 | 557 十月—559 | 丁丑 | 3 | 南朝·陈·武帝·陈霸先 |
| 永凤 | 308 十月—309 四月 | 戊辰 | 2 | 前赵·刘渊 |
| 永光 | 前 43—前 39 | 戊寅 | 5 | 西汉·元帝·刘奭 |
| | 454 七月 | 甲午 | 1 | 南朝·宋·武昌王·刘浑 |
| | 465 正月—八月 | 乙巳 | 1 | 南朝·宋·前废帝·刘子业 |
| 永汉 | 189 九月—十二月 | 己巳 | 1 | 东汉·献帝·刘协 |
| | 542 正月—二月 | 壬戌 | 1 | 南朝·梁·刘敬躬 |
| 永和 | 136—141 | 丙子 | 6 | 东汉·顺帝·刘保 |
| | 345—356 | 乙巳 | 12 | 东晋·穆帝·司马聃 |
| | 416 二月—417 八月 | 丙辰 | 2 | 后秦·姚泓 |
| | 935—936 二月 | 乙未 | 2 | 闽·王延钧 |
| | 1721 五月—六月 | 辛丑 | 1 | 清·朱一贵 |
| 永弘 | 428 五月—431 正月 | 戊辰 | 4 | 西秦·乞伏暮末 |
| 永徽 | 650—655 | 庚戌 | 6 | 唐·高宗·李治 |
| 永嘉 | 307—313 四月 | 丁卯 | 7 | 西晋·怀帝·司马炽 |
| | ？—1128 | | | 后理·段正严 |
| 永建 | 126—132 三月 | 丙寅 | 7 | 东汉·顺帝·刘保 |
| | 420 十月—421 三月 | 庚申 | 2 | 西凉·李恂 |
| 永康 | 167 六月—十二月 | 丁未 | 1 | 东汉·桓帝·刘志 |
| | 300—301 四月 | 庚申 | 2 | 西晋·惠帝·司马衷 |
| | 396 四月—398 四月 | 丙申 | 3 | 后燕·慕容宝 |
| | 412 八月—419 | 壬子 | 8 | 西秦·乞伏炽磐 |
| | 464—484 | 甲辰 | 21 | 北朝·柔然·受罗部真可汗·予成 |

续表

| 年号 | 起讫年份 | 元年干支 | 使用年数 | 使用者 |
| --- | --- | --- | --- | --- |
| 永乐 | 942 七月—943 十月 | 壬寅 | 2 | 南汉・张遇贤 |
| | 1120 十一月—1121 四月 | 庚子 | 2 | 北宋・方腊 |
| | 1403—1424 | 癸未 | 22 | 明・成祖・朱棣 |
| 永历 | 1647—1661 | 丁亥 | 15 | 南明・桂王・朱由榔 |
| | 1647 | 丁亥 | 1 | 清・王光代 |
| 永隆 | 617 三月—628 四月 | 丁丑 | 12 | 隋・梁师都 |
| | 680 八月—681 九月 | 庚辰 | 2 | 唐・高宗・李治 |
| | 939 闰七月—943 正月 | 己亥 | 5 | 闽・王曦 |
| 永明 | 483—493 | 癸亥 | 11 | 南朝・齐・武帝・萧赜 |
| 永宁 | 120 四月—121 六月 | 庚申 | 2 | 东汉・安帝・刘祜 |
| | 301 四月—302 十一月 | 辛酉 | 2 | 西晋・惠帝・司马衷 |
| | 350 三月—351 四月 | 庚戌 | 2 | 后赵・石祗 |
| 永平 | 58—75 | 戊午 | 18 | 东汉・明帝・刘庄 |
| | 291 正月—三月 | 辛亥 | 1 | 西晋・惠帝・司马衷 |
| | 508 八月—512 四月 | 戊子 | 5 | 北朝・北魏・宣武帝・元恪 |
| | 549—550 | 己巳 | 2 | 北朝・高昌・麹玄喜 |
| | 617 二月—618 | 丁丑 | 2 | 隋・李密 |
| | 911—915 | 辛未 | 5 | 前蜀・王建 |
| 永清 | 1895 五月 | 乙未 | 1 | 清・唐景崧、丘逢甲 |
| 永始 | 前 16—前 13 | 乙巳 | 4 | 西汉・成帝・刘骜 |
| | 403 十二月—404 五月 | 癸卯 | 2 | 东晋・桓玄 |
| 永寿 | 155—158 六月 | 乙未 | 4 | 东汉・桓帝・刘志 |
| 永泰 | 498 四月—十二月 | 戊寅 | 1 | 南朝・齐・明帝・萧鸾 |
| | 765—766 十一月 | 乙巳 | 2 | 唐・代宗・李豫 |

续表

| 年号 | 起讫年份 | 元年干支 | 使用年数 | 使用者 |
|---|---|---|---|---|
| 永熙 | 290 四月—十二月 | 庚戌 | 1 | 西晋·惠帝·司马衷 |
| | 532 十二月—534 | 壬子 | 3 | 北朝·北魏·孝武帝·元脩 |
| 永憙 | 145 | 乙酉 | 1 | 东汉·冲帝·刘炳 |
| 永兴 | 153 五月—154 | 癸巳 | 2 | 东汉·桓帝·刘志 |
| | 304 十二月—306 六月 | 甲子 | 3 | 西晋·惠帝·司马衷 |
| | 350 闰二月—352 四月 | 庚戌 | 3 | 冉魏·冉闵 |
| | 357 六月—359 五月 | 丁巳 | 3 | 前秦·苻坚 |
| | 409 闰十月—413 | 己酉 | 5 | 北朝·北魏·明元帝·拓跋嗣 |
| | 532 十二月 | 壬子 | 1 | 北朝·北魏·孝武帝·元脩 |
| | 1628 | 戊辰 | 1 | 明·张惟元 |
| | 1708 | 戊子 | 1 | 清·钱宝通 |
| 永元 | 89—105 三月 | 己丑 | 17 | 东汉·和帝·刘肇 |
| | 499—501 三月 | 己卯 | 3 | 南朝·齐·东昏侯·萧宝卷 |
| 永贞 | 805 八月 | 乙酉 | 1 | 唐·顺宗·李诵 |
| | 1148 | 戊辰 | 1 | 后理·段正兴 |
| 玉恒 | 335—338 三月 | 乙未 | 4 | 成汉·李期 |
| 玉衡 | 311—334 | 辛未 | 24 | 成汉·李雄 |
| 元初 | 114—120 四月 | 甲寅 | 7 | 东汉·安帝·刘祜 |
| 元德 | 1119—1127 三月 | 己亥 | 9 | 西夏·崇宗·李乾顺 |
| 元鼎 | 前 116—前 111 | 乙丑 | 6 | 西汉·武帝·刘彻 |
| 元丰 | 1078—1085 | 戊午 | 8 | 北宋·神宗·赵顼 |
| 元封 | 前 110—前 105 | 辛未 | 6 | 西汉·武帝·刘彻 |
| | ？—808 | | | 南诏·异牟寻 |
| 元凤 | 前 86—前 80 七月 | 乙未 | 7 | 西汉·昭帝·刘弗陵 |

续表

| 年号 | 起讫年份 | 元年干支 | 使用年数 | 使用者 |
|---|---|---|---|---|
| 元符 | 1098 六月—1100 | 戊寅 | 3 | 北宋・哲宗・赵煦 |
| 元光 | 前 134—前 129 | 丁未 | 6 | 西汉・武帝・刘彻 |
| | 393 六月—394 七月 | 癸巳 | 2 | 前秦・窦冲 |
| | 1222 八月—1223 | 壬午 | 2 | 金・宣宗・完颜珣 |
| 元和 | 84 八月—87 七月 | 甲申 | 4 | 东汉・章帝・刘炟 |
| | 806—820 | 丙戌 | 15 | 唐・宪宗・李纯 |
| 元亨 | 1185—? | 乙巳 | | 后理・段智兴 |
| 元徽 | 473—477 七月 | 癸丑 | 5 | 南朝・宋・后废帝・刘昱 |
| 元嘉 | 151—153 五月 | 辛卯 | 3 | 东汉・桓帝・刘志 |
| | 424 八月—453 | 甲子 | 30 | 南朝・宋・文帝・刘义隆 |
| 元康 | 前 65—前 61 二月 | 丙辰 | 5 | 西汉・宣帝・刘询 |
| | 291 三月—299 | 辛亥 | 9 | 西晋・惠帝・司马衷 |
| 元平 | 前 74 | 丁未 | 1 | 西汉・昭帝・刘弗陵 |
| 元始 | 1—5 | 辛酉 | 5 | 西汉・平帝・刘衎 |
| 元寿 | 前 2—前 1 | 己未 | 2 | 西汉・哀帝・刘欣 |
| | ？—1204 | | | 后理・段智廉 |
| 元狩 | 前 122—前 117 | 己未 | 6 | 西汉・武帝・刘彻 |
| 元朔 | 前 128—前 123 | 癸丑 | 6 | 西汉・武帝・刘彻 |
| 元统 | 1213 三月—1216 | 癸酉 | 4 | 金・耶律留哥 |
| | 1333 十月—1335 十一月 | 癸酉 | 3 | 元・惠宗（顺帝）・妥懽帖睦尔 |
| 元熙 | 304 十月—308 九月 | 甲子 | 5 | 前赵・刘渊 |
| | 419—420 六月 | 己未 | 2 | 东晋・恭帝・司马德文 |
| 元玺 | 352 十一月—357 正月 | 壬子 | 6 | 前燕・慕容儁 |
| 元象 | 538—539 十一月 | 戊午 | 2 | 北朝・东魏・孝静帝・元善见 |

续表

| 年号 | 起讫年份 | 元年干支 | 使用年数 | 使用者 |
|---|---|---|---|---|
| 元兴 | 105 四月—十二月 | 乙巳 | 1 | 东汉·和帝·刘肇 |
| | 264 七月—265 三月 | 甲申 | 2 | 三国·吴·末帝（乌程侯）·孙皓 |
| | 403—404 | 壬寅 | 2 | 东晋·安帝·司马德宗 |
| | 976—? | 丙子 | | 定安·乌元明 |
| 元延 | 前 12—前 9 | 己酉 | 4 | 西汉·成帝·刘骜 |
| 元祐 | 1086—1094 四月 | 丙寅 | 9 | 北宋·哲宗·赵煦 |
| 元贞 | 1295—1297 二月 | 乙未 | 3 | 元·成宗·铁穆耳 |
| 载初 | 689 十一月—690 八月 | 己丑 | 2 | 唐·武后·武曌 |
| | 757 正月—九月 | 丁酉 | 1 | 唐·安庆绪 |
| 赞普钟 | 752—768 | 壬辰 | 17 | 南诏·阁罗凤 |
| 章和 | 87 七月—88 | 丁亥 | 2 | 东汉·章帝·刘炟 |
| | 531—548 | 辛亥 | 18 | 北朝·高昌·麴坚 |
| 章武 | 221 四月—223 四月 | 辛丑 | 3 | 三国·蜀·昭烈帝·刘备 |
| 昭宁 | 189 八月—九月 | 己巳 | 1 | 东汉·少帝·刘辩 |
| 昭武 | 1678 三月—八月 | 戊午 | 1 | 清·吴三桂 |
| 贞观 | 627—649 | 丁亥 | 23 | 唐·太宗·李世民 |
| | 1101—1113 | 辛巳 | 13 | 西夏·崇宗·李乾顺 |
| 贞明 | 878—? | 戊戌 | | 大封民·隆舜 |
| | 915 十一月—921 四月 | 乙亥 | 7 | 五代·后梁·末帝·朱友贞 |
| | 915 十一月—921 四月 | 乙亥 | 7 | 吴越·钱镠 |
| | 915 十一月—921 四月 | 乙亥 | 7 | 闽·王审知 |
| 贞元 | 785—805 八月 | 乙丑 | 21 | 唐·德宗·李适 |
| | 1153 三月—1156 正月 | 癸酉 | 4 | 金·海陵王·完颜亮 |

续表

| 年号 | 起讫年份 | 元年干支 | 使用年数 | 使用者 |
|---|---|---|---|---|
| 真混 | 1619 十二月 | 己未 | 1 | 明・李文 |
| 真王 | 523 三月—525 六月 | 癸卯 | 3 | 北朝・北魏・破六韩拔陵 |
| | 525 八月—528 二月 | 乙巳 | 4 | 北朝・北魏・杜洛周 |
| 真兴 | 419 二月—425 七月 | 己未 | 7 | 夏・赫连勃勃 |
| 祯明 | 587—589 正月 | 丁未 | 3 | 南朝・陈・后主・陈叔宝 |
| 征和 | 前 92—前 89 | 己丑 | 4 | 西汉・武帝・刘彻 |
| 正安 | 1053—? | 癸巳 | | 大理・段思廉 |
| 正大 | 1224—1231 | 甲申 | 8 | 金・哀宗・完颜守绪 |
| 正德 | 761 | 辛丑 | 1 | 唐・李珍 |
| | 1127 四月—1134 | 丁未 | 8 | 西夏・崇宗・李乾顺 |
| | 1506—1521 | 丙寅 | 16 | 明・武宗・朱厚照 |
| 正光 | 520 七月—525 六月 | 庚子 | 6 | 北朝・北魏・孝明帝・元诩 |
| 正历 | 795—809 | 乙亥 | 15 | 渤海・康王・大嵩璘 |
| 正隆 | 1156 二月—1161 十月 | 丙子 | 6 | 金・海陵王・完颜亮 |
| 正平 | 451 六月—452 二月 | 辛卯 | 2 | 北朝・北魏・太武帝・拓跋焘 |
| | 548 十一月—549 六月 | 戊辰 | 2 | 南朝・梁・临贺王・萧正德 |
| | 617 三月—618 七月 | 丁丑 | 2 | 隋・郭子和 |
| 正始 | 240—249 四月 | 庚申 | 10 | 三国・魏・齐王・曹芳 |
| | 407 七月—409 十月 | 丁未 | 3 | 北燕・高云 |
| | 504—508 八月 | 甲申 | 5 | 北朝・北魏・宣武帝・元恪 |
| 正统 | 1436—1449 | 丙辰 | 14 | 明・英宗・朱祁镇 |
| 正元 | 254 十月—256 五月 | 甲戌 | 3 | 三国・魏・高贵乡公・曹髦 |
| 正治 | 1027—1041 | 丁卯 | 15 | 大理・段素真 |
| | 1297 | 丁酉 | 1 | 元・陈空崖 |

续表

| 年号 | 起讫年份 | 元年干支 | 使用年数 | 使用者 |
| --- | --- | --- | --- | --- |
| 证圣 | 695 正月—九月 | 乙未 | 1 | 唐·武后·武曌 |
| 政和 | 1111—1118 十月 | 辛卯 | 8 | 北宋·徽宗·赵佶 |
| 至大 | 1308—1311 | 戊申 | 4 | 元·武宗·海山 |
| 至道 | 995—997 | 乙未 | 3 | 北宋·太宗·赵光义 |
| 至德 | 583—586 | 癸卯 | 4 | 南朝·陈·后主·陈叔宝 |
| | 756 七月—758 二月 | 丙申 | 3 | 唐·肃宗·李亨 |
| 至和 | 1054 三月—1056 九月 | 甲午 | 3 | 北宋·仁宗·赵祯 |
| 至宁 | 1213 五月—九月 | 癸酉 | 1 | 金·卫绍王·完颜永济 |
| 至顺 | 1330 五月—1333 十月 | 庚午 | 4 | 元·文宗·图帖睦尔 |
| 至元 | 1264 八月—1294 | 甲子 | 31 | 元·世祖·忽必烈 |
| | 1335 十一月—1340 | 乙亥 | 6 | 元·惠宗（顺帝）·妥懽帖睦尔 |
| 至正 | 1341—1370 | 辛巳 | 30 | 元·惠宗（顺帝）·妥懽帖睦尔 |
| 至治 | 946—951 | 丙午 | 6 | 大理·段思良 |
| | 1321—1323 | 辛酉 | 3 | 元·英宗·硕德八剌 |
| 治平 | 1064—1067 | 甲辰 | 4 | 北宋·英宗·赵曙 |
| | 1351 十月—1355 | 辛卯 | 5 | 元·徐寿辉 |
| 致和 | 1328 二月—八月 | 戊辰 | 1 | 元·泰定帝·也孙铁木儿 |
| 中大通 | 529 十月—534 | 己酉 | 6 | 南朝·梁·武帝·萧衍 |
| 中大同 | 546 四月—547 四月 | 丙寅 | 2 | 南朝·梁·武帝·萧衍 |
| 中和 | 881 七月—885 三月 | 辛丑 | 5 | 唐·僖宗·李儇 |
| 中平 | 184 十二月—189 三月 | 甲子 | 6 | 东汉·灵帝·刘宏 |
| | 189 十二月 | 己巳 | 1 | 东汉·献帝·刘协 |

续表

| 年号 | 起讫年份 | 元年干支 | 使用年数 | 使用者 |
| --- | --- | --- | --- | --- |
| 中统 | 1260 五月—1264 八月 | 庚申 | 5 | 元·世祖·忽必烈 |
| 中兴 | 386 十月—394 八月 | 丙戌 | 9 | 西燕·慕容永 |
| | 501 三月—502 三月 | 辛巳 | 2 | 南朝·齐·和帝·萧宝融 |
| | 531 十月—532 四月 | 辛亥 | 2 | 北朝·北魏·安定王·元朗 |
| | 794 | 甲戌 | 1 | 渤海·成王·大华玙 |
| | 897—902 | 丁巳 | 6 | 大封民·舜化贞 |
| | 958 正月—二月 | 戊午 | 1 | 南唐·李璟 |
| | 978—985 | 戊寅 | 8 | 于阗·尉迟达磨 |
| | 1647 | 丁亥 | 1 | 清·蒋尔恂 |
| 中元克复 | 710 七月—八月 | 庚戌 | 1 | 唐·谯王·李重福 |
| 朱雀 | 813—817 | 癸巳 | 5 | 渤海·僖王·大言义 |
| 转运 | 1207 正月—二月 | 丁卯 | 1 | 南宋·吴曦 |
| 总章 | 668 二月—670 二月 | 戊辰 | 3 | 唐·高宗·李治 |
| 尊圣 | 928—929 | 戊子 | 2 | 大天兴·赵善政 |

# 中国文史大事年表①

| 年代 | 大事记 |
|---|---|
| 约 300—200 万年前 | 黄河尚未形成，今天的黄土高原是森林和草原。 |
| 约 170 万年前 | 地质时代属于更新世早期，人种属于直立人，有元谋人。 |
| 约 100 万年前 | （1）地质时代属于更新世中期，人种属于直立人，有蓝田人。<br>（2）打制石器，使用火。<br>（3）古代传说中的燧人氏时代。 |
| 约 50 万年前 | 地质时代属于更新世中期，人种属于直立人，有北京人。 |
| 约 10 万年前 | （1）地质时代属于中更新世末期、晚更新世初期，人种属于早期智人，有马坝人、长阳人、丁村人。<br>（2）打制石器的技术提高，石器形状规整、种类增多。出现了专门的狩猎工具。<br>（3）古代传说中的伏羲时代。 |
| 约 5 万年前 | （1）地质时代属于晚更新世晚期，人种属于晚期智人，世界三大人种基本形成。中国境内人骨化石属于原始蒙古人种，这是中国人的直系祖先。<br>（2）出现细石器、骨角器、装饰品。 |
| 约 3 万年前 | 有山顶洞人、柳江人（蒙古人种的一种早期类型）、资阳人（晚期智人的蒙古人种）。 |
| 约 1 万年前 | （1）中石器时代。是旧石器时代向新石器时代的过渡阶段。<br>（2）石器向细化发展，制造方法大量采用间接打击法和压削法。<br>（3）发明了弓箭。<br>（4）懂得驯化狗。 |

续表

| 年代 | 大事记 |
| --- | --- |
| 约 7000 年前 | （1）出现农业。<br>（2）发明制陶。 |
| ※② | 古代传说中的神农时代。 |
| 前 7000—前 6000 | （1）淮河上游稻作农业与渔业、畜牧业并重。<br>（2）甲、骨、陶、石上出现与文字雏形有关的契刻符号。<br>（3）出现七音阶骨笛。 |
| 前 6000—前 5000 | 湖北、湖南的长江中游地区有大量的栽培稻。 |
| 前 5500—前 4800 | 华北早期新石器文化，是仰韶文化的前身，有磁山文化、裴李岗文化、李家村文化等。 |
| 前 5000—前 4000 | （1）河姆渡文化，分布于宁绍平原。定居农业，有猪狗、水井，会纺织、积存稻谷。有船、桨。烧制黑陶。会使用生漆。<br>（2）马家浜文化，分布于太湖流域。从事定居农业和渔猎。家畜有猪、狗、水牛。石器磨制和木作技术水平较高，制陶技术水平较低。 |
| 前 4800—前 2900 | 仰韶文化，以关中、晋南、豫西为分布中心。前 3500 年进入繁荣期。属于锄耕农业，兼营渔猎。农作物以粟为主，也有黍、稻。饲养猪、鸡。制陶技术成熟，其中彩陶尤为发达。 |
| 前 4500 年左右 | 大汶口文化，属于中国新石器时代文化，主要分布于鲁西南和苏北一带。生产工具以磨制石器为主，骨、角、牙器多而精致。陶器有灰陶、红陶、黑陶、白陶和少数彩陶。晚期已经出现文字萌芽。 |
| 前 4400—前 3300 | 大溪文化，分布于长江中游西段两岸。以稻作农业为主，兼营渔猎。饲养猪、狗、牛、羊、鸡等。会制白陶和薄胎彩陶。 |

续表

| 年代 | 大事记 |
| --- | --- |
| 前 3500 年左右 | （1）红山文化，分布区北越过西拉木伦河，东达下辽河西岸，东南达渤海沿岸，西抵华北平原。原始宗教有突出发展。<br>（2）大汶口文化，进入中晚期。 |
| 前 3300—前 2900 | 马家窑文化，以陇西平原为分布中心。 |
| 前 3300—前 2200 | 良渚文化，主要分布于太湖流域。出土有稻谷、玉器、刻有花纹的黑陶等，其中的琮、璧类玉器最为精美。 |
| 前 3000 年左右 | 出现轮制技术。 |
| 前 3000—前 2600 | 屈家岭文化，分布于江汉平原。陶器制作定型。 |
| ※ | 传说黄帝轩辕氏与炎帝战于阪泉，与蚩尤战于涿鹿。 |
| 前 2697 | 黄帝纪元元年。 |
| ※ | 传说史官仓颉造文字。 |
| 前 2600—前 2000 | 龙山文化群，分布于黄河中下游地区。玉器制作颇具特色，有铜器和冶铸业。掌握夯筑，制作土坯，烧制石灰。 |
| ※ | 传说黄帝死后，颛顼为帝，后又经历帝喾、尧、舜、禹。 |
| ※ | 传说禹治理洪水。 |
| 前 2070 | 禹之子启即帝位，建立夏朝。 |
| ※ | 河南龙山文化晚期。 |
| 前 1900 年左右 | 后羿代夏朝。 |
| 前 1600 | 汤伐夏桀，商朝建立，夏朝灭亡。 |
| 前 1610—前 1560 | 郑州商城和偃师商城兴建。其中偃师商城有大城、小城和宫城，还有铸铜作坊。 |
| ※ | 商代的王位继承制度还不固定，兄终弟及、父死子继的做法并存。 |

续表

| 年代 | 大事记 |
|---|---|
| 前 1300 | 盘庚自奄迁殷。殷墟发现大量甲骨。甲骨文已是成熟文字。 |
| 前 1250—前 1192 | 武丁时期。青铜铸造发达，出现带鼓风装置的熔炉，浑铸法和分铸法并用。 |
| ※ | 传说周文王被纣拘于羑里，演周易，成六十四卦。 |
| ※ | 周朝初年分封七十一国，姬姓五十三。 |
| 前 1046 | 周武王伐商纣，牧野之战，周朝建立，商朝灭亡。 |
| 前 1042 | 周成王大规模修建成周，迁殷遗民。 |
| 前 841 | 国人暴动，驱逐暴君周厉王。周公、召公执政，号称共和。中国历史上开始有确切纪年。 |
| 前 771 | 申侯与犬戎攻周，杀周幽王，西周灭亡。 |
| 前 770 | （1）周平王迁都至洛邑，史称东周。东周又分为春秋和战国两个阶段。<br>（2）铁器出现，有虢国用铁铸成的铜柄铁剑，但尚未广泛用于农具。 |
| 前 753 | 秦初设史官记事。 |
| 前 746 | 秦开始用族诛刑罚。 |
| 前 722 | 鲁国编年史《春秋》记事开始于本年。史书开始用干支纪日。 |
| 前 707 | 据《春秋》记载，我国第一次出现蝗灾的记录。 |
| 前 685 | 齐桓公任用管仲为相。 |
| 前 679 | 齐桓公称霸。此后晋文公、楚庄王、吴王阖闾、越王勾践相继称霸，史称春秋五霸。 |
| 前 670 | 鲁国红漆桓公庙柱，雕刻屋椽，出现新的建筑装饰风格。 |
| 前 655 | 测知冬至时日，为确定回归年长度提供了定量数据。 |
| 前 627 | 秦晋殽之战。 |

续表

| 年代 | 大事记 |
| --- | --- |
| 前 613 | 据《春秋》记载，有彗星出现。这是世界上第一次对哈雷彗星的正式记录。 |
| 前 594 | 鲁国采用初税亩制度。 |
| 前 579 | 晋、楚盟和。这是春秋时期第一次弭兵盟会。 |
| 前 551—前 479 | 孔子，思想家，教育家，儒家创始人。 |
| ※ | 老子，思想家，道家创始人。约与孔子同时。 |
| 前 544 | 《诗经》已大致编定。 |
| 前 542 | 郑子产不毁乡校，使百姓有议论时政之处。 |
| 前 536 | 郑子产铸刑书，刊布成文法。 |
| ？—前 500 | 晏婴，齐国大臣。 |
| 前 498 | 孔子在鲁国遭受冷遇，开始周游列国。 |
| 前 494 | 吴越之战，越国败，勾践困守会稽山，向吴国称臣求和。 |
| ※ | 春秋战国之际，铁制农具开始广泛使用。 |
| 前 486 | 吴王夫差开通邗沟，连接长江和淮河。这是南北大运河开凿最早的一段。 |
| 前 475 | 进入战国时期，思想学术活跃，形成百家争鸣的局面。 |
| 前 473 | 勾践灭吴，夫差自杀。 |
| 前 468—前 376 | 墨子，思想家，墨家创始人。 |
| 前 464 | 《左传》《国语》陆续成书。 |
| 前 453 | 韩、赵、魏三家分晋。 |
| 前 445 | 魏文侯任用李悝变法。 |
| 前 433 | 曾（随）乙侯卒，随葬品有编钟 65 件，具 C 大调七音阶，5 个八度音域，12 个半音齐备。 |
| 前 403 | 周威烈王承认韩、赵、魏为诸侯。《资治通鉴》记事开始。 |

续表

| 年代 | 大事记 |
| --- | --- |
| 前 386 | 战国七雄局面正式形成。战国七雄有：秦、楚、齐、燕、韩、赵、魏等七国。 |
| 前 382 | 吴起任楚国令尹，实行变法，楚国逐渐强大。 |
| 前 380—前 320 | 孙膑，军事家。 |
| 前 375 | 秦国采取户籍、部伍制。 |
| 前 374 | 齐国设稷下学宫，学者曾达万人。 |
| 前 372—前 289 | 孟子，思想家，教育家。 |
| 前 369—前 286 | 庄子，思想家，哲学家。 |
| 前 356 | 秦孝公任用商鞅，推行变法。 |
| 前 350 | （1）秦国迁都于咸阳。<br>（2）商鞅颁布第二次变法令，开阡陌封疆。 |
| 前 349 | 秦国推行二十等爵制。 |
| 前 339—约前 278 | 屈原，诗人。 |
| 前 338 | 秦国车裂商鞅。 |
| 前 334 | 魏、齐两国互相承认对方称王，这是中原诸侯称王的开始。 |
| 前 313—前 238 | 荀子，思想家，教育家。 |
| 前 328 | 秦国开始设相国。 |
| 前 320—前 250 | 公孙龙，哲学家，名家代表人物。 |
| 前 316 | 蜀国被秦国所灭。 |
| 前 309 | 秦国初设丞相，分左丞相和右丞相。 |
| 前 307 | 赵武灵王进行军事改革，胡服骑射。 |
| 前 296 | 齐、韩、魏三国攻入函谷关，秦国归还所侵魏、韩两国的部分土地，双方讲和。 |
| 前 288 | 齐、秦两国并称东西帝。不久齐国去帝号，合纵抗秦。 |
| ※ | 百家争鸣与战国学术思想空前繁荣。 |

续表

| 年代 | 大事记 |
| --- | --- |
| 前 280—前 233 | 韩非子，哲学家，法家主要代表人物。 |
| 前 279 | 秦、赵渑池之会。 |
| 前 270 | 魏人范雎入秦国为客卿，献“远交近攻”之策。 |
| 前 260 | 秦、赵两国长平之战，赵大败，秦军围邯郸。 |
| 前 257 | 信陵君窃符救赵，解邯郸之围。 |
| 前 239 | 吕不韦门客撰《吕氏春秋》成书。 |
| 前 230 | 韩国被秦国所灭。 |
| 前 227 | 燕国太子丹派荆轲刺杀秦王，未遂，荆轲被杀。 |
| 前 225 | 魏国被秦国所灭。 |
| 前 222 | 楚、燕、赵等国被秦国所灭。 |
| 前 221 | （1）齐国被秦国所灭。秦国统一全国。战国时期结束。<br>（2）秦王嬴政定称号为皇帝，自为始皇帝。分全国为三十六郡，统一度量衡。车同轨，书同文。 |
| 前 217 | （1）湖北云梦睡虎地 11 号墓。墓内有大量秦简。<br>（2）修筑秦始皇陵。 |
| 前 216 | 令百姓申报土地。 |
| 前 214 | 开凿灵渠，连通湘江和漓江。筑长城，西起临洮，东至辽东，世称万里长城。 |
| 前 213 | 秦始皇焚毁部分史书、经书。 |
| 前 212 | 秦始皇坑杀方士和儒生 400 多人。 |
| 前 210 | 秦始皇死，其子胡亥即位，为秦二世。 |
| 前 209 | （1）陈胜、吴广在蕲县大泽乡起义。<br>（2）刘邦在沛县起义。<br>（3）项羽在会稽起义。 |

续表

| 年代 | 大事记 |
|---|---|
| 前 207 | （1）巨鹿之战，项羽大败秦军。<br>（2）刘邦攻入关中，秦朝灭亡。<br>（3）项羽入关，自封为西楚霸王，封刘邦为汉王。 |
| 前 206—前 202 | 楚汉战争。 |
| 前 206 | 项羽设鸿门宴，刺杀刘邦，未成。 |
| 前 202 | （1）项羽兵败自杀，刘邦即皇帝位，为汉高祖。<br>（2）初定算赋。<br>（3）有历谱（张家山汉墓出土），这是现今发现的最早的历谱。 |
| 前 200—前 168 | 贾谊，政论家，文学家。 |
| 前 200—前 154 | 晁错，政论家。 |
| 前 191 | 废弃秦朝所定的挟书律。 |
| 前 190 | 经五年修建，长安城完工。城内总面积约 36 平方公里。 |
| ？—前 189 | 张良，大臣。 |
| 前 187 | 废弃秦朝所定的夷三族罪和“妖言”令。 |
| ※ | 《马王堆帛书》（大部分抄写于西汉初年）。 |
| 前 180 | 吕后死，太尉周勃等尽诛诸吕。 |
| 前 179 | 废弃秦朝所定一人有罪，父母、妻子、同产相坐之法。 |
| 前 179—前 104 | 董仲舒，哲学家，今文经大师。 |
| 约前 179—前 118 | 司马相如，辞赋家。 |
| 前 178 | 贾谊上《论积贮疏》。 |
| 前 168 | 晁错上《论贵粟疏》。 |
| 前 167 | 废除肉刑。 |
| ※ | 文景之治。 |

续表

| 年代 | 大事记 |
| --- | --- |
| 前 156 | 收民田半租，三十税一。后成定制。 |
| 前 154 | 吴楚七国之乱。 |
| 约前 145—前 90 | 司马迁，史学家，文学家，思想家。所著《史记》是我国第一部纪传体的通史，也是文学名著。 |
| 前 138—前 126 | 张骞出使西域。 |
| 前 135 | 发明我国最早的测湿仪器。 |
| 前 134 | （1）汉武帝罢黜百家，独尊儒术。<br>（2）察举制度确立。 |
| 前 133 | 马邑之谋。 |
| 前 122 | 汉与滇的道路被打通。 |
| ※ 汉武帝时 | （1）关中实行新的耕作方法——代田法。<br>（2）建立盐铁官营和均输、平准制度，以抑制商人，稳定农业。<br>（3）《太阴历》使用二十四节气。<br>（4）《淮南子》成书。 |
| ※ | （1）马耕和牛耕在中原普遍使用。武帝以后，牛耕技术传到西北。<br>（2）播种的耧开始使用，西汉晚期传到辽阳一带。 |
| 前 119 | 实行盐、铁专卖，禁止私营。 |
| 前 114 | 开始用年号纪年。 |
| 前 104 | （1）造《太初历》，以正月为岁首。<br>（2）司马迁始著《史记》(《太史公书》)。 |
| 前 99 | （1）司马迁遭腐刑。<br>（2）李陵投降匈奴。 |
| 前 91 | 司马迁《史记》(《太史公书》) 完成，作《报任安书》。 |
| 前 81 | （1）盐铁会议。桓宽将会议文献整理成《盐铁论》。<br>（2）苏武自匈奴归汉。 |

续表

| 年代 | 大事记 |
| --- | --- |
| 前 60 | 汉设置西域都护府。 |
| 前 53—18 | 扬雄，文学家，哲学家，语言学家。有《方言》。 |
| ※ | （1）巩县发现的冶场中有煤，这是我国已知的最早的用煤遗存。<br>（2）提花织布机出现。 |
| 前 33 | 昭君出塞。 |
| 前 28 | 《汉书》对太阳黑子的记录，是世界上第一次对黑子的记录。 |
| 前 26 | 刘向等整理、撰写的《七略》，是我国第一部目录学著作。 |
| 前 11—前 10 | 扬雄作《甘泉赋》《羽猎赋》等。 |
| ※ | 经学出现今古文之争。 |
| ※ 汉成帝时 | 氾胜之著《氾胜之书》，这是我国第一部完整的农学著作。 |
| ※ 西汉时 | 《黄帝内经》是我国最早的一部医书。 |
| ※ 西汉末 | （1）佛教传入中国。<br>（2）“再受命”之说风靡一时。 |
| 公元 3—54 | 班彪，史学家。续《史记》，撰成《后传》。 |
| 5 | 王莽毒死汉平帝，居摄践祚，称假皇帝、摄皇帝。 |
| 8 | 王莽代汉称帝，国号为新，托古改制。制定土地占有限额，不得买卖。禁止买卖奴婢。 |
| 10 | 实行“五均六筦”制度。五均是在长安、洛阳等地设官管理市场，限制商人及高利贷牟利；六筦是由国家控制盐、铁、铸钱、五均赊贷等事，不许私人经营。 |
| ※ | 绿林、赤眉起义。 |
| 21 | 绿林军刘秀部与王莽军战于昆阳，王莽军大败。 |

续表

| 年代 | 大事记 |
| --- | --- |
| 23 | 绿林军攻入长安，王莽新朝灭亡。 |
| 25 | 刘秀称帝，为汉光武帝，史称后汉或东汉。 |
| 26—28 | 连续六次下令释放奴婢。 |
| 32—92 | 班固，史学家，文学家。修撰《汉书》，未成而死，后由其妹曹大家续成。这是我国第一部纪传体的断代史。 |
| 39 | 下令“度田”。 |
| 约 58—147 | 许慎，文字学家。 |
| 67 | 汉明帝在洛阳首建佛寺，即白马寺。 |
| 69—70 | 王景主持疏浚治理黄河，此后黄河安流达六百年之久。 |
| 73 | 班超通西域。 |
| 79 | 汉章帝召集儒者在白虎观议五经同异，班固奉命将讨论内容编成《白虎通义》。 |
| 97 | 班超遣属吏甘英出使大秦（罗马帝国）而还。 |
| ※ 汉和帝时 | （1）罢盐、铁之禁。<br>（2）蔡伦改进造纸技术。纸取代简、帛成为最普遍的书写材料。 |
| 100 年左右 | 《九章算术》成书，标志着我国古代数学完整体系的形成，其中已有负数的概念。 |
| 121 | 许慎《说文解字》书成。这是我国第一部字书，其中提出六书说。 |
| 127—200 | 郑玄，经学家。 |
| 132 | 张衡造候风地动仪，可测定地震方位。 |
| 155—220 | 曹操，魏武帝。 |
| 166 | （1）党锢之祸起。这是东汉末年士人与宦官之间的一场大规模的政治斗争。<br>（2）大秦（罗马帝国）皇帝安敦派使臣来汉。 |

续表

| 年代 | 大事记 |
| --- | --- |
| ※ 两汉之际 | 出现水碓。 |
| ※ 东汉末 | （1）出现提水工具翻车。<br>（2）名医张仲景著《伤寒杂病论》。<br>（3）传说名医华佗发明了麻醉药。 |
| ※ 东汉时 | （1）《神农本草经》完成，这是我国第一部完整的药物和植物分类学著作。<br>（2）魏伯阳编写《周易参同契》，这是世界上最古的炼丹书籍。 |
| 175 | 熹平石经刻成，立于太学门外。这是我国最早的官定儒家经本。 |
| 181—234 | 诸葛亮，政治家，军事家。 |
| 184 | 张角利用太平道组织起义，史称黄巾起义。 |
| 190 | 董卓逼迫汉献帝迁都于长安。 |
| 192 | 司徒王允等杀董卓。 |
| 195—256 | 王肃，经学家。遍注群经，与郑玄说多有不同。 |
| 196 | 汉献帝回洛阳，曹操迎至许昌，为大将军，封武平侯。 |
| 200 | 曹操、袁绍官渡之战，袁绍大败。 |
| 207 | 刘备三顾茅庐。 |
| 208 | 赤壁之战，孙权、刘备联军大败曹操。 |
| 211 | 刘备入蜀。 |
| 213 | 曹操自立为魏公，加九锡。 |
| 216 | 曹操进爵为魏王。 |
| 219 | 刘备夺得汉中，孙权占领荆州。基本确立三国鼎立的格局。 |
| ※ | （1）建立选官制度——九品中正制。<br>（2）民间长篇叙事诗《孔雀东南飞》产生。 |

续表

| 年代 | 大事记 |
|---|---|
| 220 | 曹操病死，其子曹丕代汉称帝，建都于洛阳，国号为魏。汉亡。 |
| 221 | 刘备称帝于成都，国号为汉，史称蜀或蜀汉。 |
| 222 | 蜀、吴两军战于夷陵，史称夷陵之战，陆逊大败刘备。孙权称吴王。 |
| 223 | 曹植献《七步诗》《洛神赋》。 |
| 224—271 | 裴秀，地图学家。绘有《禹贡地域图》，提出“制图六体”。 |
| 227 | 诸葛亮北伐，作《出师表》。 |
| 229 | 孙权称帝，定都于建业，国号为吴。 |
| 230 | 孙吴船队到达夷洲（今台湾），这是大陆与台湾交通的最早记录。 |
| 233—297 | 陈寿，史学家。有《三国志》。 |
| 235 | 马钧作指南车；改良翻车，可以汲水到高处以利灌溉。 |
| 240—248 | 何晏、王弼等倡贵无论，开清谈之风。世称正始之音。 |
| 241 | 刻石经立于太学，即正始石经。 |
| 247 | 僧人康僧会到建业，孙权为之建塔，号建业寺。从此江南开始有佛寺。 |
| 249 | 司马懿发动政变，杀曹爽，专擅魏国国政。 |
| ※ | 竹林七贤：阮籍、嵇康、山涛、向秀、刘伶、王戎、阮咸。 |
| 260 | 朱士行赴于阗求经，这是内地最早去西域求法的僧人。 |
| 261 | 嵇康作《与山巨源绝交书》。 |

续表

| 年代 | 大事记 |
| --- | --- |
| 263 | （1）蜀汉被魏国所灭。<br>（2）刘徽注《九章算术》，创造割圆术，为求圆周率提供了科学的方法。<br>（3）阮籍作《劝进表》。 |
| 265 | 司马炎建晋。 |
| 270 | 左思作《三都赋》。 |
| ※ | （1）“建安文学”的代表人物：曹操、曹丕、曹植。<br>（2）建安七子：孔融、王粲、刘桢、陈琳、阮瑀、徐幹、应玚。 |
| 273 年左右 | 荀勖撰《新簿》。这是我国古代最早把图书分作四部的分类法。 |
| 274 | 陈寿上《诸葛亮集》。 |
| 278 | 潘岳作《秋兴赋》。 |
| 280 | （1）西晋消灭吴国，统一全国。<br>（2）颁布户调式。<br>（3）杜预撰《春秋左氏经传集解》。 |
| 285 | 陈寿撰成《三国志》。 |
| 289 | 陆机作《文赋》。 |
| 291—306 | 西晋八王之乱。 |
| 303 | 张昌在安陆石岩山起义。 |
| 304 | 匈奴刘渊建汉。十六国时期开始。 |
| ※ | 晋作家有三张（张载、张协、张亢）、二陆（陆机、陆云）、两潘（潘岳、潘尼）、一左（左思）。其中，当时追求辞藻文风的代表人物是陆机，而较有成就的是左思。 |

续表

| 年代 | 大事记 |
|---|---|
| 316 | 西晋灭亡。北方进入五胡（匈奴、鲜卑、羯、氐、羌）十六国时期。大批中原士人为躲避游牧部族的入侵和骚扰，纷纷南下，对南方的开发起了很大的作用。 |
| 317 | 司马睿建立东晋。 |
| 321—379 | 王羲之，书法家。有《兰亭集序》。 |
| 327 | 祖约之乱。 |
| 338 | 葛洪撰成《抱朴子》。 |
| 365—427 | 陶渊明，诗人，文学家。有散文《桃花源记》、辞赋《归去来兮辞》《闲情赋》。 |
| 365 | 范宁作《春秋穀梁传集解》。 |
| 366 | 敦煌莫高窟开凿。此后从北魏至元代陆续有开凿。世界著名的石窟群，窟内有敦煌文书、壁画、彩塑等。 |
| 375—443 | 宗炳，画家。所撰《画山水序》是最早的山水画论。 |
| 376 | 氐人苻坚统一北方。 |
| 383 | 淝水之战。前秦苻坚南下攻打东晋，大败。 |
| 385—433 | 谢灵运，诗人。 |
| 386 | 鲜卑人拓跋珪建立魏国。北朝开始。 |
| 398 | 拓跋珪称帝，即道武帝。定都于平城，史称北魏。 |
| 398—445 | 范晔，史学家。所著《后汉书》，与《史记》《汉书》《三国志》合称前四史。 |
| 399 | （1）孙恩在东海海岛起义。<br>（2）僧人法显从长安出发，去天竺取经。413 年回到建康。有《佛国记》（又名《法显传》）。 |
| 401 | 鸠摩罗什被后秦奉迎至长安，译经达 74 部。 |
| 410 | 卢循在广州起义。 |

续表

| 年代 | 大事记 |
| --- | --- |
| 414—466 | 鲍照，文学家。采用七言体作诗。这是七言诗的一个重要发展阶段。 |
| 415 | 寇谦之改革道教，被称作北天师道。 |
| 417 | 东晋消灭后秦，迁长安百工到建康，建立锦署，发展了南方织锦技术。 |
| 420 | 东晋权臣刘裕自立为帝，国号为宋。东晋亡，南朝开始。 |
| ※ | 刘宋初年大致拥有黄河以南的土地，疆域在东晋、南朝时期是最大的。 |
| 429—500 | 祖冲之，科学家。把圆周率计算至小数点后七位。 |
| 439 | 北魏道武帝拓跋珪灭北凉，统一北方。十六国时期结束。 |
| 441 | 刘义庆撰《世说新语》。 |
| 441—513 | 沈约，文学家。创作的永明体，是我国诗歌走向格律化的开端。 |
| 442 | 立国子学。 |
| 446 | 北魏道武帝拓跋珪因信奉道教，在长安下令屠杀沙门，焚经毁像，史称道武灭佛。这是中国历史上第一次大规模的毁佛事件。 |
| 450 | 宋文帝元嘉北伐，大败。 |
| 460 | 北魏始凿建云冈石窟。 |
| 462 | 祖冲之呈上《大明历》。 |
| 465—532 | 刘勰，文学理论批评家。有《文心雕龙》。 |
| 479 | 掌握宋朝禁卫军的萧道成自立为帝，国号为齐，史称南齐。 |
| ※ 北魏末年 | 贾思勰，农学家。所著《齐民要术》，是我国现存第一部完整的农书。 |

续表

| 年代 | 大事记 |
| --- | --- |
| ※ | 平田、碎土工具耙、耱在北方出现，抗旱保墒耕作技术已形成。 |
| 481 | 司徒褚渊上臧荣绪所作《晋书》。 |
| 485 | （1）北魏颁布均田令，实行均田制。<br>（2）唐寓之暴动。 |
| 488 | 沈约撰成《宋书》。 |
| 494 | （1）洛阳龙门石窟开凿。<br>（2）北魏迁都于洛阳，推进汉化，史称孝文帝改革。 |
| 500—503 | 巩县石窟开凿。 |
| 501 | 南齐雍州刺史萧衍率兵攻入建康，南齐灭亡。 |
| 501—531 | 萧统，文学家。所编《文选》，是我国现存编选最早的一部文学总集。 |
| 502 | 萧衍自立为帝，国号为梁。 |
| 504 | 梁武帝萧衍下诏尊崇佛教。 |
| 508 | 范缜作《神灭论》。 |
| ？—518 | 钟嵘，文学批评家。有《诗品》。 |
| 513 | 吴均撰《通史》。 |
| ※ | 北方乐府民歌代表作有《敕勒川》《木兰辞》。 |
| 519 | 释慧皎撰《高僧传》。 |
| 521 | 郦道元撰《水经注》。 |
| 523 | 沃野镇等六镇起义。 |
| 526 | 葛荣在定州左城起义。 |
| 528 | 尔朱氏之乱。 |
| 533 | 裴景融奉诏撰《四部要略》。 |
| 534 | 北魏分裂为东魏、西魏。 |

续表

| 年代 | 大事记 |
| --- | --- |
| 543 | 顾野王上《玉篇》。 |
| 547 | 杨衒之撰《洛阳伽蓝记》。 |
| 547—551 | 东魏大将侯景降梁，第二年起兵进攻建康，史称侯景之乱。549 年侯景攻入建康，梁武帝被困饿死。551 年，侯景战败被杀，萧绎在江陵自立为帝，史称梁元帝。 |
| 550 | 高洋废东魏自立为帝，建立齐，定都于邺，史称北齐。 |
| 551—554 | 魏收等撰《魏书》。 |
| 555 | 北齐宣帝下令灭道教，强迫道士剃发为沙门。 |
| 557 | （1）宇文觉废西魏，建立周朝，定都于长安，史称北周。<br>（2）陈霸先废梁自立为帝，建立陈朝。 |
| 574 | 北周武帝禁佛、道两教。 |
| 577 | 北周灭北齐，统一我国北方。 |
| 579 | 北周外戚杨坚控制政权。 |
| 580—643 | 魏徵，政治家。 |
| 581 | 北周权臣、外戚杨坚自立为帝，国号为隋，即隋文帝。改革中央官制，建立三省六部制。此后又裁并州县，规定地方九品以上官员由中央任命。 |
| 582 | （1）在长安故城东南营建新都大兴城。<br>（2）颁布均田令和租调新令。 |
| 581—682 | 孙思邈，医学家。有《千金方》《千金翼方》。 |
| 583 | 陆德明撰《经典释文》。 |
| 589 | 隋灭陈，统一全国。 |
| 595—605 | 李春建安济桥（赵州桥），为现存最早的单孔石拱桥。 |
| 596—664 | 玄奘，法相宗创始人。有《大唐西域记》。 |

续表

| 年代 | 大事记 |
|---|---|
| 601 | 陆法言撰《切韵》。 |
| 约 601—673 | 阎立本，画家。有《步辇图》。 |
| 602—670 | 李淳风，天文学家，数学家。 |
| 604—614 | 604 年、607 年、608 年、614 年，日本前后四次派遣使者到中国。 |
| ※ 隋炀帝时 | 设进士科。 |
| 约 606—706 | 神秀，禅宗北宗创始人。 |
| 610 | （1）贯通南北的京杭大运河开凿完成。<br>（2）巢元方奉命主编《诸病源候论》，这是我国第一部病因症候学专著。 |
| 611 | 农民起义，其中主要有王薄领导的山东义军，翟让、李密领导的瓦岗军，窦建德领导的河北义军，杜伏威领导的江淮义军等。 |
| 617 | 太原留守李渊起兵，进入关中。 |
| 618 | 李渊自立为帝，国号为唐，即唐高祖。隋亡。 |
| 624 | （1）唐消灭群雄，统一全国。<br>（2）大型类书《艺文类聚》完成。 |
| 626 | 李世民发动玄武门之变，杀太子建成、齐王元吉，逼李渊让位。 |
| 627 | 玄奘赴天竺取经。645 年回到长安。 |
| ※ | 初唐有三大书法家：虞世南、欧阳询、褚遂良。 |
| 630—680 | 卢照邻，诗人。 |
| 630—838 | 日本先后十余次派遣唐使到中国。 |
| 635 | 基督教景教传入中国，这是基督教第一次传入中国。 |
| 636 | 《梁书》《陈书》《北齐书》《北周书》《隋书》等五部史书撰成。 |
| 638—713 | 慧能，禅宗南宗创始人。 |

续表

| 年代 | 大事记 |
| --- | --- |
| 640 | 唐消灭高昌。 |
| 641 | 松赞干布迎娶文成公主入藏，促进了唐蕃文化的交流。拉萨始建布达拉宫。 |
| 642 | 孔颖达撰《五经正义》。 |
| 644—646 | 房玄龄等撰修《晋书》。 |
| 645 | 《大唐西域记》成书。 |
| 648 | 设安西四镇，控制西域。 |
| 649—676 | 王勃，文学家。有《滕王阁序》。 |
| 653 | 孔颖达奉命编定的《五经正义》颁布，作为科举考试的标准。 |
| 656 | 《五代史志》（即《隋书》诸志）修成。 |
| 659 | 颁布《新修本草》，这是世界上第一部官修药典。 |
| 659—700 | 陈子昂，文学家。 |
| 659—744 | 贺知章，诗人。 |
| 661 | 李善撰《文选注》。 |
| 661—721 | 刘知几，史学家。有《史通》，这是我国第一部史学批评著作。 |
| 668 | 释道世编《法苑珠林》。 |
| 673—727 | 僧一行，天文学家。世界上首次发现恒星位置变动，725 年主持了世界上第一次对子午线长度的测量。 |
| 688—742 | 王之涣，诗人。 |
| 689—740 | 孟浩然，诗人。 |
| 690 | 武则天称帝，改国号为周。 |

续表

| 年代 | 大事记 |
| --- | --- |
| ※ 唐前期 | (1)把直辕犁改造成更便于使用并易于深耕的曲辕犁。<br>(2)纺织印染的新技术镂版印染的“夹缬法”和涂蜡印染的“绞缬法”逐渐流行。 |
| 700—765 | 高适，诗人。 |
| 701—762 | 李白，诗人。 |
| 702 | 置北庭都护府。 |
| 708—784 | 颜真卿，书法家，其书法被称为颜体。 |
| ? —约 756 | 王昌龄，诗人。 |
| ? —约 760 | 吴道子，画家，世称画圣。 |
| 710 | (1)金城公主出嫁到吐蕃，带去杂伎诸工、龟兹乐队。<br>(2)刘知几撰成《史通》。 |
| ※ | 金银器和金属工艺达到很高水平。 |
| 712—770 | 杜甫，诗人，他的诗被称为诗史。 |
| 713 | 乐山大佛开凿。 |
| 724—726 | 出现把朝廷政事“条布于外”的原始形态的报纸，史称开元杂报。 |
| ※ | 彩色釉陶的制作——唐三彩。 |
| 733—约 804 | 陆羽，学者。有《茶经》。 |
| 735—812 | 杜佑，史学家。有《通典》，这是我国第一部记述典章制度的通史。 |
| 737—791 | 韦应物，诗人。 |
| 738 | 《唐六典》成书。 |
| 744 | 李白、杜甫在洛阳相识。 |
| 745 | 唐玄宗册封杨太真为贵妃。 |

续表

| 年代 | 大事记 |
|---|---|
| 751 | 唐将高仙芝与大食在怛罗斯之战中大败，中国造纸术通过被俘工匠西传。 |
| 751—814 | 孟郊，诗人。 |
| 753 | 高僧鉴真东渡日本。 |
| 755—763 | 安史之乱。此后唐朝由盛而衰，出现藩镇割据的局面。 |
| ※ | 草书三大家：孙过庭、张旭、怀素。 |
| 758—814 | 李吉甫，大臣。813 年撰《元和郡县图志》，这是我国现存最早、最完整的地理总志。 |
| 768—824 | 韩愈，文学家，哲学家。古文运动的倡导者。 |
| 772—842 | 刘禹锡，文学家。 |
| 772—846 | 白居易，诗人。 |
| 773—819 | 柳宗元，文学家，哲学家。古文运动的倡导者。 |
| 778—865 | 柳公权，书法家，其书法被称为柳体。 |
| 779—843 | 贾岛，诗人。 |
| 780 | 唐朝任用杨炎主持实施两税法。 |
| 790—816 | 李贺，诗人。 |
| 793 | 税茶。此后开始有茶税。 |
| 801 | 杜佑撰成《通典》。 |
| ※ | 唐代主要诗人。（1）初唐有：初唐四杰（王勃、卢照邻、骆宾王、杨炯）、宋之问、陈子昂等。（2）盛唐有李白、杜甫、王维、孟浩然、高适、岑参等。（3）中唐有白居易、元稹、李贺等。（4）晚唐有李商隐、杜牧等。 |
| 803—853 | 杜牧，文学家，有《阿房宫赋》。 |
| 803—863 | 段成式，文学家，有《酉阳杂俎》。 |
| ？—866 | 温庭筠，诗人，词人。 |

续表

| 年代 | 大事记 |
|---|---|
| 805 | 永贞革新失败。柳宗元、刘禹锡等被贬官。 |
| 812 | 韩愈在长安为国子博士，作《进学解》。 |
| 813 | 李吉甫撰成《元和郡县图志》。 |
| 约 813—约 858 | 李商隐，诗人。 |
| ？—约 881 | 陆龟蒙，文学家。 |
| 818 | 唐宪宗派使者到法门寺迎佛骨。 |
| 823 | 唐蕃会盟碑立于逻些（今拉萨）。 |
| 824 | 白居易主持筑杭州西湖白堤。 |
| 835 | 因宦官专权，引发甘露之变。 |
| 836—910 | 韦庄，诗人，词人。 |
| 837 | 立石经于国子监，即开成石经。 |
| 837—? | 聂夷中，诗人。 |
| 约 838—883 | 皮日休，文学家。 |
| ※ | 佛教的中国化与教派出现，有三论宗、天台宗、法相宗、华严宗、律宗、禅宗等。 |
| 845 | 唐武宗禁佛，史称“会昌废佛”。 |
| 859 | 裘甫在浙江东部起义。 |
| 860—880 | 孙樵《经纬集》完稿，卷三有《读开元杂报》一文，这是中国古代报纸最早的记载。 |
| 868 | （1）庞勋在桂林起义。<br>（2）王阶刻印《金刚经》，这是目前发现的最早的雕版印刷书籍。 |
| 875—884 | 王仙芝、黄巢起义。 |
| 883 | 韦庄作《秦妇吟》，这是现存最长的一首唐诗。 |
| ※ 唐朝后期 | 出现“飞钱”或“便换”，这是我国最早的汇兑。 |

续表

| 年代 | 大事记 |
|---|---|
| 907 | （1）朱温自立为帝，国号为梁，史称后梁。唐亡。<br>（2）开始进入五代十国时期。北方先后经历了后梁、后唐、后晋、后汉、后周，史称五代；南方建立了吴、南唐、闽、吴越、楚、南汉、荆南、前蜀、后蜀等九个割据政权，加上北方建立的北汉，史称十国。<br>（3）耶律阿保机任契丹联盟长。一般将本年作为辽代开始。 |
| 916 | 耶律阿保机称帝，国号为契丹。 |
| 932—953 | 后唐国子监校定九经，雕版印刷，这是官府大规模刻书之始。 |
| 937—978 | 李煜，南唐国主，词人。 |
| 940 | （1）后蜀赵崇祚编《花间集》，收录温庭筠等十八家词。<br>（2）南唐在庐山建白鹿洞学馆，开书院讲学的先河。 |
| 945 | 后晋官修《唐书》完成。 |
| 947 | 契丹耶律德光称帝于开封，改国号为辽。 |
| 954—1001 | 王禹偁，文学家。 |
| 960 | 后周大将赵匡胤发动陈桥兵变，建立宋朝。 |
| 961—1023 | 寇准，政治家。 |
| 963—975 | 北宋先后灭掉荆南、南唐等割据政权，统一南方。 |
| 970 | 冯继昇献火箭法，不久后用于战争。这标志着火药正式用于武器制造。 |
| 971—983 | 北宋朝廷下令在成都依《开元释教录》所载刊刻藏经，这是刊刻全部佛教藏经之始。 |
| 973 | 宋代科举殿试成为制度。 |

续表

| 年代 | 大事记 |
| --- | --- |
| 974—1020 | 杨亿，文学家。与刘筠等诗歌唱和，编成《西昆酬唱集》，时称西昆体。 |
| 976 | 岳麓书院创建，是宋代四大书院之一。 |
| 978 | 《太平广记》成书。 |
| 979 | 北宋灭掉北汉，统一全国。 |
| ※10 世纪后半期 | 《百家姓》在吴越成书。 |
| 983 | 《太平御览》成书。 |
| 983—1066 | 辽更名为大契丹国。 |
| 986 | （1）宋与辽在岐沟关大战，名将杨业战死。<br>（2）宋白等上《文苑英华》。 |
| 989—1052 | 范仲淹，政治家，文学家。有《岳阳楼记》。 |
| 990 | 辽封党项人李继迁为夏国王。 |
| 991—1055 | 晏殊，词人。 |
| 992 | （1）《太平圣剂方》成书。<br>（2）汇集历代书法珍品的《淳化秘阁法帖》成书。 |
| 993 | 王小波、李顺起义。 |
| 998 年前后 | 四川发行“交子”，这是世界上最早的纸币。 |
| 999—1062 | 包拯，有名的清官。 |
| 1002 | 观测到狮子座流星雨。 |
| 1002—1060 | 梅尧臣，诗人。 |
| 1004 | 契丹南下攻宋，双方订立澶渊之盟。 |
| 1006 | 对豺狼座超新星爆发的观测和记载，是世界天文学史上的最早记录。 |
| 1007—1072 | 欧阳修，文学家，史学家，北宋古文运动的领袖。有《集古录》。 |
| 1009—1066 | 苏洵，散文家。“三苏”之一。 |
| 1011—1077 | 邵雍，哲学家。 |

续表

| 年代 | 大事记 |
| --- | --- |
| 1017—1073 | 周敦颐，哲学家。 |
| 1019—1083 | 曾巩，文学家。 |
| 1019—1086 | 司马光，史学家。主持编纂有《资治通鉴》。 |
| 1020—1077 | 张载，哲学家。 |
| 1020—1101 | 苏颂，药物学家。编有《图经本草》，这是我国现存最早的版刻药物图谱。 |
| 1021—1086 | 王安石，政治家，文学家，思想家。 |
| 1027 | 宋代针灸学家王惟一考察人体穴位经络，铸针灸铜人。 |
| 1031—1095 | 沈括，科学家，政治家。有《梦溪笔谈》。 |
| 1032—1085 | 程颢，哲学家，教育家。北宋理学的奠基者。“二程”之一。 |
| 1033—1107 | 程颐，哲学家，教育家。北宋理学的奠基者。“二程”之一。 |
| 1036 | 西夏开始创制文字。 |
| 1037—1101 | 苏轼，文学家，书画家。“三苏”之一。 |
| 1038 | 党项首领李元昊正式称帝，国号为大夏，史称西夏。 |
| 1039—1112 | 苏辙，散文家。“三苏”之一。 |
| 1040—1092 | 吕大临，金石学家。有《考古图》，这是我国最早最系统的古器物图录的著作。 |
| 1041—1048 年左右 | 毕昇发明活字印刷术。 |
| 1043—1044 | 范仲淹、欧阳修、富弼等主持推行庆历新政。 |
| 1045—1105 | 黄庭坚，诗人。开创江西诗派。 |
| 1049 | 用琉璃砖重建开封开宝寺塔，俗称铁塔。 |
| 1051—1107 | 米芾，书画家。 |

续表

| 年代 | 大事记 |
|---|---|
| 1055 | （1）定州开元寺塔建成，这是国内现存最高的砖塔。<br>（2）封孔子之后代为衍圣公，此后相沿未改。 |
| 1056 | 辽应州佛宫寺释迦塔建成，这是我国现存最古老的楼阁式木塔。 |
| ？—1110 | 李诫，建筑家。有《营造法式》，这是我国古代最完整的建筑学著作。 |
| 1056—1121 | 周邦彦，词人。 |
| ※ | 北宋数学家贾宪的“增乘开平方法”比欧洲同类算法早 800 年。 |
| 1068—1093 | 说唱诸宫调产生。 |
| 1069—1076 | 王安石变法。 |
| ※11 世纪后半期 | 北宋已大规模开采和使用煤炭。 |
| ※ | 喀喇汗（黑汗）王朝是中国境内操突厥语的民族所建立的第一个穆斯林王朝。 |
| 1084 | 《资治通鉴》成书，这是第一部编年体通史。 |
| 1084—1155 | 李清照，词人，号易安居士。开创易安体。 |
| 1093 | 辽僧通理大师主持了房山云居寺刻佛经数千石的工程。 |
| ※ 宋徽宗时 | 画家张择端创作《清明上河图》。 |
| ※ 北宋后期 | 指南针用于航海。 |
| ※ | 北宋四大书：《文苑英华》《太平御览》《太平广记》《册府元龟》。 |
| 1114 | 女真族完颜阿骨打起兵反辽。 |
| 1115 | 完颜阿骨打建立金朝。 |
| 1117 | 赵明诚《金石录》书成。 |
| 1117—1184 | 洪适，金石学家。有《隶释》。 |

续表

| 年代 | 大事记 |
|---|---|
| 1118 | 宋、金订立海上之盟，联合攻辽。 |
| 1119 | （1）宋江起义。<br>（2）金颁行女真文字。 |
| 1120 | 方腊起义。 |
| 1124 | 辽在金的打击下，被迫西迁。后来耶律大石自立为帝，史称西辽。 |
| 1125 | 金兵俘获天祚帝，辽亡。 |
| 1125—1210 | 陆游，诗人。 |
| 1126—1193 | 范成大，诗人。 |
| 1127 | 靖康之变。金灭北宋。宗室赵构在南京重新立国，史称南宋。 |
| 1127—1206 | 杨万里，诗人。 |
| 1130 | （1）黄天荡之战。韩世忠与金兵大战于黄天荡，金兵被逐出江南。<br>（2）钟相、杨幺起义。 |
| 1130—1200 | 朱熹，哲学家，教育家。 |
| 1138 | （1）南宋定都于临安。<br>（2）金颁行女真小字。 |
| 1139—1193 | 陆九渊，哲学家，教育家。 |
| 1140 | 郾城大捷，岳飞大破金兀术。 |
| 1140—1207 | 辛弃疾，词人。 |
| 1141 | 宋、金缔结绍兴和议。岳飞遇害。 |
| 1143—1194 | 陈亮，思想家，文学家。 |
| 1148—1227 | 丘处机，道教全真道北七真之一，龙门派创始人。 |
| 1148 年前后 | 大足石刻完成。 |
| ※ 两宋之际 | 兴起于永嘉等地的南戏逐渐形成。 |

续表

| 年代 | 大事记 |
|---|---|
| 1150 | 我国最早的少数民族文字法典西夏文《天盛律令》修成。 |
| 1152 | 泉州安平桥建成，桥长约5华里，这是我国古代最长的连梁式石板桥。 |
| 1161—1189 | 在金大定年间的汉文史籍中出现了“伊斯兰”一词的音译（既“移习览”）。 |
| 1163 | 犹太教寺院始建于开封。此后居住于这里的犹太人逐渐完全汉化，这是世界上唯一的犹太人被其他民族同化的实例。 |
| 1173 | 《赵城金藏》历时25年完成。 |
| 1175 | 朱熹、陆九渊、吕祖谦聚集于信州鹅湖寺，切磋辩论，这就是中国哲学史上著名的鹅湖之会。 |
| 1186—1249 | 宋慈，曾任提点刑狱官，有《洗冤集录》，这是世界上最早的一部法医学著作。 |
| 1187—1269 | 刘克庄，文学家。 |
| 1190—1208 | 金章宗时，董解元撰《西厢记诸宫调》，被誉为北曲之祖。 |
| 1190—1244 | 耶律楚材，大臣。 |
| 1190—1257 | 元好问，金石学家，文学家。 |
| 1192 | 卢沟桥建成，这是现存最早的联拱式石桥。 |
| 1199 | 天文学家杨忠辅制成《统天历》，确定一年为365.2425日，与1582年颁布的公历相当，与现代所测数值只差26秒。 |
| ※ | （1）宋代的翰林国画院与山水画、花鸟画。<br>（2）宋代民间书坊刻书，以福建建安、浙江杭州以及四川成都、河南开封等地为最盛。<br>（3）从变文到话本。<br>（4）词在宋代发展到鼎盛时期。 |
| 1206 | 蒙古铁木真建国，号成吉思汗。 |

续表

| 年代 | 大事记 |
| --- | --- |
| ※ | 医学史上“金元四大家”：刘完素、张从正、李杲、朱震亨。 |
| 1209—1281 | 许衡，学者。 |
| 1227 | 蒙古灭西夏。 |
| 1228 | 严羽撰《沧浪诗话》。 |
| 1230—1302 | 胡三省，史学家。有《资治通鉴音注》。 |
| 1231—1316 | 郭守敬，天文学家，数学家。有《授时历》。 |
| 1234 | 蒙古灭金。 |
| 1235—1280 | 八思巴，藏传佛教萨迦派首领。被封为帝师、大宝法王，曾奉命制蒙古新字八思巴文。 |
| 1236—1283 | 文天祥，文学家。 |
| 1237 | 医学家陈自明所编《妇人大全良方》是中国第一部较完整的妇产科专著。 |
| 1242 | 拔都建立钦察汗国。 |
| 1244 | 全真教徒编纂的《道藏》完成。 |
| 1247 | 黄裳根据多次实测结果，将星图刻于石上，被称作天文图。这是世界上现存最早的石刻天文图。 |
| 1250 | 泉州开元寺双塔建成，这是中国古代最大的石塔。 |
| 1254—1322 | 赵孟頫，书画家，文学家。 |
| 1254—1323 | 马端临，史学家。有《文献通考》。 |
| 1259 | 南宋发明突火枪，是原始的管形火器。 |
| 约 1259—1336 | 王实甫，戏曲作家。有《西厢记》。 |
| 1267 | 蒙古札马鲁丁制造了我国第一个地球仪。 |
| 1269 | 蒙古颁行八思巴字。 |
| 1270—1329 | 张养浩，散曲家。 |
| 1271 | 忽必烈建国号为大元。 |

续表

| 年代 | 大事记 |
| --- | --- |
| 1275 | 马可·波罗到达元上都。 |
| 1279 | 元灭南宋。 |
| ※ | 元杂剧。代表作家有关汉卿、白朴、马致远、郑光祖。 |
| 1281 | 郭守敬等制定《授时历》，颁行全国。 |
| 1283 | 黄华起义。 |
| 1286 | 颁发大司农司所定的《农桑辑要》。 |
| ※13 世纪前后 | 黄道婆在松江地区推广棉纺织技术。 |
| ※ | 赵孟頫、高克恭、元四大家（黄公望、吴镇、倪瓒、王蒙）与元代的山水画。 |
| 1303 | 《大元一统志》编成。 |
| 1313 | 农学家王祯撰成《农书》，这是中国第一部涵盖全国范围的系统的农学著作。 |
| 1324 | 周德清《中原音韵》撰成。 |
| 约 1330—1400 | 罗贯中，小说家。有《三国志通俗演义》。 |
| 1332 | 铸造的火铳，是世界上现存最早的火铳。 |
| ？—1359 | 高明（高则诚），戏曲作家。有《琵琶记》，这是现存南戏剧本中的代表作。 |
| 1341 | 杜本撰成《敖氏伤寒金镜录》，这是中医舌诊的专著。 |
| 1344 | 《辽史》《金史》修撰完成。 |
| 1345 | 《宋史》修撰完成。 |
| 1351 | 韩山童、刘福通等组织民众起义，郭子兴、朱元璋、方国珍、张士诚等相继响应。 |
| 1355 | 刘福通拥立韩山童之子韩林儿为皇帝，号小明王，国号为宋，建都于亳州。 |
| 1357—1419 | 宗喀巴，西藏藏传佛教格鲁派的创始人。 |
| ※ | 元代的也里可温教，是基督教第二次传入中国。 |

续表

| 年代 | 大事记 |
| --- | --- |
| ※14 世纪中期 | 娄元礼撰写的《田家五行》，是我国现存最早的农业气象学专著。 |
| ？—1370 | 施耐庵，小说家。有《水浒传》。 |
| 1368 | 朱元璋称帝，国号为明。明军攻占大都，元灭亡。元顺帝逃往上都，史称北元。 |
| 1369 | （1）《元史》修撰完成。<br>（2）诏令全国府、州、县设立学校。 |
| 1372 | 建嘉峪关。 |
| 1373 | 详定《大明律》《祖训录》。 |
| 1375 | 诏令全国设立社学。 |
| 1375—1433 | 郑和，航海家。先后七次下西洋，促进了中国和亚非各国的经济、文化交流。 |
| 1379—1439 | 朱有燉，戏曲作家。有《诚斋乐府》。 |
| 1380 | 胡惟庸案。 |
| 1381 | （1）下令各府、州编制黄册，以管理户籍、赋役。<br>（2）建山海关。 |
| 1384 | 建州女真斡朵里部孟特穆（努尔哈赤先世祖）袭父爵为豆曼，这是满族兴起之始。 |
| 1385 | 朱元璋《大诰》颁行全国，每户一本。第二年颁行续编、第三编。 |
| 1387 | 浙江等地编鱼鳞图册，以登记土地。 |
| 1393 | 蓝玉案。废除丞相制。 |
| 1396—1424 | 陈诚五次出使西域。 |
| 1399 | 靖难之役，燕王朱棣起兵。 |
| 1402 | 燕王朱棣即帝位，为明成祖。杀方孝孺。迁山西贫民于北平。 |
| 1403 | 改北平为北京。 |
| 1403—1424 | 永乐钟铸成，这是我国最大的铜钟。 |

续表

| 年代 | 大事记 |
|---|---|
| 1408 | 《永乐大典》修成，这是中国古代规模最大的一部类书。 |
| 1408—1420 | 修建北京宫殿。 |
| 1417 | 北京始建承天门（后称天安门）。 |
| 1420 | 北京建成紫禁城、太庙、天坛等。 |
| 1421 | 明朝迁都于北京。 |
| 1426—1434 | 宣宗宣德年间有用黄铜添加金银等铸成的香炉，工艺考究，世称宣德炉。 |
| 1437—1447 | 建成观象台。 |
| 1443 | 铸针灸铜人像，有穴位 666 个。 |
| 1449 | 土木堡之变，明英宗被俘，于谦拥立景泰帝，保卫北京。 |
| ※15 世纪中期 | 眼镜传入中国。 |
| 1457 | 夺门之变。 |
| 1464 | 朱祁镇卒，庙号为英宗，遗诏停止用嫔妃殉葬。 |
| 1465 | 荆襄流民起义。 |
| 1470—1523 | 唐寅（唐伯虎），画家，文学家。 |
| 1472—1529 | 王阳明（王守仁），哲学家，教育家。弘扬“心学”。 |
| 1476 | 荆襄流民又一次起义。 |
| 1500—1582 | 吴承恩，小说家。有《西游记》。 |
| 1504—1580 | 俞大猷，抗倭名将。 |
| 1505—1510 | 宦官刘瑾专权，迫害异党，盘剥百姓。 |
| 1507—1571 | 归有光，散文家。 |
| 1510 | 刘六、刘七起义。 |
| ※16 世纪初 | 花生传入中国。 |

续表

| 年代 | 大事记 |
| --- | --- |
| 1514—1587 | 海瑞，大臣。 |
| 1518 | 佛朗机使者来到中国。 |
| 1518—1593 | 李时珍，医药学家。有《本草纲目》。 |
| 1523 | 明军于广东新会击败葡萄牙的入侵，缴获铜质后装式火炮（称佛朗机炮）。 |
| 1527—1602 | 李贽，思想家，文学家。有《李氏焚书》。 |
| ※ 世宗嘉靖年间 | 魏良辅等取弋阳、海盐等腔和民曲之长，改革昆腔。 |
| 1528—1587 | 戚继光，军事家，抗倭名将。 |
| 1532 | 范钦在宁波建天一阁，这是我国现存最早的私家藏书楼。 |
| 1533—1606 | 程大位，珠算家。有珠算著作《算法统宗》。 |
| 1536—1611 | 朱载堉，律学家。有《乐律全书》。 |
| 1550 | 庚戌之变。 |
| 1550—1616 | 汤显祖，戏曲作家。有《牡丹亭》。 |
| 1553 | 葡萄牙人通过贿赂，获准入澳门经商。 |
| 1557 | 葡萄牙人在澳门建筑居住的房屋，这是盘踞澳门之始。 |
| ※16 世纪中期 | 玉米、马铃薯传入中国。 |
| 1561 | 范钦主持建天一阁。 |
| 1562—1633 | 徐光启，科学家。有《农政全书》。 |
| 1567—1572 | 隆庆年间发明了种痘法。 |
| 1573 | 张居正执掌朝政，推行改革，史称张居正改革。 |
| ※ 万历年间 | 甘薯、烟草传入中国。 |
| 1574—1646 | 冯梦龙，文学家。有《警世通言》《醒世恒言》《喻世明言》，通称“三言”。 |

续表

| 年代 | 大事记 |
| --- | --- |
| 1578 | （1）俺达汗尊藏传佛教格鲁派锁南坚错为“圣识一切瓦尔达赖喇嘛”，即达赖喇嘛三世。这是达赖喇嘛称号之始。<br>（2）潘季驯用“束水攻沙法”治理黄河。<br>（3）李时珍《本草纲目》成书。 |
| 1580—1644 | 凌濛初，小说家。有《初刻拍案惊奇》《二刻拍案惊奇》，通称“二拍”。 |
| 1581 | 张居正改革赋役制度，推行一条鞭法。 |
| 1582 | 意大利耶稣会士利玛窦来到中国。 |
| 1583 | 努尔哈赤起兵，开始统一女真族的战争。 |
| 1587—1641 | 徐霞客，地理学家。有《徐霞客游记》。 |
| 1587—? | 宋应星，科学家。有《天工开物》，是我国古代科学技术名著。 |
| 1592—1598 | 明朝派兵援朝抗倭。 |
| 1601 | （1）葛贤在苏州起义。<br>（2）意大利传教士利玛窦到北京，献自鸣钟、《坤舆万国全图》，获准留居北京，传天主教。 |
| 1604 | 无锡建东林书院，顾宪成、高攀龙等在此讲学，品评人物，参与政治，时人称之为东林党。 |
| 1607 | 徐光启译《几何原本》。 |
| ※17 世纪初 | 茶叶开始输出欧洲。 |
| 1610 | 《金瓶梅》刊刻，署名兰陵笑笑生。 |
| 1611—1680 | 李渔，戏曲理论家，作家。 |
| 1613—1682 | 顾炎武，思想家，学者。有《日知录》。 |
| 1616 | 努尔哈赤建立后金。 |
| 1619 | 萨尔浒之战。后金重创明军。 |
| 1619—1692 | 王夫之，思想家。 |

续表

| 年代 | 大事记 |
|---|---|
| 1620 | 英船育尼康号抵达澳门，这是英船来华之始。 |
| 1621 | 荷兰人雷约庇率船队占据台湾北部，此后长期骚扰我国东南沿海。 |
| 1622 | （1）白莲教徐鸿儒起义。<br>（2）德国耶稣会士汤若望来到中国。 |
| 1624 | 葡萄牙耶稣会士安德拉德到达阿里，这是传教士入西藏之始。 |
| 1626 | （1）苏州民变，颜佩韦等五人投案被杀，葬于虎丘，称五人墓。<br>（2）宁远之战，明军重创努尔哈赤军。<br>（3）努尔哈赤死，其子皇太极即位。 |
| 1626—1629 | 袁崇焕在辽东抵抗后金。 |
| 1628 | 高迎祥等在陕西起义。 |
| 1629—1709 | 朱彝尊，文学家。 |
| 1630 | 李自成、张献忠参加起义。 |
| 1636 | （1）皇太极改汗为帝，国号为大清。<br>（2）高迎祥在陕西被俘遇害，李自成自封为闯王。 |
| 1637 | 宋应星《天工开物》印行。 |
| 1639 | 徐光启《农政全书》印行。 |
| ※ 明代末期 | 辣椒传入中国。 |
| 1640—1715 | 蒲松龄，文学家。有《聊斋志异》。 |
| 1644 | （1）李自成在西安称帝，国号为大顺。攻克北京，明亡。<br>（2）清军入据北京。<br>（3）马士英、史可法等拥立宗室朱由崧在南京称帝，年号弘光，史称南明。 |
| 1645 | 清军占领扬州，史可法遇害。又攻占南京，南明政权覆灭。 |

续表

| 年代 | 大事记 |
| --- | --- |
| 1645—1704 | 洪昇，戏曲作家。有《长生殿》。 |
| 1648—1718 | 孔尚任，戏曲作家。有《桃花扇》。 |
| 1655 | 沙俄遣使者到达北京，这是沙俄遣使至清朝之始。 |
| ※ | (1) 清军在南下的过程中，勒令民众剃发，并屠杀百姓，激起民众的反抗。<br>(2) 出现反清复明运动。 |
| 1659 | 明永历帝逃往缅甸，后被吴三桂俘虏，遇害。 |
| 1661 | 郑成功收复台湾。 |
| 1662—1664 | 清军剿灭在川楚边界的以李自成余部李来亨等为主体的“夔东十三家军”，大陆地区的武装抗清活动基本失败。 |
| 1663 | (1) 黄宗羲著《明夷待访录》。<br>(2) 文字狱《明史》案结案。 |
| 1668—1749 | 方苞，散文家，桐城派创始人。 |
| 1673—1681 | 吴三桂等发动三藩之乱。 |
| 1675 | 英国人到厦门经商。 |
| 1681 | 康熙帝平定三藩之乱。 |
| 1683 | 郑克塽向清朝投降，台湾回归。 |
| 1685 | 雅克萨战役开始，清军挫败沙俄入侵军。 |
| 1688 | 禁止妇女从夫死。 |
| 1688—1766 | 郎世宁，意大利传教士，宫廷画家。 |
| 1689 | 中俄签订《尼布楚条约》。 |
| 1690—1697 | 平定噶尔丹叛乱，加强了对蒙古的控制。 |
| 1697 | 重申严禁溺女婴的陋习。 |
| 1701 | 遣官赴喀尔喀蒙古，传授农业耕作技术。 |
| 1701—1754 | 吴敬梓，小说家。有《儒林外史》。 |
| 1704 | 颁布标准铁斛，统一全国量器。 |

续表

| 年代 | 大事记 |
|---|---|
| 1705—1755 | 全祖望，史学家，文学家。 |
| 1709—1774 | 始建北京圆明园。 |
| 1710—1716 | 张玉书等编撰《康熙字典》《佩文韵府》。 |
| 1712 | 下令滋生人丁，永不加赋。 |
| 1713 | 戴名世《南山集》案结案。戴名世被处死。 |
| 1715—1764 | 曹雪芹，小说家。有《红楼梦》。 |
| 1716 | 《康熙字典》成书。 |
| 1716—1724 | 1716 年规定丁银摊入地亩，1724 年全面推行这个制度。 |
| 1716—1798 | 袁枚，诗人。 |
| 1717 | 再次禁止天主教，严查白莲教。 |
| 1718—1720 | 平定准部，统一青海、西藏。 |
| 1720 | 罗马教皇格勒门十一世遣使来华，禁止中国教徒祭祀孔子和祖先，遭到康熙帝的严厉驳斥。 |
| 1723 | 雍正被秘密立储。 |
| 1724 | 年羹尧、岳钟琪平定青海。 |
| 1726 | （1）全面推行“改土归流”。<br>（2）大型类书《古今图书集成》定稿，以铜活字排印。 |
| 1728 | 下令各省重修通志。 |
| 1728—1804 | 钱大昕，史学家。有《潜揅堂文集》等。 |
| 1729 | 开始查禁鸦片。 |
| 1732 | 吕留良案结案。雍正继位后，屡次大兴文字狱，其中以此案历时最久，牵涉面最大。 |
| 1733 | 下令各省设立书院。 |
| 1738—1801 | 章学诚，史学家。有《文史通义》。 |
| 1746—1809 | 洪亮吉，经学家，文学家。 |

续表

| 年代 | 大事记 |
| --- | --- |
| 1747 | 《三希堂法帖》刊成。 |
| ※ | 扬州八怪：汪士慎、金农、高翔、郑燮、李方膺、罗聘、李鱓、黄慎。 |
| 1750 | 始建北京清漪园，后改名颐和园。 |
| 1755 | （1）英国东印度公司派人到浙江，要求在宁波通商。<br>（2）海上贸易限于广州，禁止外商到江浙、闽海关贸易。 |
| 1760 | 在乌鲁木齐、伊犁屯田垦荒，移民实边。 |
| 1769 | 销毁钱谦益著作，乾隆屡兴文字狱。 |
| 1773 | 开四库全书馆，以纪昀为总裁，始修《四库全书》。 |
| 1774 | 英印政府派人到日喀则活动，此后英国人频繁入藏。 |
| 1778 | 秘密立储成为定制。 |
| 1782 | 《四库全书》修成，这是我国古代卷帙最大的丛书。 |
| 1786 | 台湾林爽文起义。 |
| 1790 | 徽班进京。其后徽调融弋、昆、秦、汉诸调之长，形成京剧。 |
| 1791 | （1）规定西藏事务由驻藏大臣与达赖喇嘛会商办理的制度。<br>（2）高鹗、程伟元首次刊行120回本《红楼梦》。 |
| 1792 | 规定达赖、班禅转世灵童掣签的制度。 |
| 1792—1841 | 龚自珍，思想家，文学家。 |
| 1793 | （1）颁行《钦定西藏章程》。<br>（2）英国使者马戛尔尼来华，提出开放通商口岸的要求，遭到拒绝。 |
| 1794—1857 | 魏源，史学家，文学家。有《海国图志》《古微堂集》等。 |

续表

| 年代 | 大事记 |
| --- | --- |
| 1795 | 石柳邓组织苗民在铜仁府起义。 |
| 1796 | 齐林、王聪儿组织白莲教起义。 |
| 1799 | 乾隆帝死，和珅被诛。 |
| 1805 | 禁止洋人传教及设立学校。 |
| 1807 | 马里逊在中国传基督教。 |
| 1808 | 英军强占澳门，后被迫撤出。 |
| 1808—1814 | 编纂《全唐文》。 |
| 1810 | 查禁鸦片。在虎门设广东水师提督。 |
| 1811—1872 | 曾国藩，洋务派和湘军首领。有《曾文正公全集》。 |
| 1813 | 李文成、林清组织天理教起义。 |
| 1815 | 规定《查封鸦片章程》。 |
| 1819 | 黄河在豫东泛滥成灾。 |
| 1821 | （1）鸦片走私猖獗，年达万箱。<br>（2）李汝珍完成长篇小说《镜花缘》。 |
| 1822 | 在东南沿海严格查禁鸦片。 |
| 1823 | 规定《失察鸦片条例》。 |
| 1826 | 《皇朝经世文编》辑成。 |
| 1828 | 禁用外国钱币。 |
| 1829 | 《皇清经解》成书。 |
| 1833 | 规定《纹银出洋条例》。 |
| 1836 | 潘德舆《养一斋诗话》刊行。 |
| 1837 | 查禁白银出口。 |
| 1838 | 命林则徐为钦差大臣赴广东，节制全省水师。 |
| 1839 | 虎门销烟。 |
| 1840 | 英国东方远征军抵达中国海域，鸦片战争爆发。 |

续表

| 年代 | 大事记 |
|---|---|
| 1841 | (1)虎门之战。抵御英军入侵失败。<br>(2)英军占领香港，攻陷厦门、定海、镇海、宁波等地。<br>(3)三元里抗英斗争。 |
| 1842 | (1)中英签订《南京条约》，割让香港岛给英国。第一次鸦片战争结束。<br>(2)魏源著《海国图志》。 |
| 1843 | (1)中英签订《虎门条约》。广州、厦门、上海开埠。<br>(2)洪秀全创立拜上帝会。 |
| 1844 | 中美签订《望厦条约》，中法签订《黄埔条约》。宁波、福州开埠。 |
| 1845 | (1)苏松太道与英国驻沪领事订立《上海租地章程》，允许英国人租地居留。外国在中国设立租界，由此发展而来。<br>(2)外国人在华开设的第一家工厂柯拜船坞在广州开办。 |
| 1847 | 上海爆发徐家汇教案。 |
| 1848—1905 | 黄遵宪，诗人。 |
| 1849 | (1)俄国入侵黑龙江口和库页岛。<br>(2)文康完成长篇小说《儿女英雄传》。 |
| 1851—1864 | 金田起义。洪秀全建立太平天国。 |
| 1853 | (1)太平天国颁布《天朝田亩制度》。<br>(2)刘丽川组织小刀会起义。 |
| 1854 | (1)陈开、李文茂组织天地会起义。<br>(2)第一个留美学生容闳毕业于耶鲁大学，第二年回国。<br>(3)英国人威妥玛任上海江海关税务司，开创外国人管理中国海关的先例。 |

续表

| 年代 | 大事记 |
| --- | --- |
| 1855 | （1）张乐行捻军起义。<br>（2）张秀眉组织苗民起义。 |
| 1856 | （1）天京事变。石达开率部出走。<br>（2）李文学组织彝民起义。<br>（3）杜文秀组织回民起义。<br>（4）英法发动第二次鸦片战争。 |
| 1858 | （1）清王朝被迫与俄国签订《瑷珲条约》，并割让60万平方公里领土。<br>（2）清王朝被迫与英、法、俄、美等国分别签订《天津条约》。 |
| 1858—1927 | 康有为，近代维新派领袖，后为保皇会首领。 |
| 1859—1916 | 袁世凯，北洋军阀首领、北洋政府总统。 |
| 1860 | （1）英法联军侵占北京，火烧圆明园。<br>（2）清王朝被迫与英、法、俄等国签订《北京条约》，第二次鸦片战争结束。英国割去九龙半岛南部，俄国割去我国44万平方公里的领土。 |
| 1861 | （1）清朝政府成立总理各国事务衙门。<br>（2）慈禧太后垂帘听政。 |
| 1862 | 近代中国第一所培养外语人才的新式学堂京师同文馆成立。 |
| 1863 | 石达开所部在大渡河全军覆没。 |
| 1863—1908 | 英国人赫德任中国海关总税务司。 |
| 1864 | 太平天国亡。 |
| 1865 | 第一个大型近代企业江南机器制造局在上海建立。 |
| 1865—1898 | 谭嗣同，维新派政治家，思想家。 |
| 1866 | （1）我国最早的民营机器制造厂在上海建立。<br>（2）福州船政局设立，内有船政学堂，这是我国第一所培养造船技术人才和海军人才的学校。 |

续表

| 年代 | 大事记 |
| --- | --- |
| 1866—1910 | 吴趼人（吴沃尧），小说家，有《二十年目睹之怪现状》。 |
| 1866—1925 | 孙中山，民主革命家。 |
| 1868 | 《教会新报》在上海创办。后改名为《万国公报》。 |
| 1869—1936 | 章炳麟（章太炎），民主革命家，思想家，学者。有《新方言》《文始》。 |
| 1870 | 天津教案发生。 |
| 1871 | （1）俄国出兵侵占新疆伊犁地区。<br>（2）上海、香港之间的海底电报线铺成。 |
| 1872 | （1）《申报》在上海创刊。<br>（2）詹天佑等中国第一批官费留学生30人赴美留学。 |
| 1873 | 第一家近代航运企业轮船招商局在上海设立。 |
| 1874 | 日本侵犯台湾。 |
| 1875 | （1）郭嵩焘任出使英国的钦差大臣，这是中国第一次正式派遣常驻各国公使。<br>（2）台湾基隆筹建中国第一个使用机器开采的大型煤矿。 |
| 1875—1907 | 秋瑾，民主革命者。 |
| 1876—1878 | 左宗棠出兵新疆，击败阿古柏，收复除伊犁之外的新疆全部被俄国侵占的领土。 |
| 1877 | 上海有线电报建成。 |
| 1877—1927 | 王国维，学者。 |
| 1878 | 国人自办的第一所新式小学正蒙书院在上海设立。 |
| 1879 | （1）日本吞并琉球，改为冲绳县。<br>（2）石玉昆完成侠义公案小说《三侠五义》。 |
| 1880 | （1）李鸿章在天津设立电报总局。<br>（2）曾纪泽出使俄国，就伊犁问题进行谈判。 |

续表

| 年代 | 大事记 |
|---|---|
| 1881 | 我国收回被俄国侵占的伊犁。 |
| 1881—1936 | 鲁迅，文学家，思想家，革命家。 |
| 1882 | 同文书局在上海设立。 |
| 1883—1885 | 中法战争。 |
| 1884 | （1）新疆改建行省。<br>（2）吴友如主绘的石印画报《点石斋画报》创刊。 |
| 1885 | （1）镇南关大捷。清军大败法军。<br>（2）中、法签订《中法新约》，中法战争结束。<br>（3）台湾改建行省。 |
| 1887 | （1）张之洞奏请开办广东水师学堂。<br>（2）四川至云南的电话线，福建至台湾的海底电报线建成。 |
| 1887—1975 | 蒋介石，国民党总裁。 |
| 1888 | （1）康有为上书请求变法，未被采纳。<br>（2）天津至唐山的铁路通车。<br>（3）北洋水师成立。 |
| 1889 | （1）我国第一家官办棉纺织工厂——上海机器织布局建成投产。<br>（2）国人自办的天津总医院建立。 |
| 1892 | 华侨张弼士在山东烟台创办张裕葡萄酒公司。 |
| 1893 | 《新闻报》在上海创刊。 |
| 1893—1976 | 毛泽东，无产阶级革命家，中国共产党、中国人民解放军、中华人民共和国的主要缔造者和领袖。 |
| 1894 | （1）中日甲午战争爆发。<br>（2）黄海海战。中日双方海军都受到重大损失。<br>（3）孙中山在檀香山创立兴中会。 |

续表

| 年代 | 大事记 |
| --- | --- |
| 1895 | （1）北洋水师全军覆灭。清朝与日本签订《马关条约》。<br>（2）康有为“公车上书”。<br>（3）兴中会发动广州起义。 |
| 1896 | （1）清朝政府设立大清邮政，英国人赫德兼任总邮政司。<br>（2）设立铁路总公司。<br>（3）《中俄密约》签订，俄国势力深入我国东北。 |
| 1897 | （1）德军侵占胶州湾，俄军侵占旅顺、大连。<br>（2）国人自办的第一家商业银行中国通商银行在上海开设。<br>（3）商务印书馆在上海创办。 |
| 1898 | （1）戊戌变法，失败后，谭嗣同等六君子等遇害。<br>（2）严复所译《天演论》刊行。<br>（3）马建忠撰《马氏文通》。 |
| 1899 | （1）美国提出对华实行“门户开放”政策。<br>（2）河南安阳小屯村发现殷墟甲骨卜辞（甲骨文）。 |
| 1899—1900 | 义和团运动。 |
| 1900 | （1）廊坊之战。义和团联合清军阻击外国军队的入侵。<br>（2）八国联军侵占北京、天津。<br>（3）敦煌石窟发现藏经洞，其中储存大量古代写本文书等文物。 |
| 1901 | 签订《辛丑条约》，中国向英、美、俄、德、日等国赔款白银 4.5 亿两，俗称庚子赔款。 |
| 1902 | 《大公报》在天津创刊。 |
| 1903 | （1）英国发动第二次侵藏战争，侵占拉萨。<br>（2）刘鹗刊印《铁云藏龟》。 |

续表

| 年代 | 大事记 |
|---|---|
| 1904 | （1）黄兴、宋教仁等在湖南长沙组建华兴会。陶成章、蔡元培在上海成立光复会。<br>（2）清朝政府正式颁布新学制。<br>（3）商务印书馆《东方杂志》月刊在上海创刊。<br>（4）《二十世纪大舞台》杂志在上海创刊，这是我国最早的戏剧专刊。<br>（5）无线电报开始使用。 |
| 1904—1997 | 邓小平，无产阶级革命家，中国共产党、中国人民解放军、中华人民共和国的主要领导人。 |
| 1905 | （1）孙中山在日本东京组建中国同盟会，创办《民报》，在该报发刊词中首次提出包括民族、民生、民权的“三民主义”。<br>（2）清朝政府正式废除科举制度。<br>（3）第一个国家银行大清户部银行开设。 |
| 1906 | （1）中英签订《续订藏印条约》，英国承认中国对西藏的领土主权。<br>（2）京汉铁路正式通车。 |
| 1907 | 京奉铁路正式通车。 |
| 1908 | （1）清朝政府颁布《钦定宪法大纲》。<br>（2）王国维发表《人间词话》。 |
| 1909 | （1）清朝政府开始进行第一次全国人口调查。<br>（2）詹天佑设计建造的京张（张家口）铁路建成通车。<br>（3）第一座国家图书馆京师图书馆在北京筹建。<br>（4）近代诗歌社团“南社”成立。 |
| 1910 | （1）第一届官商合办商品博览会南洋劝业会在南京举办。<br>（2）清朝政府颁布第一部著作权法《大清著作权律》。<br>（3）商务印书馆《小说月报》在上海创刊。 |

续表

| 年代 | 大事记 |
| --- | --- |
| 1911 | （1）革命党人发动黄花岗起义，失败。<br>（2）蒋翊武、孙武等筹划武昌起义。<br>（3）四川保路运动。<br>（4）辛亥革命爆发，清朝政府被推翻。 |
| 1912 | （1）中华民国成立，孙中山在南京就任中华民国临时大总统。改用公历纪年。<br>（2）宣统皇帝溥仪宣布退位，清亡。<br>（3）袁世凯就任临时大总统。<br>（4）国民党成立。<br>（5）中华书局在上海创办。 |

【注】

① 本大事年表截止到 1912 年中华民国成立。

② 非具体年代，用符号 ※ 表示。

# 二　民族；宗亲；计量

# 中国古代主要少数民族简表

| 序号 | 民族名称 | 生活朝代与区域 | 历史上所建政权 |
|---|---|---|---|
| 1 | 白蛮 | 唐代、五代时分布于今云南滇池地区及四川南部。 | 南诏、大理 |
| 2 | 党项羌 | 羌族的一支。南北朝时分布于今青海和四川地区，唐代迁移到今甘肃、宁夏、陕北一带。 | 西夏 |
| 3 | 氐族 | 殷周至南北朝时分布在今陕西、甘肃、四川地区，汉魏后长期与汉人杂居。 | 仇池、前秦、后凉 |
| 4 | 东胡 | 春秋战国时分布于匈奴（胡）以东，故名。后来分为两支：迁居乌桓山的一支称乌桓，迁居鲜卑山的一支称鲜卑。 | |
| 5 | 东突厥 | 隋代突厥分裂为东、西两部，东突厥迁居漠南。又称北突厥。 | 东突厥汗国 |
| 6 | 夫余 | 西汉时分布于今吉林松花江伊通河流域。又作“扶余”“凫臾”。 | 夫余国 |
| 7 | 高句丽 | 西汉时分布于今鸭绿江以西地区。又称句骊、高丽。 | |
| 8 | 回纥 | 北魏时游牧于鄂尔浑河和色楞格河流域，唐代迁移至兴安岭一带，后又分为三支西迁。后改作“回鹘”。 | 回纥汗国 |
| 9 | 回鹘 | 即回纥。 | |
| 10 | 羯 | 源于小月氏。魏晋时分布于今山西潞城一带。 | 后赵 |
| 11 | 闽越 | 古越人的一支。秦汉时分布于今福建、浙江、台湾等地区。 | 闽越国 |
| 12 | 靺鞨 | 来源于肃慎，北魏时称勿吉。隋唐时分布于今松花江、牡丹江流域及黑龙江中下游地区。 | 渤海国 |

续表

| 序号 | 民族名称 | 生活朝代与区域 | 历史上所建政权 |
|---|---|---|---|
| 13 | 女真 | 源于唐代的黑水靺鞨，五代时分布于松花江、黑龙江下游地区。又称女直。 | 金 |
| 14 | 契丹 | 北魏时游牧于今辽河上游一带，北宋时一部分契丹人西迁。 | 契丹国、辽、西辽 |
| 15 | 羌族 | 殷商时分布于今甘肃、青海、四川一带，有一部分居中原。东汉末年，部分羌人东迁至内地。 | 后秦、西夏 |
| 16 | 柔然 | 南北朝时游牧于今鄂尔浑河和土拉河流域一带。西魏时并入突厥。 | 柔然国、高昌 |
| 17 | 肃慎 | 殷商、西周时分布于长白山、黑龙江中下游一带。又称息慎。秦汉后改称挹娄。 | |
| 18 | 吐谷浑 | 鲜卑慕容部的一支。西晋末年西迁至今甘肃、青海一带。又称吐浑。 | 吐谷浑国 |
| 19 | 突厥 | 隋唐时游牧于今阿尔泰山以南，后分裂为东突厥和西突厥。 | 突厥汗国 |
| 20 | 吐蕃 | 唐代分布于青藏高原地区。 | 吐蕃国 |
| 21 | 畏吾儿 | 元明两代对回鹘的异译。又作“畏兀儿”。 | |
| 22 | 乌桓 | 东胡的一支，秦汉时迁居乌桓山一带，即今内蒙古阿鲁科尔沁旗以北地区。又作“乌丸”。 | |
| 23 | 乌蛮 | 唐代分布于今云南、四川、贵州一带。 | 南诏国 |
| 24 | 勿吉 | 即靺鞨。 | |
| 25 | 西突厥 | 隋代分布于今新疆和中亚诸国一带。 | 西突厥汗国 |
| 26 | 鲜卑 | 东胡的一支。秦汉时游牧于鲜卑山一带，即今内蒙古洮儿河与西拉木伦河之间，两晋、南北朝时内迁至今华北和西北地区。 | 前燕、后燕、南燕、西秦、南凉、北魏、北周、西魏 |
| 27 | 小月氏 | 西汉时没有西迁的月氏人与羌人杂居于今祁连山一带，称小月氏。 | |

续表

| 序号 | 民族名称 | 生活朝代与区域 | 历史上所建政权 |
| --- | --- | --- | --- |
| 28 | 匈奴 | 战国时期至秦汉时分布于中国北部、东北部和西北地区。后分为两支：北匈奴在漠北，南匈奴在漠南。并不断内迁。 | 前赵、夏、北凉 |
| 29 | 夜郎 | 战国时期至汉代，分布于今贵州、云南、四川一带。 | 夜郎国 |
| 30 | 挹娄 | 来源于肃慎。汉代至两晋时分布于今长白山北、松花江、黑龙江中下游一带。北魏时称勿吉。隋唐时称靺鞨。 | |
| 31 | 月氏 | 秦汉时游牧于今敦煌、祁连山一带，西汉时大部分西迁至今新疆伊犁河流域。又称大月氏。西迁的月氏人称小月氏。 | |
| 32 | 越族 | 秦汉前后分布于长江中下游以南，今浙江、福建、江西、湖南及广东、广西一带。因部落众多，又称白越或白粤。 | |

# 中国现代少数民族简表

【说明】

中国是一个多民族的国家，除汉族之外，还有 55 个少数民族。

| 序号 | 民族名称 | 主要分布地区 |
|---|---|---|
| 1 | 阿昌族 | 云南。 |
| 2 | 白族 | 云南、贵州、湖南等地。 |
| 3 | 保安族 | 甘肃。 |
| 4 | 布朗族 | 云南。 |
| 5 | 布依族 | 贵州。 |
| 6 | 朝鲜族 | 吉林、黑龙江、辽宁等地。 |
| 7 | 达斡尔族 | 内蒙古、黑龙江、新疆等地。 |
| 8 | 傣族 | 云南。 |
| 9 | 德昂族 | 云南。 |
| 10 | 东乡族 | 甘肃、新疆。 |
| 11 | 侗族 | 贵州、湖南、广西等地。 |
| 12 | 独龙族 | 云南。 |
| 13 | 高山族 | 台湾、福建。 |
| 14 | 仡佬族 | 贵州、广西。 |
| 15 | 俄罗斯族 | 新疆、黑龙江。 |
| 16 | 鄂伦春族 | 内蒙古、黑龙江。 |
| 17 | 鄂温克族 | 内蒙古、黑龙江。 |
| 18 | 哈尼族 | 云南。 |
| 19 | 哈萨克族 | 新疆、甘肃、青海等地。 |

续表

| 序号 | 民族名称 | 主要分布地区 |
| --- | --- | --- |
| 20 | 赫哲族 | 黑龙江。 |
| 21 | 回族 | 宁夏、甘肃、河南、新疆、青海、云南、河北、山东、安徽、辽宁、北京、内蒙古、天津、黑龙江、陕西、吉林、江苏、贵州、重庆、海南等地。 |
| 22 | 基诺族 | 云南。 |
| 23 | 京族 | 广西。 |
| 24 | 景颇族 | 云南。 |
| 25 | 柯尔克孜族 | 新疆、黑龙江。 |
| 26 | 拉祜族 | 云南。 |
| 27 | 黎族 | 海南。 |
| 28 | 傈僳族 | 云南、四川等地。 |
| 29 | 珞巴族 | 西藏。 |
| 30 | 满族 | 辽宁、黑龙江、吉林、河北、内蒙古、北京、重庆等地。 |
| 31 | 毛南族 | 广西。 |
| 32 | 门巴族 | 西藏。 |
| 33 | 蒙古族 | 内蒙古、辽宁、新疆、黑龙江、吉林、青海、甘肃、河北、河南等地。 |
| 34 | 苗族 | 贵州、云南、广西、重庆、四川、湖南、湖北、海南等地。 |
| 35 | 仫佬族 | 广西。 |
| 36 | 纳西族 | 云南、四川。 |
| 37 | 怒族 | 云南。 |
| 38 | 普米族 | 云南。 |
| 39 | 羌族 | 四川。 |
| 40 | 撒拉族 | 青海、甘肃等地。 |

续表

| 序号 | 民族名称 | 主要分布地区 |
|---|---|---|
| 41 | 畲族 | 福建、浙江、江西、广东等地。 |
| 42 | 水族 | 贵州、广西。 |
| 43 | 塔吉克族 | 新疆。 |
| 44 | 塔塔尔族 | 新疆。 |
| 45 | 土族 | 青海、甘肃。 |
| 46 | 土家族 | 湖北、湖南、重庆等地。 |
| 47 | 佤族 | 云南。 |
| 48 | 维吾尔族 | 新疆。 |
| 49 | 乌孜别克族 | 新疆。 |
| 50 | 锡伯族 | 辽宁、新疆、吉林、黑龙江等地。 |
| 51 | 瑶族 | 广西、湖南、云南、广东、贵州等地。 |
| 52 | 彝族 | 云南、四川、重庆、贵州、广西等地。 |
| 53 | 裕固族 | 甘肃。 |
| 54 | 藏族 | 西藏、四川、重庆、青海、甘肃、云南等地。 |
| 55 | 壮族 | 广西、云南、广东、贵州、湖南等地。 |

# 中国人口简表

| 时代 | | 中国纪年 | 公元纪年 | 全国人口数（万人） |
|---|---|---|---|---|
| 夏、商 | | | 约前2070—前1046 | 约1355 |
| 西周 | | 成王时期 | 前1020 | 1371 |
| 东周 | | 庄王十三年 | 前684 | 1184 |
| 秦 | | 秦始皇二十六年 | 前221 | 2000 |
| 西汉 | | 平帝元始二年 | 公元2 | 5959 |
| 东汉 | | 光武帝中元二年 | 57 | 2100 |
| | | 桓帝永寿三年 | 157 | 5648 |
| 三国 | 魏 | 曹奂景元四年 | 263 | 443 |
| | 蜀 | 刘禅炎兴元年 | 263 | 94 |
| | 吴 | 孙皓天纪四年 | 280 | 230 |
| 隋 | | 炀帝大业五年 | 609 | 4602 |
| 唐 | | 天宝元年 | 742 | 4891 |
| 宋 | 北宋 | 真宗景德三年 | 1006 | 1628 |
| | 南宋 | 宁宗嘉定十六年 | 1223 | 2832 |
| 元 | | 世祖至元二十八年 | 1291 | 5985 |
| 明 | | 成祖永乐元年 | 1403 | 6660 |
| 清 | | 圣祖康熙二十三年 | 1684 | 10170 |
| | | 宣宗道光十三年 | 1833 | 39894 |
| 中华民国 | | 民国元年 | 1912 | 40581 |
| | | 民国三十六年 | 1947 | 45559 |

续表

| 时　代 | 中国纪年 | 公元纪年 | 全国人口数（万人） |
|---|---|---|---|
| 中华人民共和国 | 成立初年 | 1949 | 54167 |
| | 第一次人口普查 | 1953 | 60193 |
| | 第二次人口普查 | 1964 | 72307 |
| | 第三次人口普查 | 1982 | 103188 |
| | 第四次人口普查 | 1990 | 116001 |
| | 第五次人口普查 | 2000 | 129533 |
| | 第六次人口普查 | 2010 | 137053 |
| | 第七次人口普查 | 2020 | 141178 |

# 中国主要亲属关系简表

| 辈分 | 称谓 | 与本人关系 | 本人自称 | 称呼他人 | 对他人称己方 |
| --- | --- | --- | --- | --- | --- |
| 上四代 | 高祖父<br>高祖母 | 本人祖父的祖父<br>本人祖父的祖母 | 玄孙<br>玄孙女 | 令高祖父<br>令高祖母 | 家高祖父<br>家高祖母 |
| 上三代 | 曾祖父<br>曾祖母 | 本人父亲的祖父<br>本人父亲的祖母 | 曾孙<br>曾孙女 | 令曾祖父<br>令曾祖母 | 家曾祖父<br>家曾祖母 |
| 上二代 | 祖父（爷爷）<br>祖母（奶奶） | 本人父亲的父亲<br>本人父亲的母亲 | 孙<br>孙女 | 令祖父<br>令祖母 | 家祖父<br>家祖母 |
| | 外祖父（外公、姥爷）<br>外祖母（外婆、姥姥） | 本人母亲的父亲<br>本人母亲的母亲 | 外孙<br>外孙女 | 令外祖父<br>令外祖母 | 家外祖父<br>家外祖母 |
| 上一代（父辈） | 父亲（爸爸、爹）<br>母亲（妈妈、娘） | 本人的父亲<br>本人的母亲 | 儿（男）<br>女 | 令尊（尊公）<br>令堂（尊堂） | 家父（家严）<br>家母（家慈） |
| | 伯父（伯伯、大伯、大爷）<br>伯母（大娘、大妈）<br>叔父（叔叔）<br>婶母（婶娘、婶婶） | 本人父亲的哥哥<br>本人父亲的嫂子<br>本人父亲的弟弟<br>本人父亲的弟媳 | 侄<br>侄女 | 令伯<br>令伯母<br>令叔<br>令叔母 | 家伯<br>家伯母<br>家叔<br>家叔母 |

续表

| 辈分 | 称谓 | 与本人关系 | 本人自称 | 称呼他人 | 对他人称己方 |
|---|---|---|---|---|---|
| 上一代（父辈） | 姑姑（姑妈、姑母）<br>姑父（姑夫、姑丈） | 本人父亲的姐妹<br>本人父亲的姐夫、妹夫 | 侄、内侄<br>侄女、内侄女 | 令姑母<br>令姑丈 | 家姑母<br>家姑丈 |
| | 舅舅（舅父）<br>舅母（舅妈） | 本人母亲的兄弟<br>本人母亲的嫂子、弟媳 | 外甥、甥<br>外甥女、甥女 | 令母舅<br>令舅母 | 家母舅<br>家舅母 |
| | 姨母（姨妈、姨）<br>姨父（姨夫、姨丈） | 本人母亲的姐妹<br>本人母亲的姐夫、妹夫 | 外甥<br>外甥女 | 令姨母<br>令姨丈 | 家姨母<br>家姨丈 |
| | 公公（爸爸）<br>婆婆（妈妈） | 本人丈夫的父亲<br>本人丈夫的母亲 | 女 | | |
| | 岳父（爸爸）<br>岳母（妈妈） | 本人妻子的父亲<br>本人妻子的母亲 | 婿、子 | 令岳<br>令岳母 | 家岳<br>家岳母 |
| 同辈 | 哥哥、弟弟<br>姐姐、妹妹 | 本人的兄弟、姐妹 | 弟、哥<br>妹、姐 | 令兄、令弟<br>令姊、令妹 | 家兄、家弟<br>家姊、家妹 |
| | 嫂子、弟媳<br>姐夫、妹夫 | 本人的兄弟姐妹的配偶 | 弟、哥<br>妹、姐 | 令嫂、<br>令弟媳<br>令姊丈、<br>令妹丈 | 家嫂、<br>舍弟媳<br>家姊丈、<br>舍妹倩 |
| | 丈夫（先生、老公、爱人、老伴） | 女子本人的配偶 | 妻 | 尊夫君、<br>某先生 | 外子 |
| | 妻子（太太、夫人、内人、爱人、堂客、老婆、老伴） | 男子本人的配偶 | 夫 | 尊夫人、<br>嫂夫人 | 内子<br>（内人） |

续表

| 辈分 | 称谓 | 与本人关系 | 本人自称 | 称呼他人 | 对他人称己方 |
| --- | --- | --- | --- | --- | --- |
| 同辈 | 大伯子、小叔子<br>大姑子、小姑子 | 女子丈夫的兄弟、姐妹 | 弟媳、嫂子 | | |
| | 大舅子（内兄）、小舅子（内弟）、大姨子（姐）、小姨子（妹） | 男子妻子的兄弟、姐妹 | 妹夫、姐夫 | 令内兄、令内弟 | 敝内兄、敝内弟 |
| | 堂兄、堂弟<br>堂姐、堂妹 | 本人伯父或叔父的子女 | 弟、哥<br>妹、姐 | 令堂兄、令堂弟<br>令堂姐、令堂妹 | 家堂兄、家堂弟<br>家堂姐、家堂妹 |
| | 表兄、表弟<br>表姐、表妹 | 本人姑、舅、姨的子女 | 弟、哥<br>妹、姐 | 令表兄、令表弟<br>令表姐、令表妹 | 家表兄、家表弟<br>家表姐、家表妹 |
| 下一代 | 儿子<br>女儿 | 本人的子女 | 父、母 | 令郎、令公子<br>令嫒 | 小儿<br>小女 |
| | 儿媳 | 本人儿子的妻子 | 父、母 | | |
| | 女婿 | 本人女儿的丈夫 | 父、母 | 令婿 | 小婿 |
| | 侄子、侄女<br>外甥、外甥女 | 本人兄弟的子女<br>本人姐妹的子女 | 伯父、伯母<br>叔父、叔母 | | |
| | 内侄、内侄女<br>内甥、内甥女 | 本人妻子的兄弟的子女<br>本人妻子的姐妹的子女 | 姑丈、姑母 | | |

续表

| 辈分 | 称谓 | 与本人关系 | 本人自称 | 称呼他人 | 对他人称己方 |
| --- | --- | --- | --- | --- | --- |
| 下二代 | 孙子、孙女 | 本人儿子的子女 | 爷爷、奶奶 | 令孙、令孙女 | 舍孙、舍孙女 |
| | 外孙、外孙女 | 本人女儿的子女 | 外祖父、外祖母 | 令外孙、令外孙女 | 舍外孙、舍外孙女 |

【附】

① 亲家、亲家公、亲家母：称子女成婚后的对方父母。

② 连襟、襟兄、襟弟：称姐夫与妹夫之间的亲戚关系。

③ 妯娌：嫂子与弟媳的合称。

# 中国历代度制演变简表

| 时代 | 度制 | 统一换算（厘米） |
|---|---|---|
| 商 | 1尺＝10寸<br>1寸＝10分 | 1尺＝15.8<br>1寸＝1.58 |
| 战国 | 1丈＝10尺<br>1尺＝10寸<br>1寸＝10分 | 1丈＝231<br>1尺＝23.1<br>1寸＝2.31<br>1分＝0.231 |
| 秦汉 | 1引＝10丈<br>1丈＝10尺<br>1尺＝10寸<br>1寸＝10分 | 1引＝2310<br>1丈＝231<br>1尺＝23.1<br>1寸＝2.31<br>1分＝0.231 |
| 三国<br>西晋 | 1丈＝10尺<br>1尺＝10寸<br>1寸＝10分 | 1丈＝242<br>1尺＝24.2<br>1寸＝2.42<br>1分＝0.242 |
| 东晋<br>十六国 | 1丈＝10尺<br>1尺＝10寸<br>1寸＝10分 | 1丈＝245<br>1尺＝24.5<br>1寸＝2.45<br>1分＝0.245 |
| 南北朝 | 1丈＝10尺<br>1尺＝10寸<br>1寸＝10分 | 1丈＝296<br>1尺＝29.6<br>1寸＝2.96<br>1分＝0.296 |
| 隋 | 1丈＝10尺<br>1尺＝10寸<br>1寸＝10分 | 1丈＝296<br>1尺＝29.6<br>1寸＝2.96<br>1分＝0.296 |

续表

| 时代 | 度制 | 统一换算（厘米） |
|---|---|---|
| 唐 | 1丈=10尺<br>1尺=10寸<br>1寸=10分 | 小尺：1丈=300<br>1尺=30<br>1寸=3<br>1分=0.3<br>大尺：1丈=360<br>1尺=36<br>1寸=3.6<br>1分=0.36 |
| 宋元 | 1丈=10尺<br>1尺=10寸<br>1寸=10分 | 1丈=312<br>1尺=31.2<br>1寸=3.12<br>1分=0.312 |
| 明 | 1丈=10尺<br>1尺=10寸<br>1寸=10分 | 裁衣尺：1尺=34<br>1寸=3.4<br>量地尺：1尺=32.7<br>1寸=3.27<br>营造尺：1尺=32<br>1寸=3.2 |
| 清 | 1丈=10尺<br>1尺=10寸<br>1寸=10分 | 裁衣尺：1丈=355<br>1尺=35.5<br>1寸=3.55<br>量地尺：1丈=345<br>1尺=34.5<br>1寸=3.45<br>营造尺：1丈=320<br>1尺=32<br>1寸=3.2 |

# 中国历代量制演变简表

| 时代 | 量　制 | 统一换算（毫升） |
|---|---|---|
| 战国 | 齐：1 钟 = 10 釜<br>1 釜 = 4 区<br>1 区 = 4 豆<br>1 豆 = 4 升<br>秦：1 斛 = 10 斗<br>1 斗 = 10 升<br>楚：1 筲 = 5 升<br>三晋：1 齍 = ?<br>1 斛 = 10 斗<br>1 斗 = 10 升 | |
| 秦 | 1 斛 = 10 斗<br>1 斗 = 10 升 | 1 斛 = 20000<br>1 斗 = 2000<br>1 升 = 200 |
| 汉 | 1 斛 = 10 斗<br>1 斗 = 10 升<br>1 升 = 10 合<br>1 合 = 2 龠<br>1 龠 = 5 撮<br>1 撮 = 4 圭 | 1 斛 = 20000<br>1 斗 = 2000<br>1 升 = 200<br>1 合 = 20<br>1 龠 = 10<br>1 撮 = 2<br>1 圭 = 0.5 |
| 三国<br>两晋 | 1 斛 = 10 斗<br>1 斗 = 10 升<br>1 升 = 10 合 | 1 斛 = 20450<br>1 斗 = 2045<br>1 升 = 204.5<br>1 合 = 20.45 |

续表

| 时代 | 量　制 | 统一换算（毫升） |
|---|---|---|
| 南北朝 | 1 斛 = 10 斗<br>1 斗 = 10 升<br>1 升 = 10 合 | 1 斛 = 30000<br>1 斗 = 3000<br>1 升 = 300<br>1 合 = 30 |
| 隋 | 1 斛 = 10 斗<br>1 斗 = 10 升<br>1 升 = 10 合 | 开皇：1 斛 = 60000<br>1 斗 = 6000<br>1 升 = 600<br>1 合 = 60<br>大业：1 斛 = 20000<br>1 斗 = 2000<br>1 升 = 200<br>1 合 = 20 |
| 唐 | 1 斛 = 10 斗<br>1 斗 = 10 升<br>1 升 = 10 合 | 大：1 斛 = 60000<br>1 斗 = 6000<br>1 升 = 600<br>1 合 = 60<br>小：1 斛 = 20000<br>1 斗 = 2000<br>1 升 = 200<br>1 合 = 20 |
| 宋 | 1 石 = 2 斛<br>1 斛 = 5 斗<br>1 斗 = 10 升<br>1 升 = 10 合 | 1 石 = 67000<br>1 斛 = 33500<br>1 斗 = 6700<br>1 升 = 670<br>1 合 = 67 |
| 元 | 1 石 = 2 斛<br>1 斛 = 5 斗<br>1 斗 = 10 升<br>1 升 = 10 合 | 1 石 = 95000<br>1 斛 = 47500<br>1 斗 = 9500<br>1 升 = 950<br>1 合 = 95 |

续表

| 时代 | 量　制 | 统一换算（毫升） |
|---|---|---|
| 明<br>清 | 1 石 = 2 斛<br>1 斛 = 5 斗<br>1 斗 = 10 升<br>1 升 = 10 合 | 1 石 = 100000<br>1 斛 = 50000<br>1 斗 = 10000<br>1 升 = 1000<br>1 合 = 100 |

# 中国历代衡制演变简表

| 时代 | 衡　制 | 统一换算（克） |
| --- | --- | --- |
| 战国 | 楚：1 斤 = 16 两<br>1 两 = 24 铢<br>赵：1 石 = 120 斤<br>1 斤 = 16 两<br>1 两 = 24 铢<br>魏：1 镒 = 10 釿<br>1 釿 = 20 两<br>秦：1 石 = 4 钧<br>1 钧 = 30 斤<br>1 斤 = 16 两<br>1 两 = 24 铢 | 1 斤 = 250<br>1 两 = 15.6<br>1 铢 = 0.65<br>1 石 = 30000<br>1 斤 = 250<br>1 两 = 15.6<br>1 铢 = 0.65<br>1 镒 = 315<br>1 釿 = 31.5<br>1 石 = 30360<br>1 钧 = 7590<br>1 斤 = 253<br>1 两 = 15.8<br>1 铢 = 0.69 |
| 秦 | 1 石 = 4 钧<br>1 钧 = 30 斤<br>1 斤 = 16 两<br>1 两 = 24 铢 | 1 石 = 30360<br>1 钧 = 7590<br>1 斤 = 253<br>1 两 = 15.8<br>1 铢 = 0.69 |
| 汉 | 1 石 = 4 钧<br>1 钧 = 30 斤<br>1 斤 = 16 两<br>1 两 = 24 铢 | 1 石 = 29760<br>1 钧 = 7440<br>1 斤 = 248<br>1 两 = 15.5<br>1 铢 = 0.65 |

续表

| 时代 | 衡　制 | 统一换算（克） |
| --- | --- | --- |
| 汉 | | 1 石 = 26400<br>1 钧 = 6600<br>1 斤 = 220<br>1 两 = 13.8<br>1 铢 = 0.57 |
| 三国<br>两晋 | 1 石 = 4 钧<br>1 钧 = 30 斤<br>1 斤 = 16 两<br>1 两 = 24 铢 | 1 石 = 26400<br>1 钧 = 6600<br>1 斤 = 220<br>1 两 = 13.8<br>1 铢 = 0.57 |
| 南北朝 | 1 石 = 4 钧<br>1 钧 = 30 斤<br>1 斤 = 16 两<br>1 两 = 24 铢 | 梁、陈：1 斤 = 220<br>南齐：1 斤 = 330<br>北魏、北齐：1 斤 = 440<br>北周：1 斤 = 660 |
| 隋 | 1 石 = 4 钧<br>1 钧 = 30 斤<br>1 斤 = 16 两<br>1 两 = 24 铢 | 大：1 石 = 79320<br>1 钧 = 19830<br>1 斤 = 661<br>1 两 = 41.3<br>小：1 石 = 26400<br>1 钧 = 6600<br>1 斤 = 220<br>1 两 = 13.8 |
| 唐 | 1 石 = 4 钧<br>1 钧 = 30 斤<br>1 斤 = 16 两<br>1 两 = 24 铢 | 1 石 = 79320<br>1 斤 = 661<br>1 两 = 41.3<br>1 钱 = 4.13<br>1 分 = 0.41 |

续表

| 时代 | 衡　制 | 统一换算（克） |
|---|---|---|
| 宋元 | 1石=120斤<br>1斤=16两<br>1两=10钱<br>1钱=10分 | 1石=75960<br>1斤=633<br>1两=40<br>1钱=4<br>1分=0.4 |
| 明 | 1石=120斤<br>1斤=16两<br>1两=10钱<br>1钱=10分 | 1石=70800<br>1斤=590<br>1两=36.9<br>1钱=3.69<br>1分=0.37 |
| 清 | 1石=120斤<br>1斤=16两<br>1两=10钱<br>1钱=10分 | 1石=71616<br>1斤=596.8<br>1两=37.3<br>1钱=3.7<br>1分=0.37 |

# 中国历代步和亩演变简表

| 时代 | 公元纪年 | 1步合尺数 | 1亩合平方步数 | 1亩合平方尺数 | 附　注 |
|---|---|---|---|---|---|
| 周以前 | 前223年以前 | 6 | 100 | 3600 | |
| 秦至隋 | 前350—618年 | 6 | 240 | 8640 | 《史记·秦始皇本纪》："六尺为步。" |
| 唐至清 | 618—1911年 | 5 | 240 | 6000 | 唐以后改五尺为步，二百四十步为亩。 |

# 中国历代地积单位演变简表

| 时代 | 单位名称及进位 | | | | | | | |
|---|---|---|---|---|---|---|---|---|
| 周以前 | 里<br>300 步 | | 亩<br>100 步 | 步<br>6 尺 | | | | |
| 秦 | 里<br>300 步 | 顷<br>100 亩 | 亩<br>100 步 | 步<br>6 尺 | 角<br>0.25 亩 | | | |
| 汉 | 里<br>300 步 | 顷<br>100 亩 | 亩<br>240 步 | 步<br>6 尺 | 角<br>0.25 亩 | | | |
| 南北朝 | 里<br>300 步 | 顷<br>100 亩 | 亩<br>360 步 | 步<br>6 尺 | 角<br>0.25 亩 | | | |
| 唐 | 里<br>300 步 | 顷<br>100 亩 | 亩<br>240 步 | 步<br>5 尺 | 角<br>0.25 亩 | | | |
| 宋 | 里<br>300 步 | 顷<br>100 亩 | 亩<br>240 步 | 步<br>5 尺 | 分<br>0.1 亩 | 厘<br>0.01 亩 | 毫<br>0.001 亩 | 丝<br>0.0001 亩 |
| 清 | | 顷<br>100 亩 | 亩<br>240 弓 | 弓<br>5 尺 | 分<br>0.1 亩 | 厘<br>0.01 亩 | 毫<br>0.001 亩 | |

【注】

各朝代各地方尺度长短不统一，故表中亩的实际大小并不一致。台湾地区以“甲”为地积单位，1 甲约合今 11.3 亩。

# 三　天文；历法

# 五行相生相克图

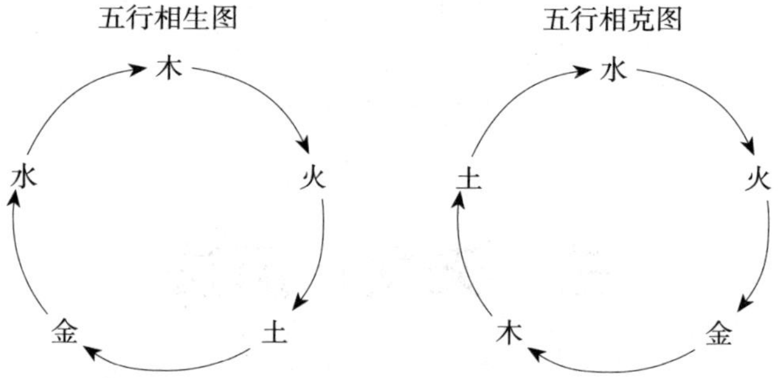


【注】

五行相生相克说：木生火，火生土，土生金，金生水，水生木；水克火，火克金，金克木，木克土，土克水。

# 四象二十八宿表

| | |
|---|---|
| 东方苍龙七宿 | 角、亢、氐、房、心、尾、箕 |
| 北方玄武七宿 | 斗、牛、女、虚、危、室、壁 |
| 西方白虎七宿 | 奎、娄、胃、昴、毕、觜、参 |
| 南方朱雀七宿 | 井、鬼、柳、星、张、翼、轸 |

【注】

古代为观测日、月、五星（木星、火星、土星、金星、水星）在星空中的运行及其他天象，选定二十八个星官作为相对标志，并分为四组，每组七宿，与四方（东、西、南、北）和四种动物形象（龙、龟蛇、虎、鸟）相配，即四象二十八宿。

# 六十甲子表

| | | | | | |
|---|---|---|---|---|---|
| (1)甲子 | (2)乙丑 | (3)丙寅 | (4)丁卯 | (5)戊辰 | (6)己巳 |
| (7)庚午 | (8)辛未 | (9)壬申 | (10)癸酉 | (11)甲戌 | (12)乙亥 |
| (13)丙子 | (14)丁丑 | (15)戊寅 | (16)己卯 | (17)庚辰 | (18)辛巳 |
| (19)壬午 | (20)癸未 | (21)甲申 | (22)乙酉 | (23)丙戌 | (24)丁亥 |
| (25)戊子 | (26)己丑 | (27)庚寅 | (28)辛卯 | (29)壬辰 | (30)癸巳 |
| (31)甲午 | (32)乙未 | (33)丙申 | (34)丁酉 | (35)戊戌 | (36)己亥 |
| (37)庚子 | (38)辛丑 | (39)壬寅 | (40)癸卯 | (41)甲辰 | (42)乙巳 |
| (43)丙午 | (44)丁未 | (45)戊申 | (46)己酉 | (47)庚戌 | (48)辛亥 |
| (49)壬子 | (50)癸丑 | (51)甲寅 | (52)乙卯 | (53)丙辰 | (54)丁巳 |
| (55)戊午 | (56)己未 | (57)庚申 | (58)辛酉 | (59)壬戌 | (60)癸亥 |

【注】

十天干的首位是甲，十二地支的首位是子，天干与地支依次相配，统称甲子。自甲子至癸亥，计六十，故称六十甲子，用以纪年、月、日、时。

# 十二时辰表

| 干支记时 | 序数记时 | 异称 |
| --- | --- | --- |
| 子时 | 半夜 23 时至翌日凌晨 1 时 | 夜半 |
| 丑时 | 凌晨 1 时至 3 时 | 鸡鸣 |
| 寅时 | 3 时至 5 时 | 平旦 |
| 卯时 | 5 时至 7 时 | 日出 |
| 辰时 | 7 时至 9 时 | 食时 |
| 巳时 | 9 时至 11 时 | 隅中 |
| 午时 | 11 时至 13 时 | 日中 |
| 未时 | 13 时至 15 时 | 日昳 |
| 申时 | 15 时至 17 时 | 晡时 |
| 酉时 | 17 时至 19 时 | 日入 |
| 戌时 | 19 时至 21 时 | 黄昏 |
| 亥时 | 21 时至 23 时 | 人定 |

【注】

旧时记时单位，一昼夜分为十二个时辰，每一时辰合现在的两小时。

# 五更表

| 名　称 | 记　　时 |
|---|---|
| 一更（一鼓） | 19 时至 21 时 |
| 二更（二鼓） | 21 时至 23 时 |
| 三更（三鼓） | 半夜 23 时至翌日凌晨 1 时 |
| 四更（四鼓） | 凌晨 1 时至 3 时 |
| 五更（五鼓） | 3 时至 5 时 |

【注】

旧时记时法，分一夜为五更，也叫五鼓。

# 十二生肖表

| 生年（地支） | 子 | 丑 | 寅 | 卯 | 辰 | 巳 | 午 | 未 | 申 | 酉 | 戌 | 亥 |
|---|---|---|---|---|---|---|---|---|---|---|---|---|
| 生肖 | 鼠 | 牛 | 虎 | 兔 | 龙 | 蛇 | 马 | 羊 | 猴 | 鸡 | 狗 | 猪 |

【注】

以十二地支与十二种动物相配，即十二生肖，也叫十二属相、十二属，用来记人的生年。

# 二十四节气表

【说明】

按公元月日计算。

| | | | |
|---|---|---|---|
| 春季 | 立　春<br>2月3—5日交节 | 雨　水<br>2月18—20日交节 | 惊　蛰<br>3月5—7日交节 |
| | 春　分<br>3月20—22日交节 | 清　明<br>4月4—6日交节 | 谷　雨<br>4月19—21日交节 |
| 夏季 | 立　夏<br>5月5—7日交节 | 小　满<br>5月20—22日交节 | 芒　种<br>6月5—7日交节 |
| | 夏　至<br>6月21—22日交节 | 小　暑<br>7月6—8日交节 | 大　暑<br>7月22—24日交节 |
| 秋季 | 立　秋<br>8月7—9日交节 | 处　暑<br>8月22—24日交节 | 白　露<br>9月7—9日交节 |
| | 秋　分<br>9月22—24日交节 | 寒　露<br>10月8—9日交节 | 霜　降<br>10月23—24日交节 |
| 冬季 | 立　冬<br>11月7—8日交节 | 小　雪<br>11月22—23日交节 | 大　雪<br>12月6—8日交节 |
| | 冬　至<br>12月21—23日交节 | 小　寒<br>1月5—7日交节 | 大　寒<br>1月20—21日交节 |

**二十四节气歌**

春雨惊春清谷天，夏满芒夏暑相连，
秋处露秋寒霜降，冬雪雪冬小大寒。
每月两节不变更，最多相差一两天，
上半年来六、廿一，下半年是八、廿三。

【注】

为表示气候变化和划分农事季节，把全年分成二十四个段落，即二十四节气。

# 农历四季月名异称表

| | |
|---|---|
| 春季 | |
| 一月 | 春孟 春首 春王 初春 初月 大簇 端春 端月 发春 发岁 芳岁 甫年 华岁 嘉月 监德 谨月 开春 开岁 孟春 孟春之月 孟阳 孟陬 睦月 青岁 青阳 三微月 三阳 三元 上春 上阳 上月 始春 首春 首岁 首正 岁初 岁始 太簇 泰阳 泰月 王春 王月 王正 王正月 献春 献岁 新春 新年 新阳 新元 新正 严月 寅孟月 寅月 元春 元旦 元月 元正 月正 早春 肇春 肇年 肇岁 正阳 正月 子春 周三月 陬月 |
| 二月 | 春半 春寒 春殷 春中 大壮月 繁节 酣春 酣月 华朝 惠风 婚月 夹钟 降人 丽月 橘如 令月 卯月 峭寒 日中 如月 四阳 四之月 踏青 桃华 桃月 跳月 杏月 阳中 衣更春 殷春 余寒 愚月 震节 中和 中和月 中阳 仲春 仲春之月 仲序 仲阳 竹秋 壮月 |
| 三月 | 残春 蚕月 辰月 春归 春和 春杪 春末 春暮 春暖 春晴 春天 春晚 春暄 稻月 殿春 姑洗 谷雨 花辰 花飞月 花老月 花饰 花旭 花月 花雨 花朝 华节 季春 嘉月 弥生 杪春 末春 暮春 暮律 暮阳 青章 清明 始洗 桃季月 桃浪 桃月 桃缘 桐月 晚春 禊月 小清明 莺时 樱笋时 余春 雩风 载阳 |
| 夏季 | |
| 四月 | 长赢 初夏 纯乾 纯阳 乏月 槐夏 槐熏 槐月 已月 立夏 六阳 麦候 麦凉 麦秋 麦秋月 麦序 卯月 梅溽 梅月 梅雨 孟夏 农节 农月 乾梅 乾月 清和 清和月 上夏 始夏 首夏 维夏 畏月 夏首 新夏 小满 炎节 阳月 余月 雩月 圉月 早夏 张绿 正阳 正阳月 中吕 仲吕 朱明 |

续表

| 夏季 | |
|---|---|
| 五月 | 菖辰 长至 超夏 重五 鹑首月 鹑月 大火 端五月 端阳 端阳月 恶月 分龙月 皋月 姤月 皇月 开明 榴热 榴夏 榴月 芒种 梅天 梅夏 梅月 鸣蜩 蒲节 蒲月 启明 蕤宾 盛夏 始月 暑月 天中 蜩月 午热 午月 夏半 夏五 夏正 夏中 小刑 星月 薰风 薰风月 雨月 浴兰月 郁蒸 仲夏 朱阳 |
| 六月 | 百钟 长列 长夏 常夏 徂暑 鹑火 遯月 伏月 蜉习 庚伏 公月 荷月 积阳 季夏 季月 焦月 皆热月 精阳 且月 具月 林钟 林钟月 流夏 流月 榴月 梅夏 末夏 暮夏 溽暑 天贶 晚夏 未月 小暑 萤月 灾阳 则且 朝月 组暑 |
| 秋季 | |
| 七月 | 蝉月 初南 初秋 初商 处暑 大晋 大庆月 瓜秋 瓜时 瓜月 金神 开秋 兰秋 兰月 老炎 冷月 凉秋 凉月 流火 孟秋 孟商 烹菽 否月 巧月 秋初 秋旱 上秋 申月 始秋 首秋 桐秋 桐月 晚炎 微凉 梧秋 梧月 相月 新凉 新秋 新月 夷则 早秋 肇秋 中元 |
| 八月 | 白露 长王 大清明 高秋 观月 桂凉 桂秋 桂月 函钟 寒旦 阖户月 获月 佳月 露华 露凉 南吕 巧月 清秋 秋半 秋高 秋凉 秋霖 秋天 秋阳 秋殷 秋中 素月 虚宿 雁来月 雁月 燕去月 叶月 迎寒 酉月 正秋 柘月 中律 中秋 仲秋 仲商 竹小春 壮月 |
| 九月 | 剥月 残秋 重九 重阳 枫辰 枫月 高秋 贯月 鸿宾月 季秋 季商 菊开月 菊秋 菊月 凉秋 杪秋 暮秋 暮商 青女月 穷秋 秋末 秋深 授衣 霜辰 霜冷 霜令 霜天 霜序 霜月 肃商 肃霜 素秋 岁晏 天睢 晚秋 亡射 无射 朽月 虚中 玄月 咏月 终玄 |

续表

| 冬季 | |
|---|---|
| 十月 | 畅月 初冬 初寒 初雪 大素 大月 大章 方冬 亥月 吉月 极阳 开冬 坤月 立冬 良月 孟冬 上冬 神无月 始冰 始冬 首冬 小春 小吕 小阳春 新冬 玄冬 玄英 玄仲 阳月 阳止 应钟 应钟月 早冬 仲冬 |
| 十一月 | 冰沍 冰壮 畅月 达月 冬半 短至 乏日 复月 辜月 广寒月 黄钟 葭月 六吕 龙潜月 南至 祈寒 三至 霜月 水正 天泉 天正月 新阳 星纪 雪寒 亚岁 阳复 阳祭 叶蛰官 章月 正冬 正岁 纸月 至寒 至月 中寒 仲冬 周月 周正 子月 |
| 十二月 | 冰月 残冬 残沍 残腊 丑月 除月 大吕 大蜡 凋月 冬季 冬素 二阳 二之日 黄冬 季冬 嘉平 橘涂 腊月 冷月 栗寒 烈寒 杪冬 杪岁 末冬 暮冬 暮节 暮岁 清祀 穷冬 穷沍 穷纪 穷节 穷律 穷稔 穷阴 穷月 三余 师驰 岁杪 岁终 天皓 涂月 晚冬 星回节 玄律 玄枵 严月 殷正 余月 蜡月 终月 |

# 纪日雅名异称表

| | |
|---|---|
| 一 月 | |
| 初一日 | 元日 上日 朔日 元辰 四始 三朝 正日 鸡日 三元 三朔 献节 正朝 元正 七始 小岁 天中节 天正节 天腊 云开节 大年朝 岁朝春 |
| 初二日 | 狗日 犬日 植竹 |
| 初三日 | 猪日 小年朝 天庆节 上正三节 |
| 初四日 | 羊日 开墓节 |
| 初五日 | 牛日 |
| 初六日 | 马日 |
| 初七日 | 人日 登高 元七 灵辰 人胜节 |
| 初八日 | 谷日 谷生日 上八日 |
| 初九日 | 天诞 朝三元 |
| 十三日 | 挂塔灯 散灯 |
| 十四日 | 迎节 送节 |
| 十五日 | 上元 元宵 元夕 元夜 灯夕 元神 传柑节 |
| 十七日 | 展上元 |
| 十九日 | 燕九节 宴丘 阉丘 燕九日 |
| 二十日 | 天穿 补天漏 天饥日 补天穿 |
| 廿一日 | 天地穿日 补天穿 |
| 廿九日 | 穷九 窈九 |
| 三十日 | 送穷 后九 |
| 二 月 | |
| 初一日 | 初吉 中和节 芳春节 催花节 天正节 中春 |

续表

| 二　月 | |
|---|---|
| 初二日 | 迎富节　花朝节　踏青节　挑菜节　春耕节 |
| 初八日 | 芳春节 |
| 初九日 | 三令节 |
| 十三日 | 收花日 |
| 十四日 | 花除夕 |
| 十五日 | 花朝　花朝节　降圣节　真元节　花生日　春半　劝农日 |
| 三　月 | |
| 初一日 | 大昕　入蚕 |
| 初二日 | 中和节 |
| 初三日 | 上巳　元巳　初巳　上除　三巳　祓褉日　踏青　重三青阑 |
| 初五日 | 禁烟 |
| 十一日 | 麦生日 |
| 十五日 | 展上巳 |
| 十六日 | 黄姑浸种日 |
| 二十日 | 散花节 |
| 三十日 | 春尽日 |
| 四　月 | |
| 初一日 | 清和日　四日　正阳日　天祺节　天祯节 |
| 初四日 | 稻生日　稻熟日 |
| 初八日 | 浴佛日　佛生日　佛节　浴佛节　佛诞辰 |
| 十五日 | 结夏　结制 |
| 十九日 | 浣花日 |
| 五　月 | |
| 初一日 | 端一 |
| 初二日 | 端二 |

续表

| 五　月 | |
|---|---|
| 初五日 | 端五　端阳日　艾节　歇节　小端阳　天中节　重五　重午　端午　浴兰节　午日 |
| 初九日 | 沐浴日 |
| 十三日 | 竹醉日　竹迷日　龙生日 |
| 十五日 | 大端阳 |
| 六　月 | |
| 初六日 | 清暑日　天贶节　六六日　浴猫狗日 |
| 初八日 | 采芝 |
| 廿四日 | 观莲节 |
| 廿八日 | 火把节　火节 |
| 七　月 | |
| 初一日 | 先天节 |
| 初七日 | 七夕　良日　巧夕　小儿节　绮节　首秋节　鹊驾日　双莲节　星期　仙期　巧日 |
| 初八日 | 八夕 |
| 十五日 | 中元　中元节　受腊日 |
| 八　月 | |
| 初一日 | 天医节　六神日 |
| 初八日 | 橘小春　竹小春 |
| 初九日 | 元成节 |
| 十五日 | 月夕　端正节　一半秋　三五夕　中秋节　移花日　团圆节　中秋　八月半 |
| 十六日 | 中秋 |
| 十八日 | 迎潮　潮生日　潮日　观潮节 |

续表

| 九　月 | |
|---|---|
| 初八日 | 菜市 |
| 初九日 | 重九　重阳　九九辰　九辰　阳数节　菊花节　茱萸节　菊酒之辰　黄花节　菊秋　上九 |
| 初十日 | 小重阳 |
| 十九日 | 展重阳　古重阳 |
| 十　月 | |
| 初一日 | 十朔　阳朔　四始日　开炉日　拜冬 |
| 初三日 | 龙聚日 |
| 初九日 | 阉九 |
| 初十日 | 重十 |
| 十五日 | 下元 |
| 二十日 | 霑日 |
| 十一月 | |
| 初一日 | 正朔　岁朔　天正 |
| 初五日 | 天应节 |
| 十二月 | |
| 初一日 | 地正 |
| 初八日 | 腊日　腊八 |
| 十二日 | 百福日 |
| 十六日 | 星回节 |
| 廿三日 | 小年 |
| 廿四日 | 小年　小节夜　迎傩　小岁辰　交年节　除残　念四夜　小除夕　小年夜　小过年 |
| 廿五日 | 爆竹 |
| 廿七日 | 除残 |

续表

| 十二月 | |
|---|---|
| 廿九日 | 小除　小年夜 |
| 三十日 | 除夜　除日　守岁　除夕节　年夜　穷日　岁除　冬尽　岁尽　岁穷　大节夜　大年夜 |

# 韵目代日表

| | | | |
|---|---|---|---|
| 一　日 | 东、先、董、送、屋 | 十七日 | 篠、霰、洽 |
| 二　日 | 冬、萧、肿、宋、沃 | 十八日 | 巧、啸 |
| 三　日 | 江、肴、讲、绛、觉 | 十九日 | 皓、效 |
| 四　日 | 支、豪、纸、寘、质 | 二十日 | 哿、号 |
| 五　日 | 微、歌、尾、未、物 | 二十一日 | 马、箇 |
| 六　日 | 鱼、麻、语、御、月 | 二十二日 | 养、祃 |
| 七　日 | 虞、阳、麌、遇、曷 | 二十三日 | 梗、漾 |
| 八　日 | 齐、庚、荠、霁、黠 | 二十四日 | 迥、敬 |
| 九　日 | 佳、青、蟹、泰、屑 | 二十五日 | 有、径 |
| 十　日 | 灰、蒸、贿、卦、药 | 二十六日 | 寝、宥 |
| 十一日 | 真、尤、轸、队、陌 | 二十七日 | 感、沁 |
| 十二日 | 文、侵、吻、震、锡 | 二十八日 | 俭、勘 |
| 十三日 | 元、覃、阮、问、职 | 二十九日 | 豏、艳 |
| 十四日 | 寒、监、旱、愿、缉 | 三十日 | 陷 |
| 十五日 | 删、咸、潸、翰、合 | 三十一日 | 世、引 |
| 十六日 | 铣、谏、叶 | | |

# 1931—2030 年
# 公历纪年与干支纪年对照简表

| 公　　历 | 干支 | 闰月 | 属相 |
|---|---|---|---|
| 1931 年（民国二十年） | 辛未 | | 肖羊 |
| 1932 年（民国二十一年） | 壬申 | | 肖猴 |
| 1933 年（民国二十二年） | 癸酉 | 闰五月 | 肖鸡 |
| 1934 年（民国二十三年） | 甲戌 | | 肖狗 |
| 1935 年（民国二十四年） | 乙亥 | | 肖猪 |
| 1936 年（民国二十五年） | 丙子 | 闰三月 | 肖鼠 |
| 1937 年（民国二十六年） | 丁丑 | | 肖牛 |
| 1938 年（民国二十七年） | 戊寅 | 闰七月 | 肖虎 |
| 1939 年（民国二十八年） | 己卯 | | 肖兔 |
| 1940 年（民国二十九年） | 庚辰 | | 肖龙 |
| 1941 年（民国三十年） | 辛巳 | 闰六月 | 肖蛇 |
| 1942 年（民国三十一年） | 壬午 | | 肖马 |
| 1943 年（民国三十二年） | 癸未 | | 肖羊 |
| 1944 年（民国三十三年） | 甲申 | 闰四月 | 肖猴 |
| 1945 年（民国三十四年） | 乙酉 | | 肖鸡 |
| 1946 年（民国三十五年） | 丙戌 | | 肖狗 |
| 1947 年（民国三十六年） | 丁亥 | 闰二月 | 肖猪 |
| 1948 年（民国三十七年） | 戊子 | | 肖鼠 |
| 1949 年（民国三十八年，中华人民共和国 10 月 1 日成立） | 己丑 | 闰七月 | 肖牛 |
| 1950 年 | 庚寅 | | 肖虎 |
| 1951 年 | 辛卯 | | 肖兔 |
| 1952 年 | 壬辰 | 闰五月 | 肖龙 |
| 1953 年 | 癸巳 | | 肖蛇 |

续表

| 公　　历 | 干支 | 闰月 | 属相 |
|---|---|---|---|
| 1954年 | 甲午 | | 肖马 |
| 1955年 | 乙未 | 闰三月 | 肖羊 |
| 1956年 | 丙申 | | 肖猴 |
| 1957年 | 丁酉 | 闰八月 | 肖鸡 |
| 1958年 | 戊戌 | | 肖狗 |
| 1959年 | 己亥 | | 肖猪 |
| 1960年 | 庚子 | 闰六月 | 肖鼠 |
| 1961年 | 辛丑 | | 肖牛 |
| 1962年 | 壬寅 | | 肖虎 |
| 1963年 | 癸卯 | 闰四月 | 肖兔 |
| 1964年 | 甲辰 | | 肖龙 |
| 1965年 | 乙巳 | | 肖蛇 |
| 1966年 | 丙午 | 闰三月 | 肖马 |
| 1967年 | 丁未 | | 肖羊 |
| 1968年 | 戊申 | 闰七月 | 肖猴 |
| 1969年 | 己酉 | | 肖鸡 |
| 1970年 | 庚戌 | | 肖狗 |
| 1971年 | 辛亥 | 闰五月 | 肖猪 |
| 1972年 | 壬子 | | 肖鼠 |
| 1973年 | 癸丑 | | 肖牛 |
| 1974年 | 甲寅 | 闰四月 | 肖虎 |
| 1975年 | 乙卯 | | 肖兔 |
| 1976年 | 丙辰 | 闰八月 | 肖龙 |
| 1977年 | 丁巳 | | 肖蛇 |
| 1978年 | 戊午 | | 肖马 |
| 1979年 | 己未 | 闰六月 | 肖羊 |
| 1980年 | 庚申 | | 肖猴 |
| 1981年 | 辛酉 | | 肖鸡 |
| 1982年 | 壬戌 | 闰四月 | 肖狗 |
| 1983年 | 癸亥 | | 肖猪 |

续表

| 公　　历 | 干支 | 闰月 | 属相 |
|---|---|---|---|
| 1984 年 | 甲子 | 闰十月 | 肖鼠 |
| 1985 年 | 乙丑 | | 肖牛 |
| 1986 年 | 丙寅 | | 肖虎 |
| 1987 年 | 丁卯 | 闰六月 | 肖兔 |
| 1988 年 | 戊辰 | | 肖龙 |
| 1989 年 | 己巳 | | 肖蛇 |
| 1990 年 | 庚午 | 闰五月 | 肖马 |
| 1991 年 | 辛未 | | 肖羊 |
| 1992 年 | 壬申 | | 肖猴 |
| 1993 年 | 癸酉 | 闰三月 | 肖鸡 |
| 1994 年 | 甲戌 | | 肖狗 |
| 1995 年 | 乙亥 | 闰八月 | 肖猪 |
| 1996 年 | 丙子 | | 肖鼠 |
| 1997 年 | 丁丑 | | 肖牛 |
| 1998 年 | 戊寅 | 闰五月 | 肖虎 |
| 1999 年 | 己卯 | | 肖兔 |
| 2000 年 | 庚辰 | | 肖龙 |
| 2001 年 | 辛巳 | 闰四月 | 肖蛇 |
| 2002 年 | 壬午 | | 肖马 |
| 2003 年 | 癸未 | | 肖羊 |
| 2004 年 | 甲申 | 闰二月 | 肖猴 |
| 2005 年 | 乙酉 | | 肖鸡 |
| 2006 年 | 丙戌 | 闰七月 | 肖狗 |
| 2007 年 | 丁亥 | | 肖猪 |
| 2008 年 | 戊子 | | 肖鼠 |
| 2009 年 | 己丑 | 闰五月 | 肖牛 |
| 2010 年 | 庚寅 | | 肖虎 |
| 2011 年 | 辛卯 | | 肖兔 |
| 2012 年 | 壬辰 | 闰四月 | 肖龙 |
| 2013 年 | 癸巳 | | 肖蛇 |

续表

| 公　　历 | 干支 | 闰月 | 属相 |
|---|---|---|---|
| 2014 年 | 甲午 | 闰九月 | 肖马 |
| 2015 年 | 乙未 | | 肖羊 |
| 2016 年 | 丙申 | | 肖猴 |
| 2017 年 | 丁酉 | 闰六月 | 肖鸡 |
| 2018 年 | 戊戌 | | 肖狗 |
| 2019 年 | 己亥 | | 肖猪 |
| 2020 年 | 庚子 | 闰四月 | 肖鼠 |
| 2021 年 | 辛丑 | | 肖牛 |
| 2022 年 | 壬寅 | | 肖虎 |
| 2023 年 | 癸卯 | 闰二月 | 肖兔 |
| 2024 年 | 甲辰 | | 肖龙 |
| 2025 年 | 乙巳 | 闰六月 | 肖蛇 |
| 2026 年 | 丙午 | | 肖马 |
| 2027 年 | 丁未 | | 肖羊 |
| 2028 年 | 戊申 | 闰五月 | 肖猴 |
| 2029 年 | 己酉 | | 肖鸡 |
| 2030 年 | 庚戌 | | 肖狗 |

# 中国主要历法表①

| 历名 | 创制者 | 制定年（公元） | 行用年（公元） | 刊载文献 |
|---|---|---|---|---|
| 黄帝历<br>颛顼历<br>夏　历<br>殷　历<br>周　历<br>鲁　历 ② | | 战国时期 | 战国时期，其中颛顼历一直用到公元前104年汉武帝改历为止 | 《汉书·律历志》《开元占经》 |
| 太初历（三统历） | （西汉）邓平、落下闳 | 前104 | 前104—公元84 | 《汉书·律历志》 |
| 四分历 | （东汉）李梵、编䜣 | 85 | 85—263 | 《后汉书·律历志》 |
| 乾象历 | （东汉）刘洪 | 206 | 223—280 | 《晋书·律历志》 |
| 景初历（太始历、永初历） | （三国·魏）杨伟 | 237 | 237—451 | 《晋书·律历志》《宋书·历志》 |
| 三纪甲子元　历 | （后秦）姜岌 | 384 | 384—517 | 《晋书·律历志》 |
| 元嘉历（建元历） | （南朝·宋）何承天 | 443 | 445—509 | 《宋书·律历志》 |
| 大明历 | （南朝·宋）祖冲之 | 463 | 510—589 | （同上） |
| 正光历 | （北魏）李业兴 | 521 | 523—565 | 《魏书·律历志》 |
| 兴和历 | （东魏）李业兴 | 540 | 540—550 | （同上） |
| 大象历 | （北周）马显 | 579 | 579—583 | 《隋书·律历志》 |
| 开皇历 | （隋）张宾 | 584 | 584—596 | （同上） |

续表

| 历名 | 创制者 | 制定年（公元） | 行用年（公元） | 刊载文献 |
|---|---|---|---|---|
| 大业历 | （隋）张胄玄 | 597 | 597—618 | （同上） |
| 戊寅元历 | （唐）傅仁均、崔善为 | 619 | 619—664 | 《旧唐书·历志》《新唐书·历志》 |
| 麟德历 | （唐）李淳风 | 665 | 665—728 | （同上） |
| 大衍历 | （唐）一行 | 728 | 729—761 | （同上） |
| 至德历 | （唐）韩颖 | 758 | 758—762 | 《新唐书·历志》 |
| 五纪历 | （唐）郭献之 | 762 | 762—783 | （同上） |
| 符天历 | （唐）曹士蒍 | 780～783 | 行于民间，直至宋代 | 《新五代史·司天考》 |
| 正元历 | （唐）徐承嗣 | 783 | 784—806 | 《新唐书·历志》 |
| 观象历 | （唐）徐昂 | 807 | 807—821 | （同上） |
| 宣明历 | （同上） | 822 | 822—892 | （同上） |
| 崇玄历 | （唐）边冈 | 893 | 893—938 | （同上） |
| 永昌历 | （五代·前蜀）胡秀林 | 909 | 909—911 | 《通鉴目录》 |
| 正象历 | （同上） | 912 | 912—925 | （同上） |
| 钦天历 | （五代·后周）王朴 | 956 | 956—963 | 《旧五代史·历志》《新五代史·司天考》 |
| 应天历 | （北宋）王处讷 | 963 | 964—982 | 《宋史·律历志》 |
| 乾元历 | （北宋）吴昭素 | 981 | 983—1000 | （同上） |
| 大明历 | （辽）贾俊 | 994 | 995—1125；1123—1136 | 《辽史·历象志》错录祖冲之大明历 |
| 仪天历 | （北宋）史序 | 1001 | 1001—1023 | 《宋史·律历志》 |
| 崇天历 | （北宋）宋行古 | 1024 | 1024—1064；1068—1074 | （同上） |
| 明天历 | （北宋）周琮 | 1064 | 1065—1067 | （同上） |

续表

| 历名 | 创制者 | 制定年（公元） | 行用年（公元） | 刊载文献 |
| --- | --- | --- | --- | --- |
| 奉元历 | （北宋）卫朴 | 1074 | 1075—1093 | 李锐补修《奉元术》 |
| 观天历 | （北宋）皇居卿 | 1092 | 1094—1102 | 《宋史·律历志》 |
| 占天历 | （北宋）姚舜辅 | 1103 | 1103—1105 | 李锐补修《占天术》 |
| 纪元历 | （同上） | 1106 | 1106—1127；1133—1135 | 《宋史·律历志》 |
| 统元历 | （南宋）陈德一 | 1135 | 1136—1167 | （同上） |
| 乾道历 | （南宋）刘孝荣 | 1167 | 1168—1176 | （同上） |
| 淳熙历 | （同上） | 1176 | 1177—1190 | （同上） |
| 重修大明历 | （金）赵知微 | 1181 | 1181—1234；1215—1280 | 《金史·历志》 |
| 会元历 | （南宋）刘孝荣 | 1191 | 1191—1198 | 《宋史·律历志》 |
| 统天历 | （南宋）杨忠辅 | 1199 | 1199—1207 | （同上） |
| 开禧历 | （南宋）鲍澣之 | 1207 | 1208—1251 | （同上） |
| 成天历 | （南宋）陈鼎 | 1271 | 1271—1276 | 《宋史·律历志》 |
| 授时历（大统历） | （元）郭守敬 | 1280 | 1280—1644 | 《元史·历志》 |
| 新法历（时宪历） | （明）徐光启等 | 1634 | 1645—1723 | 《崇祯历书》《历象考成》 |
| 癸卯元历 | （清）戴进贤 | 1742 | 1742—1911 | 《历象考成后编》 |
| 天历 | （太平天国）洪仁玕 | 1852 | 1852—1864 | 《己未九年改历诏旨》 |
| 公历（即格雷果里历） |  | 1582 | 1912 至今 |  |

【注】

① 资料来源:《中国大百科全书》天文学卷。

② 从黄帝历至鲁历合称古六历。

# 四　语言；文字

# 中国民族语言系属简表

<table>
<tr><th>语 系</th><th>语 族</th><th>语 支</th><th>民 族 语 言</th></tr>
<tr><td rowspan="13">汉藏语系</td><td colspan="3">汉语</td></tr>
<tr><td rowspan="5">藏缅语族</td><td>藏语支</td><td>藏语、嘉戎语、门巴语</td></tr>
<tr><td>景颇语支</td><td>景颇语</td></tr>
<tr><td>彝语支</td><td>彝语、哈尼语、纳西语、傈僳语、拉祜语、基诺语</td></tr>
<tr><td>缅语支</td><td>载瓦语、阿昌语</td></tr>
<tr><td>语支未定</td><td>白语、羌语、普米语、珞巴语、独龙语、土家语、怒语</td></tr>
<tr><td rowspan="3">苗瑶语族</td><td>苗语支</td><td>苗语、布努语</td></tr>
<tr><td>瑶语支</td><td>瑶语、勉语</td></tr>
<tr><td>语支未定</td><td>畲语</td></tr>
<tr><td rowspan="3">壮侗语族</td><td>壮傣语支</td><td>壮语、布依语、傣语</td></tr>
<tr><td>侗水语支</td><td>侗语、水语、毛南语、仫佬语、拉珈语</td></tr>
<tr><td>黎语支</td><td>黎语</td></tr>
<tr><td>语族未定</td><td colspan="2">仡佬语</td></tr>
<tr><td rowspan="5">阿尔泰语系</td><td>蒙古语族</td><td colspan="2">蒙古语、达斡尔语、东部裕固语、土族语、东乡语、保安语</td></tr>
<tr><td rowspan="2">突厥语族</td><td>西匈语支</td><td>维吾尔语、哈萨克语、撒拉语、乌孜别克语、塔塔尔语</td></tr>
<tr><td>东匈语支</td><td>柯尔克孜语、西部裕固语、图佤语</td></tr>
<tr><td rowspan="2">满—通古斯语族</td><td>满语支</td><td>满语、锡伯语、赫哲语</td></tr>
<tr><td>通古斯语支</td><td>鄂温克语、鄂伦春语</td></tr>
</table>

续表

| 语　系 | 语　族 | 语　支 | 民　族　语　言 |
|---|---|---|---|
| 南岛语系 | 印度尼西亚语族 | 高山族语、阿眉斯语、排湾语、布嫩语 | |
| 南亚语系 | 佤崩龙语支 | 佤语、崩龙语、布朗语 | |
| 印欧语系 | 斯拉夫语族 | 俄罗斯语 | |
| | 伊朗语族 | 塔吉克语 | |
| 语系未定 | 京语、朝鲜语 | | |

# 中国主要民族使用文字简表

| 序号 | 民　族 | 使用文字 |
|---|---|---|
| 1 | 白族 | 新创白文<br>方块白文 |
| 2 | 布依族 | 新创布依文 |
| 3 | 朝鲜族 | 朝鲜文 |
| 4 | 傣族 | 傣仂文<br>傣哪文<br>傣绷文<br>金平傣文 |
| 5 | 侗族 | 新创侗文 |
| 6 | 独龙族 | 新创独龙文 |
| 7 | 俄罗斯族 | 俄文 |
| 8 | 哈尼族 | 新创哈尼文 |
| 9 | 哈萨克族 | 哈萨克文 |
| 10 | 汉族 | 汉文 |
| 11 | 回族 | 一般使用汉文 |
| 12 | 基诺族 | 新创基诺文 |
| 13 | 景颇族 | 景颇文<br>新创载瓦文 |
| 14 | 柯尔克孜族 | 柯尔克孜文 |
| 15 | 拉祜族 | 拉祜文 |
| 16 | 黎族 | 新创黎文 |
| 17 | 傈僳族 | 新创傈僳文<br>大写拉丁字母及其颠倒形式的傈僳文<br>傈僳音节文字 |

续表

| 序号 | 民　族 | 使用文字 |
|---|---|---|
| 18 | 满族 | 一般使用汉文 |
| 19 | 蒙古族 | 蒙古文<br>新疆蒙文 |
| 20 | 苗族 | 黔东苗文<br>湘西苗文<br>川黔滇苗文<br>滇东北苗文<br>方块拼音苗文 |
| 21 | 纳西族 | 新创纳西文 |
| 22 | 羌族 | 新创羌文 |
| 23 | 水族 | 水书 |
| 24 | 土家族 | 新创土家文 |
| 25 | 土族 | 新创土族文 |
| 26 | 佤族 | 新创佤文<br>旧佤文 |
| 27 | 维吾尔族 | 维吾尔文 |
| 28 | 锡伯族 | 锡伯文 |
| 29 | 瑶族 | 方块瑶字 |
| 30 | 彝族 | 彝文 |
| 31 | 藏族 | 藏文 |
| 32 | 壮族 | 新创壮文<br>方块壮字 |

# 汉字形体演变历史分期简表

| 文字阶段 | 文字形体 | 通行时代 |
| --- | --- | --- |
| 古文字 | 甲骨文 | 商、西周 |
| | 金文 | 商、西周、春秋、战国 |
| | 籀文 | 春秋、战国 |
| | 六国古文 | 战国 |
| | 篆书 | 战国、秦、西汉 |
| 近代文字 | 隶书 | 战国、秦、西汉、东汉 |
| | 草书 | 西汉、东汉、魏晋以后 |
| | 楷书 | 东汉、魏晋以后 |
| | 行书 | 魏晋以后 |

# 新旧字形对照表

【说明】

字形后圆圈内的数字是字形的笔画数。

| 新字形 | 旧字形 | 新字形举例 | 新字形 | 旧字形 | 新字形举例 | 新字形 | 旧字形 | 新字形举例 |
|---|---|---|---|---|---|---|---|---|
| 丷② | 八② | 兑卷曾 | 耒⑥ | 耒⑥ | 耕诔 | 疌⑧ | 疌⑨ | 捷萐 |
| 艹③ | 艹④ | 花草 | 吕⑥ | 呂⑦ | 侣宫间 | 咼⑧ | 咼⑨ | 渦窩過 |
| 廾③ | 廾④ | 卉莽 | 攸⑥ | 攸⑦ | 修倏 | 垂⑧ | 垂⑨ | 睡箠 |
| 及③ | 及④ | 吸笈 | 杀⑥ | 杀⑦ | 刹殺 | 卑⑧ | 卑⑨ | 牌萆 |
| 辶③ | 辶④ | 近速 | 争⑥ | 爭⑧ | 净筝 | 飠⑧ | 飠⑨ | 飯飽 |
| 彐③ | 彐③ | 侵雪尋 | 次⑥ | 次⑦ | 盗羡 | 录⑧ | 彔⑧ | 菉碌逯 |
| 刃③ | 刄③ | 忍韧 | 产⑥ | 产⑥ | 彦産 | 𥁕⑨ | 𥁕⑩ | 温瘟蕴 |
| 丰④ | 丰④ | 蚌害峰 | 并⑥ | 幷⑧ | 拼瓶屏 | 骨⑨ | 骨⑩ | 蓇滑骼 |
| 开④ | 幵⑥ | 形研笄 | ⺶⑥ | ⺶⑦ | 差着 | 卸⑨ | 卸⑧ | 御禦 |
| 巨④ | 巨⑤ | 苣拒渠 | 良⑥ | 良⑦ | 郎朗 | 鬼⑨ | 鬼⑩ | 蒐槐魁 |
| 屯④ | 屯④ | 囤吨顿 | 羽⑥ | 羽⑥ | 翔翟翅 | 俞⑨ | 兪⑨ | 愉逾 |
| 瓦④ | 瓦⑤ | 瓶瓷瓩 | 糹⑥ | 糸⑥ | 紅細 | 蚤⑨ | 蚤⑩ | 搔骚 |
| 反④ | 反④ | 板返 | 呈⑦ | 呈⑦ | 逞程 | 敖⑩ | 敖⑪ | 傲遨熬 |
| 户④ | 戶④ | 肩扁扇 | 吴⑦ | 吳⑦ | 娱虞 | 華⑩ | 華⑫ | 嘩鏵 |
| 礻④ | 示⑤ | 礼福 | 角⑦ | 角⑦ | 解觴 | 真⑩ | 眞⑩ | 填颠 |
| 丑④ | 丑④ | 扭羞 | 奂⑦ | 奐⑨ | 换痪 | 致⑩ | 致⑨ | 緻 |
| 术⑤ | 朮⑤ | 怵述術 | 免⑦ | 免⑧ | 挽冤 | 䍃⑩ | 䍃⑩ | 摇遥 |
| 犮⑤ | 犮⑤ | 拔茇 | 㡀⑦ | 㡀⑧ | 敝弊蔽 | 衮⑩ | 袞⑪ | 滚磙 |
| 业⑤ | 业⑥ | 並普虚 | [illegible]⑦ | [illegible]⑧ | 敢橄嚴 | 黄⑪ | 黃⑫ | 廣横簧 |
| 冉⑤ | 冄⑤ | 再篝遘 | 矦⑦ | 矦⑧ | 侯候 | 異⑪ | 異⑫ | 冀戴 |
| 印⑤ | 印⑥ | 茚鲫 | 非⑧ | 非⑧ | 排扉 | 象⑪ | 象⑫ | 像橡 |
| 令⑤ | 令⑤ | 冷苓领 | 青⑧ | 靑⑧ | 菁清静 | 奥⑫ | 奧⑬ | 澳襖 |
| 氐⑤ | 氐⑤ | 低邸底 | 者⑧ | 者⑨ | 诸都著 | 龜⑰ | 龜⑱ | 鬮龝 |
| 艮⑤ | 皀⑦ | 即既厩 | 直⑧ | 直⑧ | 值置 | | | |

# 现代常用独体字音序表

| 音序 | 字数 | 独体字 |
|---|---|---|
| A | 1 | 凹 |
| B | 14 | 八巴白百办半贝本匕必丙秉卜不 |
| C | 20 | 才册叉产长厂车臣承尺斥虫丑出川串囱垂匆寸 |
| D | 10 | 大歹丹刀弟电刁丁东斗 |
| E | 4 | 儿而耳二 |
| F | 8 | 凡方飞丰夫弗甫父 |
| G | 13 | 丐干甘戈革个更工弓瓜广鬼果 |
| H | 6 | 亥禾乎互户火 |
| J | 16 | 击及几己夹甲兼柬见巾斤井九久臼巨 |
| K | 3 | 卡开口 |
| L | 12 | 来乐里力立吏隶两了六龙卤 |
| M | 13 | 马毛矛么门米面民皿末母木目 |
| N | 7 | 内乃年鸟牛农女 |
| P | 2 | 片平 |
| Q | 9 | 七气千羌且丘求曲犬 |
| R | 7 | 冉人壬刃日肉入 |
| S | 29 | 三山上少申身升生尸失十石史矢士氏世事手首书鼠术束甩水巳四肃 |
| T | 7 | 太天田头凸土屯 |
| W | 16 | 瓦丸万亡王为卫未文我乌无五午勿戊 |
| X | 10 | 夕西习下乡象小心囟血 |
| Y | 33 | 丫牙亚严言央羊夭也业页一衣夷乙已义亦永用尤由酉又于予与雨禹玉曰月云 |
| Z | 16 | 再乍丈正之止中重州舟朱主爪专子自 |

# 汉字部首表

【说明】

（1）《汉字部首表》主部首①共 201 个，附形部首②共 100 个。

（2）本部首表的所有部首按 GF3002《GB13000.1 字符集汉字笔顺规范》和 GF3003《GB13000.1 字符集汉字字序（笔画序）规范》的规定排序。

（3）各主部首的序号为固定编号，附形部首的序号与主部首一致。

（4）本部首表的附形部首在主部首后面用括号列出，附形部首多于一个时，按笔画序依次排列。

另外，附形部首也按笔画序排在部首表的相应位置，其序号加［　］，部首本身加（　）。如水部为 77 水（氵氺），［77］（氵）又排在“47 门”和“［98.］（忄）”之间，［77］（氺）又排在“104 业”和“105 目”之间。

（5）“5 乛”有“㇕、㇇、㇈、㇄、㇙、㇜、㇛、㇓、㇅、㇆、㇂、㇉、㇗、乙、㇌”等 15 个附形部首，因数量较多，未在部首表中列出。

【注】

①主部首：有不同写法的部首中具有代表性的书写形式。

②附形部首：附属于主部首的书写形式，有繁体（如門、貝、馬）、变形（如刂、氵、辶）和从属（如八、曰、臼）三种。

**1 画**

1 一
2 丨（亅）
［2］（亅）
3 丿
4 丶
5 乛

**2 画**

6 十
7 厂（⺁）
8 匚
［9］（⺊）
［22］（刂）
9 卜（⺊）
10 冂（⺆）
［12］（亻）
［7］（⺁）
11 八（丷）
12 人（亻入）
［12］（入）
［22］（⺈）
［10］（⺆）

13 勹
　［16］（⺇）
14 儿
15 匕
16 几（⺇）
17 亠
18 冫
　［11］（丷）
19 冖
　［166］（讠）
20 凵
21 卩（㔾）
　［175］（阝左）
　［159］（阝右）
22 刀（刂⺈）
23 力
24 又
25 厶
26 廴
　［21］（㔾）

**3 画**

27 干
28 工
29 土（士）
　［29］（士）
　［80］（扌）
30 艹（艸）
31 寸
32 廾
33 大
　［34］（兀）
34 尢（兀尣）
35 弋
36 小（⺌）
　［36］（⺌）
37 口
38 囗
39 山
40 巾
41 彳
42 彡
　［66］（犭）
43 夕
44 夂
　［185］（饣）
45 丬（爿）
46 广
47 门（門）
　［77］（氵）
　［98］（忄）
48 宀
49 辶（辵）
50 彐（⺕彑）
　［50］（⺕）
51 尸
52 己（已巳）
　［52］（已）
　［52］（巳）
53 弓
54 子
55 屮（屮）
　［55］（屮）
56 女
57 飞（飛）
58 马（馬）
　［50］（彑）
　［148］（纟）
59 幺
60 巛

**4 画**

61 王（玉）
62 无（旡）
63 韦（韋）
　［123］（耂）
64 木（朩）
　［64］（朩）
65 支
66 犬（犭）
67 歹（歺）
68 车（车車）
　［68］（车）
69 牙
70 戈
　［62］（旡）
71 比
72 瓦
73 止
74 攴（攵）
　［98］（⺗）
　［75］（⺜）
　［75］（曰）
75 日（⺜曰）
　［88］（⺝）
76 贝（貝）
77 水（氵氺）
78 见（見）
79 牛（牜）

80 手（扌手）
[80]（手）
81 气
82 毛
[79]（牜）
[74]（攵）
83 长（長镸）
84 片
85 斤
86 爪（爫）
87 父
[34]（夂）
[86]（爫）
88 月（⺼）
89 氏
90 欠
91 风（風）
92 殳
93 文
94 方
95 火（灬）
96 斗
[95]（灬）
97 户
[100]（礻）
98 心（忄㣺）
[145]（肀）
[45]（爿）
99 毋（母）

**5 画**

[61]（玉）
100 示（礻）
101 甘
102 石
103 龙（龍）
[67]（歺）
104 业
[77]（氺）
105 目
106 田
107 罒
108 皿
[176]（钅）
109 生
110 矢
111 禾
112 白
113 瓜
114 鸟（鳥）
115 疒
116 立
117 穴
[142]（衤）
[145]（⺻）
[118]（⺪）
118 疋（⺪）
119 皮
120 癶
121 矛
[99]（母）

**6 画**

122 耒
123 老（耂）
124 耳
125 臣
[126]（襾）
126 覀（襾西）
[126]（西）
127 而
128 页（頁）
129 至
130 虍（虎）
131 虫
132 肉
133 缶
134 舌
135 竹（⺮）
[135]（⺮）
136 臼（𦥑）
137 自
138 血
139 舟
140 色
141 齐（齊）
142 衣（衤）
143 羊（⺷⺶）
[143]（⺷）
[143]（⺶）
144 米
145 聿（肀⺻）
146 艮
[30]（艸）
147 羽
148 糸（纟糹）
[148]（糹）

**7 画**

149 麦（麥）

［83］（镸）
150 走
151 赤
［68］（車）
152 豆
153 酉
154 辰
155 豕
156 卤（鹵）
［76］（貝）
［78］（見）
157 里
［158］（𧾷）
158 足（𧾷）
159 邑（阝右）
［136］（臼）
160 身
［49］（辵）
161 釆
162 谷
163 豸
164 龟（龜）
165 角
166 言（讠）
167 辛

**8 画**

168 青
［83］（長）
169 𠦝
170 雨
171 非
172 齿（齒）
［130］（虎）
［47］（門）
173 黾（黽）
174 隹
175 阜（阝左）
176 金（钅）
［185］（飠）
177 鱼（魚）
178 隶

**9 画**

179 革
［128］（頁）
180 面
181 韭
182 骨
183 香
184 鬼
185 食（饣飠）
［91］（風）
186 音
187 首
［63］（韋）
［57］（飛）

**10 画**

188 髟
［58］（馬）
189 鬲
190 鬥
191 高

**11 画**

192 黄
［149］（麥）
［156］（鹵）
［114］（鳥）
［177］（魚）
193 麻
194 鹿

**12 画**

195 鼎
196 黑
197 黍

**13 画**

198 鼓
［173］（黽）
199 鼠

**14 画**

200 鼻
［141］（齊）

**15 画**

［172］齒

**16 画**

［103］（龍）

**17 画**

［164］（龜）
201 龠

# 汉字偏旁部首名称表

【说明】

（1）本表列举常用汉字偏旁部首的名称。（2）本表收录的偏旁部首，许多是现在不能单独成字、不易称说，或者称说很不一致的。其中有的偏旁部首有几种不同的叫法，本表只取较为通行的一种名称。

| 偏旁部首 | 名　称 | 例　字 | 偏旁部首 | 名　称 | 例　字 |
|---|---|---|---|---|---|
| 一 | 横部 | 丁 万 丝 | 亠 | 点横头 | 六 京 商 |
| 丨 | 竖部 | 丰 旧 串 | 冫 | 两点水 | 冲 冰 净 |
| 丿 | 撇部 | 九 及 乍 | 冖 | 秃宝盖 | 写 军 冠 |
| 丶 | 点部 | 义 永 良 | 讠 | 言字旁 | 记 诉 语 |
| フ（乛） | 折部 | 刁 也 飞 | 凵 | 凶字底 | 凶 出 画 |
| 十 | 十字头 | 支 克 直 | 卩 | 单耳刀 | 却 印 卫 |
| | 十字底 | 毕 华 卑 | 阝 | 左耳刀（在左） | 防 际 院 |
| 厂（𠂆） | 厂字头 | 厅 原 反 | | 右耳刀（在右） | 那 郊 邓 |
| 匚 | 三框 | 区 匠 匪 | 力 | 力字旁 | 助 勤 勘 |
| 刂 | 立刀 | 列 刨 剃 | | 力字底 | 劣 努 势 |
| 冂（⺆） | 同字框 | 同 网 周 | 厶 | 三角 | 私 允 去 |
| 亻 | 单人旁 | 化 位 你 | 又 | 又字旁 | 劝 取 叔 |
| 人 | 人字头 | 个 仓 命 | 廴 | 建之旁 | 建 延 廷 |
| 八（丷） | 八字头 | 分 兰 首 | 㔾 | 仓字底 | 危 卷 卺 |
| | 八字底 | 共 兵 具 | 土 | 土字底 | 尘 坠 型 |
| ⺈（⺈） | 斜刀头 | 危 争 象 | | 提土旁 | 地 场 城 |
| 勹 | 包字头 | 包 勺 勾 | 扌 | 提手旁 | 提 摘 抖 |
| 几 | 风字头 | 风 凤 夙 | 艹 | 草字头 | 草 花 英 |

续表

| 偏旁部首 | 名称 | 例字 | 偏旁部首 | 名称 | 例字 |
|---|---|---|---|---|---|
| 寸 | 寸字旁 | 封耐尉 | 彐 | 横山 | 归寻当 |
| | 寸字底 | 寻导寿 | 尸 | 尸字头 | 层屋屏 |
| 廾 | 弄字底 | 弄弊开 | 弓 | 弓字旁 | 引张弹 |
| 大 | 大字头 | 夸夺奇 | 子 | 子字旁 | 孙孩孔 |
| | 大字底 | 契奖奥 | 屮 | 半叶草 | 艸出蚩 |
| 尢 | 尤字旁 | 尤尥尴 | 女 | 女字旁 | 妈妖姥 |
| 小（⺌） | 小字头 | 尘光尚 | | 女字底 | 妻婪婴 |
| 口 | 口字旁 | 吃哗喊 | 马 | 马字旁 | 驮驴骑 |
| 囗 | 方框 | 因国围 | | 马字底 | 骂驾驽 |
| 山 | 山字头 | 岗岩崩 | 彑 | 互字头 | 彖彝缘 |
| | 山字旁 | 屿岭嶙 | 纟 | 绞丝旁 | 红纯绣 |
| 巾 | 巾字旁 | 帆幅帽 | 巛 | 三拐 | 巢邕甾 |
| | 巾字底 | 市常幕 | 王 | 斜玉旁 | 玩现琢 |
| 彳 | 双人旁 | 行征很 | 龶 | 青字头 | 青毒素 |
| 彡 | 三撇 | 形须参 | 耂 | 老字头 | 老孝者 |
| 犭 | 反犬旁 | 狗独狠 | 木 | 木字旁 | 林枪棉 |
| 夂 | 折文 | 处冬夏 | | 木字底 | 采柴梨 |
| 饣 | 食字旁 | 饮饲饼 | 车 | 车字旁 | 轨轴输 |
| 丬（爿） | 将字旁 | 将壮状 | | 车字底 | 晕辇辈 |
| 广 | 广字头 | 床店座 | ⺗ | 竖心底 | 恭忝慕 |
| 门 | 门字框 | 闭间闹 | 日 | 日字旁 | 时明晴 |
| 氵 | 三点水 | 江沙活 | 牛 | 牛字旁 | 牧物牲 |
| 忄 | 竖心 | 快怀怕 | | 牛字底 | 牟牵犁 |
| 宀 | 宝盖 | 宝字家 | 攵 | 反文 | 收政教 |
| 辶 | 走之 | 过还通 | 斤 | 斤字旁 | 欣断新 |

续表

| 偏旁部首 | 名　称 | 例　字 | 偏旁部首 | 名　称 | 例　字 |
|---|---|---|---|---|---|
| 父 | 父字头 | 爸爷斧 | 疒 | 病字头 | 病疼痕 |
| 爫 | 爪字头 | 采受爵 | 立 | 立字旁 | 站端靖 |
| 月 | 月字旁 | 肝脸朔 | 穴 | 穴宝盖 | 空窍窝 |
| 方 | 方字旁 | 放施族 | 衤 | 衣字旁 | 袖被裙 |
| 火 | 火字旁 | 灯烛熄 | 𤴔（疋） | 疏字旁 | 疏楚疑 |
| 灬 | 四点 | 点热然 | 癶 | 登字头 | 癸登發 |
| 礻 | 示字旁 | 礼祖视 | 𢦏 | 栽字头 | 栽载裁 |
| 心 | 心字底 | 忠念想 | 覀（西） | 西字头 | 要票覆 |
| 户 | 户字头 | 房扁扇 | 页 | 页字旁 | 顶顿领 |
| 𡗗 | 春字头 | 春奉秦 | 虍 | 虎字头 | 虎虑虚 |
| 艹冖 | 劳字头 | 劳营萤 | 虫 | 虫字旁 | 虾蚊蛇 |
| 石 | 石字旁 | 矿砖硬 | ⺮ | 竹字头 | 笔笑笛 |
| ⺌冖 | 常字头 | 常赏裳 | 舟 | 舟字旁 | 船舱艘 |
| 目 | 目字旁 | 眨睁瞪 | 亦 | 变字头 | 变恋蛮 |
| | 目字底 | 盲眷瞥 | 羊（⺶⺷） | 羊部<br>羊字头 | 群善差<br>美 |
| 田 | 田字旁 | 畔畦町 | 龹 | 卷字头 | 卷拳券 |
| 罒 | 扁四头 | 罗罢罪 | 米 | 米字旁 | 籽粉粮 |
| 皿 | 皿字底 | 盂益盗 | 聿（⺻⺺） | 聿部 | 肃隶書 |
| 钅 | 金字旁 | 钢铃镖 | 走 | 走字旁 | 赶起超 |
| 禾 | 禾木旁 | 种秋秧 | ⻊ | 足字旁 | 跃跟蹄 |
| 白 | 白字旁 | 的皎皓 | 釆 | 番字头<br>（番字旁） | 番悉释 |
| 鸟 | 鸟字旁 | 鸥鸭鸵 | 豸 | 豹字旁 | 豹豺貌 |
| | 鸟字底 | 鸯鸶鹫 | 龺 | 朝字旁 | 朝韩斡 |

续表

| 偏旁部首 | 名　称 | 例　字 | 偏旁部首 | 名　称 | 例　字 |
| --- | --- | --- | --- | --- | --- |
| 雨 | 雨字头 | 雷 雾 霜 | 鱼 | 鱼字底 | 鲨 鳌 鳖 |
| 隹 | 隹字旁 | 难 唯 雄 | 革 | 革字旁 | 靴 鞋 鞍 |
| 鱼 | 鱼字旁 | 鲜 鲤 鲸 | | | |

# 常用字号对照表

| 中文字号 | 英文字号（磅） | 高度（毫米） | 宋体 | 黑体 | 楷体 |
|---|---|---|---|---|---|
| 初号 | 42 | 14.82 | 宋体初 | 黑体初 | 楷体初 |
| 小初 | 36 | 12.70 | 宋体小初 | 黑体小初 | 楷体小初 |
| 一号 | 26 | 9.17 | 宋体一号 | 黑体一号 | 楷体一号 |
| 小一 | 24 | 8.47 | 宋体小一 | 黑体小一 | 楷体小一 |

续表

| 中文字号 | 英文字号（磅） | 高度（毫米） | 宋 体 | 黑 体 | 楷 体 |
|---|---|---|---|---|---|
| 二号 | 22 | 7.76 | 宋体二号 | 黑体二号 | 楷体二号 |
| 小二 | 18 | 6.35 | 宋体小二 | 黑体小二 | 楷体小二 |
| 三号 | 16 | 5.64 | 宋体三号 | 黑体三号 | 楷体三号 |
| 小三 | 15 | 5.29 | 宋体小三 | 黑体小三 | 楷体小三 |
| 四号 | 14 | 4.94 | 宋体四号 | 黑体四号 | 楷体四号 |
| 小四 | 12 | 4.23 | 宋体小四 | 黑体小四 | 楷体小四 |
| 五号 | 10.5 | 3.70 | 宋体五号 | 黑体五号 | 楷体五号 |
| 小五 | 9 | 3.18 | 宋体小五 | 黑体小五 | 楷体小五 |
| 六号 | 7.5 | 2.56 | 宋体六号 | 黑体六号 | 楷体六号 |
| 小六 | 6.5 | 2.29 | 宋体小六 | 黑体小六 | 楷体小六 |
| 七号 | 5.5 | 1.94 | 宋体七号 | 黑体七号 | 楷体七号 |
| 八号 | 5 | 1.76 | 宋体八号 | 黑体八号 | 楷体八号 |

【注】

1 磅为 0.35146 毫米，72 磅为 1 英寸

# 历代主要字书收字数量简表

| 书　　名 | 所收字头数量 | 作　　者 | 成书时间 |
|---|---|---|---|
| 说文解字 | 9353 | 许　慎 | 东汉（100年） |
| 字　　林 | 12824 | 吕　忱 | 晋 |
| 玉　　篇 | 22726 | 顾野王 | 南朝·梁（543年） |
| 龙龛手鉴 | 26430 | 行　均 | 辽（997年） |
| 广　　韵 | 26194 | 陈彭年等 | 宋（1011年） |
| 类　　篇 | 31319 | 司马光等 | 宋（1066年） |
| 集　　韵 | 53525 | 丁　度等 | 宋（1067年） |
| 改并五音聚韵四声篇海 | 35189 | 韩道昭 | 金（1212年） |
| 字　　汇 | 33179 | 梅膺祚 | 明（1615年） |
| 正字通 | 33549 | 张自烈 | 明（1671年） |
| 康熙字典 | 47035 | 张玉书等 | 清（1716年） |
| 中华大字典 | 48000余 | 陆费逵等 | 1915年 |
| 中华字海 | 85000余 | 冷玉龙等 | 1994年 |
| 汉语大字典（第2版） | 60370 | 汉语大字典编辑委员会 | 2010年 |

# 现代汉语词类表

| 类别 | | | 词例 |
|---|---|---|---|
| 实词 | 名词 | 一般名词 | 人，马，刀，车，房屋，桥梁，公司，报纸，案件 |
| | | 时间名词 | 明天，早晨，下午，晚上，去年，夏季，冬天 |
| | | 方位名词 | 东，西，南，北，前，后，上边，右边，内部，外面 |
| | 动词 | 一般动词 | 吃，喝，跑，请，休息，研究，工作，成功，恨，喜欢 |
| | | 表示有无、增减 | 有，没有，存在，增加，增长，减少 |
| | | 能愿动词 | 能，能够，应当，可以，肯，愿意 |
| | | 趋向动词 | 来，去，出，入，上去，下来，出去，起来，进来 |
| | | 判断词 | 是 |
| | 形容词 | 表示性质 | 好，坏，软，硬，冷，热，伟大，卑鄙，勇敢，胆怯，漂亮，丑陋，认真，老实，特殊 |
| | | 表示状态 | 大，小，长，短，快，慢，肥，整齐，笔直，雪白 |
| | 数词 | 表示基数 | 一,二,十,百,千,万，零，半 |
| | | 表示序数 | 第一，第二，初一，初五 |
| | | 表示分数 | 十分之一,百分之二十 |
| | | 表示倍数 | 一倍，五倍，十倍，百倍 |
| | | 表示概数 | 几，一些，许多 |
| | 量词 | 表示物量 | 个，件，只，双，对，米，吨，克，公斤，亩，条 |
| | | 表示动量 | 次，回，遍，阵，顿，趟，番 |
| | 代词 | 人称代词 | 我，你，他，我们，咱们，自己，大家 |
| | | 指示代词 | 这，这儿，那，那儿，那里，这些，那些 |
| | | 疑问代词 | 谁，哪，哪儿，哪里，什么，多少，怎样，怎么 |

续表

| 类别 | | | 词例 |
|---|---|---|---|
| 虚词 | 副词 | 表示程度 | 很，太，最，极，非常，十分 |
| | | 表示范围 | 都，只，仅仅，一律，统统 |
| | | 表示时间 | 正，刚，已经，曾经，将要，终于 |
| | | 表示否定 | 不，未，没，别 |
| | | 表示语气 | 岂，难道，简直，究竟，毕竟，何必，偏偏 |
| | 介词 | 表示对象、关系 | 把，被，对，让，叫，跟，和，与，对于，关于，依照 |
| | | 表示处所、方向 | 从，往，向，在，于，由，沿着，顺着，朝着 |
| | | 表示时间 | 从，当，趁，临，随着 |
| | | 表示状态、方式 | 按，照，按照，通过，根据，凭，拿 |
| | | 表示原因、目地 | 因，因为，由于，为，为了 |
| | 连词 | 表示联合关系 | 和，跟，与，同，或，或者 |
| | | 表示偏正关系 | 如果，所以，只要，虽然，但是，不但，而且，即使 |
| | 助词 | 结构助词 | 的，地，得，所 |
| | | 时态助词 | 着，了，过 |
| | | 语气助词 | 的，了，吗，呢，吧，啊，罢了 |
| | 叹词 | | 啊，哎，哼，喂，哦，哎呀，哎哟 |
| | 拟声词 | | 咚，砰，乒乓，叮当，哗啦，扑通，轰隆，咔嚓，滴滴嗒嗒，噼里啪啦，叽哩咕噜，唧唧喳喳 |

# 三十六字母表

| 发音部位新名 | 字母名称 / 发音方法 / 发音部位旧名 | | 全清 | 次清 | 全浊 | 次浊 |
|---|---|---|---|---|---|---|
| 双唇 | 唇音 | 重唇 | 帮（b）[p] | 滂（p）[p‘] | 并（b） | 明（m）[m] |
| 唇齿 | | 轻唇 | 非（f）[f] | 敷[f‘] | 奉（v）[v] | 微[ɱ] |
| 舌尖中 | 舌音 | 舌头 | 端（d）[t] | 透（t）[t‘] | 定[d] | 泥（n）[n] |
| 舌面前 | | 舌上 | 知[ȶ] | 彻[ȶ‘] | 澄[ȡ] | 娘[ȵ] |
| 舌尖前 | 齿音 | 齿头 | 精（z）[ts]<br>心（s）[s] | 清（c）[ts‘] | 从[dz]<br>邪[z] | |
| 舌面前 | | 正齿 | 照（j）[tɕ]<br>审（x）[ɕ] | 穿（q）[tɕ‘] | 床[dʑ]<br>禅[ʑ] | |
| 舌根 | 牙音 | | 见（g）[k] | 溪（k）[k‘] | 群[g] | 疑（ng）[ŋ] |
| | 喉音 | | 影（o） | | | |
| 舌根 | | | 晓（h）[x] | | 匣[ɣ] | |
| 舌面中（半元音） | | | | | | 喻[j] |
| 舌尖中 | 半舌 | | | | | 来（l）[l] |
| 舌面前 | 半齿 | | | | | 日[ȵʑ] |

# 《广韵》四十一声类表

| | 唇音 | | 舌音 | | 半舌音 | 齿音 | | | 半齿音 | 牙音 | 喉音 |
|---|---|---|---|---|---|---|---|---|---|---|---|
| | 重唇 | 轻唇 | 舌头 | 舌上 | | 齿头 | 正齿 | | | | |
| | | | | | | | 庄系 | 章系 | | | |
| 全清 | 帮 | 非 | 端 | 知 | | 精、心 | 庄、生 | 章、书 | | 见 | 影 |
| 次清 | 滂 | 敷 | 透 | 彻 | | 清 | 初 | 昌 | | 溪 | 晓 |
| 全浊 | 并 | 奉 | 定 | 澄 | | 从、邪 | 崇 | 船、禅 | | 群 | 匣 |
| 次浊 | 明 | 微 | 泥 | 娘 | 来 | | | | 日 | 疑 | 云、以 |

# 《广韵》韵目表

| 序号 | 平声 | 上声 | 去声 | 入声 | 序号 | 平声 | 上声 | 去声 | 入声 |
|---|---|---|---|---|---|---|---|---|---|
| 1 | 东 | 董 | 送 | 屋 | 23 | 臻 | | | 栉 |
| 2 | 冬 | | 宋 | 沃 | 24 | 文 | 吻 | 问 | 物 |
| 3 | 钟 | 肿 | 用 | 烛 | 25 | 欣 | 隐 | 焮 | 迄 |
| 4 | 江 | 讲 | 绛 | 觉 | 26 | 元 | 阮 | 愿 | 月 |
| 5 | 支 | 纸 | 寘 | | 27 | 魂 | 混 | 慁 | 没 |
| 6 | 脂 | 旨 | 至 | | 28 | 痕 | 很 | 恨 | |
| 7 | 之 | 止 | 志 | | 29 | 寒 | 旱 | 翰 | 曷 |
| 8 | 微 | 尾 | 未 | | 30 | 桓 | 缓 | 换 | 末 |
| 9 | 鱼 | 语 | 御 | | 31 | 删 | 潸 | 谏 | 黠 |
| 10 | 虞 | 麌 | 遇 | | 32 | 山 | 产 | 裥 | 鎋 |
| 11 | 模 | 姥 | 暮 | | 33 | 先 | 铣 | 霰 | 屑 |
| 12 | 齐 | 荠 | 霁 | | 34 | 仙 | 狝 | 线 | 薛 |
| 13 | | | 祭 | | 35 | 萧 | 篠 | 啸 | |
| 14 | | | 泰 | | 36 | 宵 | 小 | 笑 | |
| 15 | 佳 | 蟹 | 卦 | | 37 | 肴 | 巧 | 效 | |
| 16 | 皆 | 骇 | 怪 | | 38 | 豪 | 皓 | 号 | |
| 17 | | | 夬 | | 39 | 歌 | 哿 | 个 | |
| 18 | 灰 | 贿 | 队 | | 40 | 戈 | 果 | 过 | |
| 19 | 哈 | 海 | 代 | | 41 | 麻 | 马 | 祃 | |
| 20 | | | 废 | | 42 | 阳 | 养 | 漾 | 药 |
| 21 | 真 | 轸 | 震 | 质 | 43 | 唐 | 荡 | 宕 | 铎 |
| 22 | 谆 | 准 | 稕 | 术 | 44 | 庚 | 梗 | 映 | 陌 |

续表

| 序号 | 平声 | 上声 | 去声 | 入声 | 序号 | 平声 | 上声 | 去声 | 入声 |
|---|---|---|---|---|---|---|---|---|---|
| 45 | 耕 | 耿 | 诤 | 麦 | 54 | 覃 | 感 | 勘 | 合 |
| 46 | 清 | 静 | 劲 | 昔 | 55 | 谈 | 敢 | 阚 | 盍 |
| 47 | 青 | 迥 | 径 | 锡 | 56 | 盐 | 琰 | 艳 | 叶 |
| 48 | 蒸 | 拯 | 证 | 职 | 57 | 添 | 忝 | 㮇 | 帖 |
| 49 | 登 | 等 | 嶝 | 德 | 58 | 咸 | 俨 | 酽 | 洽 |
| 50 | 尤 | 有 | 宥 |  | 59 | 衔 | 豏 | 陷 | 狎 |
| 51 | 侯 | 厚 | 候 |  | 60 | 严 | 槛 | 鉴 | 业 |
| 52 | 幽 | 黝 | 幼 |  | 61 | 凡 | 范 | 梵 | 乏 |
| 53 | 侵 | 寝 | 沁 | 缉 |  |  |  |  |  |

# 平水韵（一〇六韵）韵目表

| | |
|---|---|
| **上平声** | 一二三四五六七八九十十十十十十<br>东冬江支微鱼虞齐佳灰一二三四五<br>真文元寒删 |
| **下平声** | 一二三四五六七八九十十十十十十<br>先萧肴豪歌麻阳庚青蒸一二三四五<br>尤侵覃盐咸 |
| **上声** | 一二三四五六七八九十十十十十十十十十十二二二二二二二二二二<br>董肿讲纸尾语麌荠蟹贿一二三四五六七八九十十十十十十十十十十<br>轸吻阮旱潸铣篠巧皓哿一二三四五六七八九<br>马养梗迥有寝感琰豏<br>① |
| **去声** | 一二三四五六七八九十十十十十十十十十十二二二二二二二二二二三<br>送宋绛寘未御遇霁泰卦一二三四五六七八九十十十十十十十十十十十<br>队震问愿翰谏霰啸效号一二三四五六七八九陷<br>箇祃漾敬径宥沁勘艳 |
| **入声** | 一二三四五六七八九十十十十十十十十<br>屋沃觉质物月曷黠屑药一二三四五六七<br>陌锡职缉合叶洽 |

【注】

①上声“琰”韵，后因避清代仁宗（爱新觉罗·颙琰）讳，改为“俭”。

# 十三辙韵母表①

| | 辙 | 低，次低，次高元音 | | | | 高元音 | | | |
|---|---|---|---|---|---|---|---|---|---|
| | | 开② | 齐 | 合 | 撮 | 开 | 齐 | 合 | 撮 |
| 无尾韵母 | 麻沙 | a<br>麻 | ia<br>家 | ua<br>花 | | | | | |
| 无尾韵母 | 乜斜 | | iɛ<br>斜 | | yɛ<br>雪 | | | | |
| 无尾韵母 | 梭波 | ɣ<br>歌 | | uo<br>波 | | | | | |
| 无尾韵母 | 衣期 | | | | | ï<br>时 | i<br>期 | | y<br>居 |
| 无尾韵母 | 姑苏 | | | | | | | u<br>姑 | |

| | | 辙 | a 系统 | | | | ə 系统 | | | |
|---|---|---|---|---|---|---|---|---|---|---|
| | | | 开 | 齐 | 合 | 撮 | 开 | 齐 | 合 | 撮 |
| 有尾韵母 | i 尾 | 怀来 | ai<br>来 | | uai<br>怀 | | | | | |
| 有尾韵母 | i 尾 | 灰堆 | | | | | əi<br>飞 | | ui<br>灰 | |
| 有尾韵母 | u 尾 | 遥迢 | au<br>桃 | iau<br>遥 | | | | | | |
| 有尾韵母 | u 尾 | 由求 | | | | | əu<br>抽 | iu<br>求 | | |
| 有尾韵母 | n 尾 | 言前 | an<br>干 | ian<br>前 | uan<br>关 | yan<br>全 | | | | |
| 有尾韵母 | n 尾 | 人辰 | | | | | ən<br>人 | in<br>林 | un<br>村 | yn<br>君 |

续表

| | 辙 | | a 系统 | | | | ə 系统 | | | |
|---|---|---|---|---|---|---|---|---|---|---|
| | | | 开 | 齐 | 合 | 撮 | 开 | 齐 | 合 | 撮 |
| 有尾韵母 | ŋ尾 | 江阳 | aŋ<br>郎 | iaŋ<br>江 | uaŋ<br>光 | | | | | |
| | | 中东 | | | | | əŋ③<br>成 | iŋ④<br>英 | uŋ<br>东 | yŋ<br>雄 |

【注】

① 资料来源：王力《汉语音韵》，中华书局 1980 年。

②“开”指开口呼，后面的“齐”指齐齿呼，“合”指合口呼，“撮”指撮口呼。

③④ 在京剧里，əŋ、iŋ 改唱 ən、in，归入人辰辙。

# 十三辙与北京音系十八韵对照表[①]

| 十三辙 | 北京音系十八韵 | 例　字 |
|---|---|---|
| 中东 | 十七庚（eng、ing、ueng） | 登、兴、翁 |
| | 十八东（ong、iong） | 公、兄 |
| 江阳 | 十六唐（ang、iang、uang） | 张、央、光 |
| 一七 | 五支{ -i [ʅ]<br>-i [ɿ] | 知<br>司 |
| | 六儿（er） | 而 |
| | 十一鱼（ü） | 于 |
| | 七齐（i） | 西 |
| 灰堆 | 八微（ei、uei） | 非、威 |
| 油求 | 十二侯（ou、iou） | 钩、休 |
| 梭坡 | 二波（o、uo） | 婆、郭 |
| | 三歌（e [ɤ]） | 科 |
| 人辰 | 十五痕（en、in、uen、ün） | 真、新、文、云 |
| 言前 | 十四寒（an、ian、uan、üan） | 山、淹、官、娟 |
| 发花 | 一麻（a、ia、ua） | 巴、家、洼 |
| 乜斜 | 四皆（ê、ie、üe） | 歇、爷、缺 |
| 怀来 | 九开（ai、uai） | 该、衰 |
| 姑苏 | 十姑（u） | 初 |
| 遥条 | 十三豪（ao、iao） | 高、交 |

【注】

①资料来源:《中国大百科全书》语言文字卷。

# 国际音标简表

| 音别 | 发音方法 | | | 双唇 | 唇齿 | 齿间 | 舌尖前 | 舌尖中 | 舌尖后 | 舌叶 | 舌面前 | 舌面中 | 舌面后（舌根） | 小舌 | 咽头 | 喉 |
|---|---|---|---|---|---|---|---|---|---|---|---|---|---|---|---|---|
| 辅音 | 塞 | 清 | 不送气 | p | | | | t | ʈ | | ȶ | c | k | q | | ʔ |
| | | | 送气 | p‘ | | | | t‘ | ʈ‘ | | ȶ‘ | c‘ | k‘ | q‘ | | ʔ‘ |
| | | 浊 | 不送气 | b | | | | d | ɖ | | ȡ | ɟ | g | ɢ | | |
| | | | 送气 | b‘ | | | | d‘ | ɖ‘ | | ȡ‘ | ɟ‘ | g‘ | ɢ‘ | | |
| | 塞擦 | 清 | 不送气 | | pf | tθ | ts | | tʂ | tʃ | tɕ | | | | | |
| | | | 送气 | | pf‘ | tθ‘ | ts‘ | | tʂ‘ | tʃ‘ | tɕ‘ | | | | | |
| | | 浊 | 不送气 | | bv | dð | dz | | dʐ | dʒ | dʑ | | | | | |
| | | | 送气 | | bv‘ | dð‘ | dz‘ | | dʐ‘ | dʒ‘ | dʑ‘ | | | | | |
| | 鼻 | 浊 | | m | ɱ | | | n | ɳ | | ȵ | ɲ | ŋ | N | | |
| | 闪 | 浊 | | | | | | ɾ | ɽ | | | | | | | |
| | 颤 | 浊 | | | | | | r | | | | | | R | | |
| | 边 | 浊 | | | | | | l | ɭ | | | ʎ | | | | |

续表

| 音别 | 发音方法 | | 双唇 | 唇齿 | 齿间 | 舌尖前 | 舌尖中 | 舌尖后 | 舌叶 | 舌面前 | 舌面中 | 舌面后（舌根） | 小舌 | 咽头 | 喉 |
|---|---|---|---|---|---|---|---|---|---|---|---|---|---|---|---|
| | 边擦 | 清 | | | | | ɬ | | | | | | | | |
| | | 浊 | | | | | ɮ | | | | | | | | |
| | 擦 | 清 | ɸ ʍ | f | θ | s | | ʂ | ʃ | ɕ | ç | x(ʍ) | χ | ħ | h |
| | | 浊 | β | v | ð | z | | ʐ | ʒ | ʑ | ʝ | ɣ | ʁ | ʕ | ɦ |
| | 半元音 | 浊 | w ɥ | ʋ | | | | ɻ | | | j (ɥ) | ɰ(w) | | | |

| 音别 | | 圆唇元音 | 舌尖元音 前 | 舌尖元音 后 | 舌面元音 前 | 舌面元音 央 | 舌面元音 后 |
|---|---|---|---|---|---|---|---|
| 元音 | 高（闭） | （ɥ ʮ y ʉ u） | ɿɥ | ʅʮ | i y | ɨ ʉ | ɯ u |
| | | （ʏ ʊ） | | | ɪ ʏ | | ʊ |
| | 半高（半闭） | （ø ɵ o） | | | e ø | ɘ ɵ | ɤ o |
| | | | | | ᴇ | ə(ɚ) | |
| | 半低（半开） | （œ ɞ ɔ） | | ɚ | ɛ œ | ɜ ɞ | ʌ ɔ |
| | | | | | æ | ɐ | |
| | 低（开） | （ɶ ɒ） | | | a ɶ | ᴀ | ɑ ɒ |

# 汉语拼音方案

【说明】

1957年11月1日国务院全体会议第60次会议通过，1958年2月11日第一届全国人民代表大会第五次会议批准。

## 一 字母表

| 字母<br>名称 | | | | | | |
|---|---|---|---|---|---|---|
| Aɑ<br>ㄚ | Bb<br>ㄅㄝ | Cc<br>ㄘㄝ | Dd<br>ㄉㄝ | Ee<br>ㄜ | Ff<br>ㄝㄈ | Gg<br>ㄍㄝ |
| Hh<br>ㄏㄚ | Ii<br>ㄧ | Jj<br>ㄐㄧㄝ | Kk<br>ㄎㄝ | Ll<br>ㄝㄌ | Mm<br>ㄝㄇ | Nn<br>ㄋㄝ |
| Oo<br>ㄛ | Pp<br>ㄆㄝ | Qq<br>ㄑㄧㄡ | Rr<br>ㄚㄦ | Ss<br>ㄝㄙ | Tt<br>ㄊㄝ | Uu<br>ㄨ |
| Vv<br>万ㄝ | Ww<br>ㄨㄚ | Xx<br>ㄒㄧ | Yy<br>ㄧㄚ | Zz<br>ㄗㄝ | | |

V只用来拼写外来语、少数民族语言和方言。

字母的手写体依照拉丁字母的一般书写习惯。

## 二 声母表

| | | | | | | | |
|---|---|---|---|---|---|---|---|
| b<br>ㄅ玻 | p<br>ㄆ坡 | m<br>ㄇ摸 | f<br>ㄈ佛 | d<br>ㄉ得 | t<br>ㄊ特 | n<br>ㄋ讷 | l<br>ㄌ勒 |
| g<br>ㄍ哥 | k<br>ㄎ科 | h<br>ㄏ喝 | | j<br>ㄐ基 | q<br>ㄑ欺 | x<br>ㄒ希 | |
| zh<br>ㄓ知 | ch<br>ㄔ蚩 | sh<br>ㄕ诗 | r<br>ㄖ日 | z<br>ㄗ资 | c<br>ㄘ雌 | s<br>ㄙ思 | |

在给汉字注音的时候，为了使拼式简短，zh ch sh 可以省作 ẑ ĉ ŝ。

## 三　韵母表

| | | | |
|---|---|---|---|
| | i<br>丨　衣 | u<br>ㄨ　乌 | ü<br>ㄩ　迂 |
| a<br>ㄚ　啊 | ia<br>丨ㄚ　呀 | ua<br>ㄨㄚ　蛙 | |
| o<br>ㄛ　喔 | | uo<br>ㄨㄛ　窝 | |
| e<br>ㄜ　鹅 | ie<br>丨ㄝ　耶 | | üe<br>ㄩㄝ　约 |
| ai<br>ㄞ　哀 | | uai<br>ㄨㄞ　歪 | |
| ei<br>ㄟ　欸 | | uei<br>ㄨㄟ　威 | |
| ao<br>ㄠ　熬 | iao<br>丨ㄠ　腰 | | |
| ou<br>ㄡ　欧 | iou<br>丨ㄡ　忧 | | |
| an<br>ㄢ　安 | ian<br>丨ㄢ　烟 | uan<br>ㄨㄢ　弯 | üan<br>ㄩㄢ　冤 |
| en<br>ㄣ　恩 | in<br>丨ㄣ　因 | uen<br>ㄨㄣ　温 | ün<br>ㄩㄣ　晕 |
| ang<br>ㄤ　昂 | iang<br>丨ㄤ　央 | uang<br>ㄨㄤ　汪 | |
| eng<br>ㄥ　亨的韵母 | ing<br>丨ㄥ　英 | ueng<br>ㄨㄥ　翁 | |
| ong<br>（ㄨㄥ）轰的韵母 | iong<br>ㄩㄥ　雍 | | |

（1）“知、蚩、诗、日、资、雌、思”等七个音节的韵母用 i，即：知、蚩、诗、日、资、雌、思等字拼作 zhi，chi，shi，ri，zi，ci，si。

（2）韵母儿写成 er，用做韵尾的时候写成 r。例如："儿童" 拼作 ertong，"花儿" 拼作 huar。

（3）韵母ㄝ单用的时候写成 ê。

（4）i 行的韵母，前面没有声母的时候，写成 yi（衣），ya（呀），ye（耶），yao（腰），you（忧），yan（烟），yin（因），yang（央），ying（英），yong（雍）。

u 行的韵母，前面没有声母的时候，写成 wu（乌），wa（蛙），wo（窝），wai（歪），wei（威），wan（弯），wen（温），wang（汪），weng（翁）。

ü 行的韵母，前面没有声母的时候，写成 yu（迂），yue（约），yuan（冤），yun（晕）；ü 上两点省略。

ü 行的韵母跟声母 j，q，x 拼的时候，写成 ju（居），qu（区），xu（虚），ü 上两点也省略；但是跟声母 n，l 拼的时候，仍然写成 nü（女），lü（吕）。

（5）iou，uei，uen 前面加声母的时候，写成 iu，ui，un，例如 niu（牛），gui（归），lun（论）。

（6）在给汉字注音的时候，为了使拼式简短，ng 可以省作 ŋ。

## 四　声调符号

| 阴平 | 阳平 | 上声 | 去声 |
|---|---|---|---|
| ˉ | ˊ | ˇ | ˋ |

声调符号标在音节的主要母音上，轻声不标。例如：

| 妈 mā | 麻 má | 马 mǎ | 骂 mà | 吗 ma |
|---|---|---|---|---|
| （阴平） | （阳平） | （上声） | （去声） | （轻声） |

## 五　隔音符号

a，o，e 开头的音节连接在其他音节后面的时候，如果音节的界限发生混淆，用隔音符号（'）隔开，例如：pi'ao（皮袄）。

# 拼音字母与国际音标对照表

## 一 元音对照表

| 拼音字母 | 国际音标 | 例字 | 拼音字母 | 国际音标 | 例字 |
|---|---|---|---|---|---|
| b | [p] | 布、巴 | j | [tɕ] | 基、家 |
| p | [pʻ] | 铺、怕 | q | [tɕʻ] | 欺、恰 |
| m | [m] | 木、妈 | x | [ɕ] | 希、虾 |
| f | [f] | 夫、发 | zh | [tʂ] | 知、闸 |
| d | [t] | 德、达 | ch | [tʂʻ] | 痴、叉 |
| t | [tʻ] | 特、他 | sh | [ʂ] | 师、沙 |
| n | [n] | 纳、拿 | r | [ʐ] | 日、如 |
| l | [l] | 勒、拉 | z | [ts] | 资、杂 |
| g | [k] | 格、瓜 | c | [tsʻ] | 雌、擦 |
| k | [kʻ] | 客、夸 | s | [s] | 思、撒 |
| h | [x] | 黑、花 | | | |

## 二 辅音对照表

| 拼音字母 | 国际音标 | 例字 | 拼音字母 | 国际音标 | 例字 |
|---|---|---|---|---|---|
| ɑ | ᴀ | 啊、拉 | ɑo | au | 熬、劳 |
| o | o | 喔、噢 | ou | ou | 欧、偶 |
| e | ɤ | 鹅、乐 | ɑn | an | 安、暗 |
| ɑi | ai | 哀、唉 | en | ən | 恩、根 |
| ei | ei | 欸、雷 | ɑng | aŋ | 昂、肮 |

续表

| 拼音字母 | 国际音标 | 例字 | 拼音字母 | 国际音标 | 例字 |
|---|---|---|---|---|---|
| eng | əŋ | 亨、冷 | uɑ | ua | 蛙、瓦 |
| ong | uŋ | 轰、龙 | uo | uo | 窝、罗 |
| i | i | 衣、离 | uɑi | uai | 歪、外 |
| iɑ | ia | 呀、雅 | uei② | uei | 威、为 |
| ie | iɛ | 耶、列 | uɑn | uan | 弯、完 |
| iɑo | iao | 腰、药 | uen③ | uən | 温、问 |
| iou① | iou | 忧、游 | uɑng | uaŋ | 汪、王 |
| iɑn | iɛn | 烟、连 | ueng | uəŋ | 翁、瓮 |
| in | in | 因、印 | ü | y | 遇、鱼 |
| iɑng | iaŋ | 央、样 | ue | yɛ | 月、略 |
| ing | iŋ | 英、影 | üɑn | yɛn | 渊、院 |
| yong | yŋ | 雍、用 | ün | yn | 晕、云 |
| u | u | 乌、武 | | | |

【注】

① 前面加声母时，写作 iu。

② 前面加声母时，写作 ui。

③ 前面加声母时，写作 un。

# 汉语拼音与注音音节对照表

## A

| | |
|---|---|
| a | ㄚ |
| ai | ㄞ |
| an | ㄢ |
| ang | ㄤ |
| ao | ㄠ |

## B

| | |
|---|---|
| ba | ㄅㄚ |
| bai | ㄅㄞ |
| ban | ㄅㄢ |
| bang | ㄅㄤ |
| bao | ㄅㄠ |
| bei | ㄅㄟ |
| ben | ㄅㄣ |
| beng | ㄅㄥ |
| bi | ㄅㄧ |
| bian | ㄅㄧㄢ |
| biao | ㄅㄧㄠ |
| bie | ㄅㄧㄝ |
| bin | ㄅㄧㄣ |
| bing | ㄅㄧㄥ |
| bo | ㄅㄛ |
| bu | ㄅㄨ |

## C

| | |
|---|---|
| ca | ㄘㄚ |
| cai | ㄘㄞ |
| can | ㄘㄢ |
| cang | ㄘㄤ |
| cao | ㄘㄠ |
| ce | ㄘㄜ |
| cei | ㄘㄟ |
| cen | ㄘㄣ |
| ceng | ㄘㄥ |
| cha | ㄔㄚ |
| chai | ㄔㄞ |
| chan | ㄔㄢ |
| chang | ㄔㄤ |
| chao | ㄔㄠ |
| che | ㄔㄜ |
| chen | ㄔㄣ |
| cheng | ㄔㄥ |
| chi | ㄔ |
| chong | ㄔㄨㄥ |
| chou | ㄔㄡ |
| chu | ㄔㄨ |
| chua | ㄔㄨㄚ |
| chuai | ㄔㄨㄞ |
| chuan | ㄔㄨㄢ |
| chuang | ㄔㄨㄤ |
| chui | ㄔㄨㄟ |
| chun | ㄔㄨㄣ |
| chuo | ㄔㄨㄛ |
| ci | ㄘ |
| cong | ㄘㄨㄥ |
| cou | ㄘㄡ |
| cu | ㄘㄨ |
| cuan | ㄘㄨㄢ |
| cui | ㄘㄨㄟ |
| cun | ㄘㄨㄣ |
| cuo | ㄘㄨㄛ |

## D

| | |
|---|---|
| da | ㄉㄚ |
| dai | ㄉㄞ |
| dan | ㄉㄢ |
| dang | ㄉㄤ |
| dao | ㄉㄠ |
| de | ㄉㄜ |
| dei | ㄉㄟ |
| den | ㄉㄣ |
| deng | ㄉㄥ |
| di | ㄉㄧ |
| dia | ㄉㄧㄚ |
| dian | ㄉㄧㄢ |
| diao | ㄉㄧㄠ |
| die | ㄉㄧㄝ |
| ding | ㄉㄧㄥ |
| diu | ㄉㄧㄡ |
| dong | ㄉㄨㄥ |
| dou | ㄉㄡ |
| du | ㄉㄨ |
| duan | ㄉㄨㄢ |
| dui | ㄉㄨㄟ |
| dun | ㄉㄨㄣ |
| duo | ㄉㄨㄛ |

## E

| | |
|---|---|
| e | ㄜ |
| en | ㄣ |
| eng | ㄥ |
| er | ㄦ |

## F

| | |
|---|---|
| fa | ㄈㄚ |
| fan | ㄈㄢ |
| fang | ㄈㄤ |
| fei | ㄈㄟ |
| fen | ㄈㄣ |
| feng | ㄈㄥ |
| fo | ㄈㄛ |
| fou | ㄈㄡ |
| fu | ㄈㄨ |

## G

| | |
|---|---|
| ga | ㄍㄚ |
| gai | ㄍㄞ |

| | |
|---|---|
| gan | ㄍㄢ |
| gang | ㄍㄤ |
| gao | ㄍㄠ |
| ge | ㄍㄜ |
| gei | ㄍㄟ |
| gen | ㄍㄣ |
| geng | ㄍㄥ |
| gong | ㄍㄨㄥ |
| gou | ㄍㄡ |
| gu | ㄍㄨ |
| gua | ㄍㄨㄚ |
| guai | ㄍㄨㄞ |
| guan | ㄍㄨㄢ |
| guang | ㄍㄨㄤ |
| gui | ㄍㄨㄟ |
| gun | ㄍㄨㄣ |
| guo | ㄍㄨㄛ |

## H

| | |
|---|---|
| ha | ㄏㄚ |
| hai | ㄏㄞ |
| han | ㄏㄢ |
| hang | ㄏㄤ |
| hao | ㄏㄠ |
| he | ㄏㄜ |
| hei | ㄏㄟ |
| hen | ㄏㄣ |
| heng | ㄏㄥ |
| hm | ㄏㄇ |
| hng | ㄏㄫ |
| hong | ㄏㄨㄥ |
| hou | ㄏㄡ |
| hu | ㄏㄨ |
| hua | ㄏㄨㄚ |
| huai | ㄏㄨㄞ |
| huan | ㄏㄨㄢ |
| huang | ㄏㄨㄤ |
| hui | ㄏㄨㄟ |
| hun | ㄏㄨㄣ |
| huo | ㄏㄨㄛ |

## J

| | |
|---|---|
| ji | ㄐㄧ |
| jia | ㄐㄧㄚ |
| jian | ㄐㄧㄢ |
| jiang | ㄐㄧㄤ |
| jiao | ㄐㄧㄠ |
| jie | ㄐㄧㄝ |
| jin | ㄐㄧㄣ |
| jing | ㄐㄧㄥ |
| jiong | ㄐㄩㄥ |
| jiu | ㄐㄧㄡ |
| ju | ㄐㄩ |
| juan | ㄐㄩㄢ |
| jue | ㄐㄩㄝ |
| jun | ㄐㄩㄣ |

## K

| | |
|---|---|
| ka | ㄎㄚ |
| kai | ㄎㄞ |
| kan | ㄎㄢ |
| kang | ㄎㄤ |
| kao | ㄎㄠ |
| ke | ㄎㄜ |
| kei | ㄎㄟ |
| ken | ㄎㄣ |
| keng | ㄎㄥ |
| kong | ㄎㄨㄥ |
| kou | ㄎㄡ |
| ku | ㄎㄨ |
| kua | ㄎㄨㄚ |
| kuai | ㄎㄨㄞ |
| kuan | ㄎㄨㄢ |
| kuang | ㄎㄨㄤ |
| kui | ㄎㄨㄟ |
| kun | ㄎㄨㄣ |
| kuo | ㄎㄨㄛ |

## L

| | |
|---|---|
| la | ㄌㄚ |
| lai | ㄌㄞ |
| lan | ㄌㄢ |
| lang | ㄌㄤ |
| lao | ㄌㄠ |
| le | ㄌㄜ |
| lei | ㄌㄟ |
| leng | ㄌㄥ |
| li | ㄌㄧ |
| lia | ㄌㄧㄚ |
| lian | ㄌㄧㄢ |
| liang | ㄌㄧㄤ |
| liao | ㄌㄧㄠ |
| lie | ㄌㄧㄝ |
| lin | ㄌㄧㄣ |
| ling | ㄌㄧㄥ |
| liu | ㄌㄧㄡ |
| lo | ㄌㄛ |
| long | ㄌㄨㄥ |
| lou | ㄌㄡ |
| lu | ㄌㄨ |
| lü | ㄌㄩ |
| luan | ㄌㄨㄢ |
| lüe | ㄌㄩㄝ |
| lun | ㄌㄨㄣ |
| luo | ㄌㄨㄛ |

## M

| | |
|---|---|
| m | ㄇ |
| ma | ㄇㄚ |
| mai | ㄇㄞ |
| man | ㄇㄢ |
| mang | ㄇㄤ |
| mao | ㄇㄠ |
| me | ㄇㄜ |
| mei | ㄇㄟ |
| men | ㄇㄣ |
| meng | ㄇㄥ |
| mi | ㄇㄧ |
| mian | ㄇㄧㄢ |
| miao | ㄇㄧㄠ |
| mie | ㄇㄧㄝ |
| min | ㄇㄧㄣ |
| ming | ㄇㄧㄥ |
| miu | ㄇㄧㄡ |
| mo | ㄇㄛ |
| mou | ㄇㄡ |
| mu | ㄇㄨ |

## N

| | |
|---|---|
| n | ㄋ |
| na | ㄋㄚ |
| nai | ㄋㄞ |

| | |
|---|---|
| nan | ㄋㄢ |
| nang | ㄋㄤ |
| nao | ㄋㄠ |
| ne | ㄋㄜ |
| nei | ㄋㄟ |
| nen | ㄋㄣ |
| neng | ㄋㄥ |
| ng | ㄫ |
| ni | ㄋㄧ |
| nian | ㄋㄧㄢ |
| niang | ㄋㄧㄤ |
| niao | ㄋㄧㄠ |
| nie | ㄋㄧㄝ |
| nin | ㄋㄧㄣ |
| ning | ㄋㄧㄥ |
| niu | ㄋㄧㄡ |
| nong | ㄋㄨㄥ |
| nou | ㄋㄡ |
| nu | ㄋㄨ |
| nü | ㄋㄩ |
| nuan | ㄋㄨㄢ |
| nüe | ㄋㄨㄝ |
| nun | ㄋㄨㄣ |
| nuo | ㄋㄨㄛ |

## O

| | |
|---|---|
| o | ㄛ |
| ou | ㄡ |

## P

| | |
|---|---|
| pa | ㄆㄚ |
| pai | ㄆㄞ |
| pan | ㄆㄢ |
| pang | ㄆㄤ |
| pao | ㄆㄠ |
| pei | ㄆㄟ |
| pen | ㄆㄣ |
| peng | ㄆㄥ |
| pi | ㄆㄧ |
| pian | ㄆㄧㄢ |
| piao | ㄆㄧㄠ |
| pie | ㄆㄧㄝ |
| pin | ㄆㄧㄣ |
| ping | ㄆㄧㄥ |
| po | ㄆㄛ |
| pou | ㄆㄡ |
| pu | ㄆㄨ |

## Q

| | |
|---|---|
| qi | ㄑㄧ |
| qia | ㄑㄧㄚ |
| qian | ㄑㄧㄢ |
| qiang | ㄑㄧㄤ |
| qiao | ㄑㄧㄠ |
| qie | ㄑㄧㄝ |
| qin | ㄑㄧㄣ |
| qing | ㄑㄧㄥ |
| qiong | ㄑㄩㄥ |
| qiu | ㄑㄧㄡ |
| qu | ㄑㄩ |
| quan | ㄑㄩㄢ |
| que | ㄑㄩㄝ |
| qun | ㄑㄩㄣ |

## R

| | |
|---|---|
| ran | ㄖㄢ |
| rang | ㄖㄤ |
| rao | ㄖㄠ |
| re | ㄖㄜ |
| ren | ㄖㄣ |
| reng | ㄖㄥ |
| ri | ㄖ |
| rong | ㄖㄨㄥ |
| rou | ㄖㄡ |
| ru | ㄖㄨ |
| rua | ㄖㄨㄚ |
| ruan | ㄖㄨㄢ |
| rui | ㄖㄨㄟ |
| run | ㄖㄨㄣ |
| ruo | ㄖㄨㄛ |

## S

| | |
|---|---|
| sa | ㄙㄚ |
| sai | ㄙㄞ |
| san | ㄙㄢ |
| sang | ㄙㄤ |
| sao | ㄙㄠ |
| se | ㄙㄜ |
| sen | ㄙㄣ |
| seng | ㄙㄥ |
| sha | ㄕㄚ |
| shai | ㄕㄞ |
| shan | ㄕㄢ |
| shang | ㄕㄤ |
| shao | ㄕㄠ |
| she | ㄕㄜ |
| shei | ㄕㄟ |
| shen | ㄕㄣ |
| sheng | ㄕㄥ |
| shi | ㄕ |
| shou | ㄕㄡ |
| shu | ㄕㄨ |
| shua | ㄕㄨㄚ |
| shuai | ㄕㄨㄞ |
| shuan | ㄕㄨㄢ |
| shuang | ㄕㄨㄤ |
| shui | ㄕㄨㄟ |
| shun | ㄕㄨㄣ |
| shuo | ㄕㄨㄛ |
| si | ㄙ |
| song | ㄙㄨㄥ |
| sou | ㄙㄡ |
| su | ㄙㄨ |
| suan | ㄙㄨㄢ |
| sui | ㄙㄨㄟ |
| sun | ㄙㄨㄣ |
| suo | ㄙㄨㄛ |

## T

| | |
|---|---|
| ta | ㄊㄚ |
| tai | ㄊㄞ |
| tan | ㄊㄢ |
| tang | ㄊㄤ |
| tao | ㄊㄠ |
| te | ㄊㄜ |
| tei | ㄊㄟ |
| teng | ㄊㄥ |
| ti | ㄊㄧ |
| tian | ㄊㄧㄢ |
| tiao | ㄊㄧㄠ |

| | |
|---|---|
| tie | ㄊㄧㄝ |
| ting | ㄊㄧㄥ |
| tong | ㄊㄨㄥ |
| tou | ㄊㄡ |
| tu | ㄊㄨ |
| tuan | ㄊㄨㄢ |
| tui | ㄊㄨㄟ |
| tun | ㄊㄨㄣ |
| tuo | ㄊㄨㄛ |

W

| | |
|---|---|
| wa | ㄨㄚ |
| wai | ㄨㄞ |
| wan | ㄨㄢ |
| wang | ㄨㄤ |
| wei | ㄨㄟ |
| wen | ㄨㄣ |
| weng | ㄨㄥ |
| wo | ㄨㄛ |
| wu | ㄨ |

X

| | |
|---|---|
| xi | ㄒㄧ |
| xia | ㄒㄧㄚ |
| xian | ㄒㄧㄢ |
| xiang | ㄒㄧㄤ |
| xiao | ㄒㄧㄠ |
| xie | ㄒㄧㄝ |
| xin | ㄒㄧㄣ |
| xing | ㄒㄧㄥ |
| xiong | ㄒㄩㄥ |
| xiu | ㄒㄧㄡ |
| xu | ㄒㄩ |
| xuan | ㄒㄩㄢ |
| xue | ㄒㄩㄝ |
| xun | ㄒㄩㄣ |

Y

| | |
|---|---|
| ya | ㄧㄚ |
| yan | ㄧㄢ |
| yang | ㄧㄤ |
| yao | ㄧㄠ |
| ye | ㄧㄝ |
| yi | ㄧ |
| yin | ㄧㄣ |
| ying | ㄧㄥ |
| yo | ㄧㄛ |
| yong | ㄩㄥ |
| you | ㄧㄡ |
| yu | ㄩ |
| yuan | ㄩㄢ |
| yue | ㄩㄝ |
| yun | ㄩㄣ |

Z

| | |
|---|---|
| za | ㄗㄚ |
| zai | ㄗㄞ |
| zan | ㄗㄢ |
| zang | ㄗㄤ |
| zao | ㄗㄠ |
| ze | ㄗㄜ |
| zei | ㄗㄟ |
| zen | ㄗㄣ |
| zeng | ㄗㄥ |
| zha | ㄓㄚ |
| zhai | ㄓㄞ |
| zhan | ㄓㄢ |
| zhang | ㄓㄤ |
| zhao | ㄓㄠ |
| zhe | ㄓㄜ |
| zhei | ㄓㄟ |
| zhen | ㄓㄣ |
| zheng | ㄓㄥ |
| zhi | ㄓ |
| zhong | ㄓㄨㄥ |
| zhou | ㄓㄡ |
| zhu | ㄓㄨ |
| zhua | ㄓㄨㄚ |
| zhuai | ㄓㄨㄞ |
| zhuan | ㄓㄨㄢ |
| zhuang | ㄓㄨㄤ |
| zhui | ㄓㄨㄟ |
| zhun | ㄓㄨㄣ |
| zhuo | ㄓㄨㄛ |
| zi | ㄗ |
| zong | ㄗㄨㄥ |
| zou | ㄗㄡ |
| zu | ㄗㄨ |
| zuan | ㄗㄨㄢ |
| zui | ㄗㄨㄟ |
| zun | ㄗㄨㄣ |
| zuo | ㄗㄨㄛ |

# 注音与汉语拼音音节对照表

## ㄅ

| | |
|---|---|
| ㄅ | b |
| ㄅㄚ | ba |
| ㄅㄛ | bo |
| ㄅㄞ | bai |
| ㄅㄟ | bei |
| ㄅㄠ | bao |
| ㄅㄢ | ban |
| ㄅㄣ | ben |
| ㄅㄤ | bang |
| ㄅㄥ | beng |
| ㄅㄧ | bi |
| ㄅㄧㄝ | bie |
| ㄅㄧㄠ | biao |
| ㄅㄧㄢ | bian |
| ㄅㄧㄣ | bin |
| ㄅㄧㄥ | bing |
| ㄅㄨ | bu |

## ㄆ

| | |
|---|---|
| ㄆ | p |
| ㄆㄚ | pa |
| ㄆㄛ | po |
| ㄆㄞ | pai |
| ㄆㄟ | pei |
| ㄆㄠ | pao |
| ㄆㄡ | pou |
| ㄆㄢ | pan |
| ㄆㄣ | pen |
| ㄆㄤ | pang |
| ㄆㄥ | peng |
| ㄆㄧ | pi |
| ㄆㄧㄝ | pie |
| ㄆㄧㄠ | piao |
| ㄆㄧㄢ | pian |
| ㄆㄧㄣ | pin |
| ㄆㄧㄥ | ping |
| ㄆㄨ | pu |

## ㄇ

| | |
|---|---|
| ㄇ | m |
| ㄇㄚ | ma |
| ㄇㄛ | mo |
| ㄇㄜ | me |
| ㄇㄞ | mai |
| ㄇㄟ | mei |
| ㄇㄠ | mao |
| ㄇㄡ | mou |
| ㄇㄢ | man |
| ㄇㄣ | men |
| ㄇㄤ | mang |
| ㄇㄥ | meng |
| ㄇㄧ | mi |
| ㄇㄧㄝ | mie |
| ㄇㄧㄠ | miao |
| ㄇㄧㄡ | miu |
| ㄇㄧㄢ | mian |
| ㄇㄧㄣ | min |
| ㄇㄧㄥ | ming |
| ㄇㄨ | mu |

## ㄈ

| | |
|---|---|
| ㄈ | f |
| ㄈㄚ | fa |
| ㄈㄛ | fo |
| ㄈㄟ | fei |
| ㄈㄡ | fou |
| ㄈㄢ | fan |
| ㄈㄣ | fen |
| ㄈㄤ | fang |
| ㄈㄥ | feng |
| ㄈㄨ | fu |

## ㄉ

| | |
|---|---|
| ㄉ | d |
| ㄉㄚ | da |
| ㄉㄜ | de |
| ㄉㄞ | dai |
| ㄉㄟ | dei |
| ㄉㄠ | dao |
| ㄉㄡ | dou |
| ㄉㄢ | dan |
| ㄉㄣ | den |
| ㄉㄤ | dang |
| ㄉㄥ | deng |
| ㄉㄧ | di |
| ㄉㄧㄚ | dia |
| ㄉㄧㄝ | die |
| ㄉㄧㄠ | diao |
| ㄉㄧㄡ | diu |
| ㄉㄧㄢ | dian |
| ㄉㄧㄤ | diang |
| ㄉㄧㄥ | ding |
| ㄉㄨ | du |
| ㄉㄨㄛ | duo |
| ㄉㄨㄟ | dui |
| ㄉㄨㄢ | duan |
| ㄉㄨㄣ | dun |
| ㄉㄨㄥ | dong |

## ㄊ

| | |
|---|---|
| ㄊ | t |
| ㄊㄚ | ta |
| ㄊㄜ | te |
| ㄊㄞ | tai |
| ㄊㄟ | tei |
| ㄊㄠ | tao |
| ㄊㄡ | tou |

| | |
|---|---|
| ㄊㄢ | tan |
| ㄊㄤ | tang |
| ㄊㄥ | teng |
| ㄊㄧ | ti |
| ㄊㄧㄝ | tie |
| ㄊㄧㄠ | tiao |
| ㄊㄧㄢ | tian |
| ㄊㄧㄥ | ting |
| ㄊㄨ | tu |
| ㄊㄨㄛ | tuo |
| ㄊㄨㄟ | tui |
| ㄊㄨㄢ | tuan |
| ㄊㄨㄣ | tun |
| ㄊㄨㄥ | tong |

### ㄋ

| | |
|---|---|
| ㄋ | n |
| ㄋㄚ | na |
| ㄋㄜ | ne |
| ㄋㄞ | nai |
| ㄋㄟ | nei |
| ㄋㄠ | nao |
| ㄋㄡ | nou |
| ㄋㄢ | nan |
| ㄋㄣ | nen |
| ㄋㄤ | nang |
| ㄋㄥ | neng |
| ㄋㄧ | ni |
| ㄋㄧㄝ | nie |
| ㄋㄧㄠ | niao |
| ㄋㄧㄡ | niu |
| ㄋㄧㄢ | nian |
| ㄋㄧㄣ | nin |
| ㄋㄧㄤ | niang |
| ㄋㄧㄥ | ning |
| ㄋㄨ | nu |
| ㄋㄨㄛ | nuo |
| ㄋㄨㄟ | nui |
| ㄋㄨㄢ | nuan |
| ㄋㄨㄣ | nun |
| ㄋㄨㄥ | nong |
| ㄋㄩ | nü |
| ㄋㄩㄝ | nüe |

### ㄌ

| | |
|---|---|
| ㄌ | l |
| ㄌㄚ | la |
| ㄌㄛ | lo |
| ㄌㄜ | le |
| ㄌㄞ | lai |
| ㄌㄟ | lei |
| ㄌㄠ | lao |
| ㄌㄡ | lou |
| ㄌㄢ | lan |
| ㄌㄤ | lang |
| ㄌㄥ | leng |
| ㄌㄧ | li |
| ㄌㄧㄚ | lia |
| ㄌㄧㄝ | lie |
| ㄌㄧㄠ | liao |
| ㄌㄧㄡ | liu |
| ㄌㄧㄢ | lian |
| ㄌㄧㄣ | lin |
| ㄌㄧㄤ | liang |
| ㄌㄧㄥ | ling |
| ㄌㄨ | lu |
| ㄌㄨㄛ | luo |
| ㄌㄨㄢ | luan |
| ㄌㄨㄣ | lun |
| ㄌㄨㄥ | long |
| ㄌㄩ | lü |
| ㄌㄩㄝ | lüe |

### ㄍ

| | |
|---|---|
| ㄍ | g |
| ㄍㄚ | ga |
| ㄍㄜ | ge |
| ㄍㄞ | gai |
| ㄍㄟ | gei |
| ㄍㄠ | gao |
| ㄍㄡ | gou |
| ㄍㄢ | gan |
| ㄍㄣ | gen |
| ㄍㄤ | gang |
| ㄍㄥ | geng |
| ㄍㄨ | gu |
| ㄍㄨㄚ | gua |
| ㄍㄨㄛ | guo |
| ㄍㄨㄞ | guai |
| ㄍㄨㄟ | gui |
| ㄍㄨㄢ | guan |
| ㄍㄨㄣ | gun |
| ㄍㄨㄤ | guang |
| ㄍㄨㄥ | gong |

### ㄎ

| | |
|---|---|
| ㄎ | k |
| ㄎㄚ | ka |
| ㄎㄜ | ke |
| ㄎㄞ | kai |
| ㄎㄟ | kei |
| ㄎㄠ | kao |
| ㄎㄡ | kou |
| ㄎㄢ | kan |
| ㄎㄣ | ken |
| ㄎㄤ | kang |
| ㄎㄥ | keng |
| ㄎㄨ | ku |
| ㄎㄨㄚ | kua |
| ㄎㄨㄛ | kuo |
| ㄎㄨㄞ | kuai |
| ㄎㄨㄟ | kui |
| ㄎㄨㄢ | kuan |
| ㄎㄨㄣ | kun |
| ㄎㄨㄤ | kuang |
| ㄎㄨㄥ | kong |

### ㄏ

| | |
|---|---|
| ㄏ | h |
| ㄏㄚ | ha |
| ㄏㄜ | he |
| ㄏㄞ | hai |
| ㄏㄟ | hei |
| ㄏㄠ | hao |
| ㄏㄡ | hou |
| ㄏㄢ | han |
| ㄏㄣ | hen |
| ㄏㄤ | hang |
| ㄏㄥ | heng |
| ㄏㄨ | hu |
| ㄏㄨㄚ | hua |
| ㄏㄨㄛ | huo |

| | |
|---|---|
| ㄏㄨㄞ | huai |
| ㄏㄨㄟ | hui |
| ㄏㄨㄢ | huan |
| ㄏㄨㄣ | hun |
| ㄏㄨㄤ | huang |
| ㄏㄨㄥ | hong |

## ㄐ

| | |
|---|---|
| ㄐ | j |
| ㄐㄧ | ji |
| ㄐㄧㄚ | jia |
| ㄐㄧㄝ | jie |
| ㄐㄧㄠ | jiao |
| ㄐㄧㄡ | jiu |
| ㄐㄧㄢ | jian |
| ㄐㄧㄣ | jin |
| ㄐㄧㄤ | jiang |
| ㄐㄧㄥ | jing |
| ㄐㄩ | jü |
| ㄐㄩㄝ | jüe |
| ㄐㄩㄢ | juan |
| ㄐㄩㄣ | jun |
| ㄐㄩㄥ | jiong |

## ㄑ

| | |
|---|---|
| ㄑ | q |
| ㄑㄧ | qi |
| ㄑㄧㄚ | qia |
| ㄑㄧㄝ | qie |
| ㄑㄧㄠ | qiao |
| ㄑㄧㄡ | qiu |
| ㄑㄧㄢ | qian |
| ㄑㄧㄣ | qin |
| ㄑㄧㄤ | qiang |
| ㄑㄧㄥ | qing |
| ㄑㄩ | qu |
| ㄑㄩㄝ | que |
| ㄑㄩㄢ | quan |
| ㄑㄩㄣ | qun |
| ㄑㄩㄥ | qiong |

## ㄒ

| | |
|---|---|
| ㄒ | x |
| ㄒㄧ | xi |
| ㄒㄧㄚ | xia |
| ㄒㄧㄝ | xie |
| ㄒㄧㄠ | xiao |
| ㄒㄧㄡ | xiu |
| ㄒㄧㄢ | xian |
| ㄒㄧㄣ | xin |
| ㄒㄧㄤ | xiang |
| ㄒㄧㄥ | xing |
| ㄒㄩ | xu |
| ㄒㄩㄝ | xue |
| ㄒㄩㄢ | xuan |
| ㄒㄩㄣ | xun |
| ㄒㄩㄥ | xiong |

## ㄓ

| | |
|---|---|
| ㄓ | zh（zhi） |
| ㄓㄚ | zha |
| ㄓㄜ | zhe |
| ㄓㄞ | zhai |
| ㄓㄟ | zhei |
| ㄓㄠ | zhao |
| ㄓㄡ | zhou |
| ㄓㄢ | zhan |
| ㄓㄣ | zhen |
| ㄓㄤ | zhang |
| ㄓㄥ | zheng |
| ㄓㄨ | zhu |
| ㄓㄨㄚ | zhua |
| ㄓㄨㄛ | zhuo |
| ㄓㄨㄞ | zhuai |
| ㄓㄨㄟ | zhui |
| ㄓㄨㄢ | zhuan |
| ㄓㄨㄣ | zhun |
| ㄓㄨㄤ | zhuang |
| ㄓㄨㄥ | zhong |

## ㄔ

| | |
|---|---|
| ㄔ | ch（chi） |
| ㄔㄚ | cha |
| ㄔㄜ | che |
| ㄔㄞ | chai |
| ㄔㄠ | chao |
| ㄔㄡ | chou |
| ㄔㄢ | chan |
| ㄔㄣ | chen |
| ㄔㄤ | chang |
| ㄔㄥ | cheng |
| ㄔㄨ | chu |
| ㄔㄨㄚ | chua |
| ㄔㄨㄛ | chuo |
| ㄔㄨㄞ | chuai |
| ㄔㄨㄟ | chui |
| ㄔㄨㄢ | chuan |
| ㄔㄨㄣ | chun |
| ㄔㄨㄤ | chuang |
| ㄔㄨㄥ | chong |

## ㄕ

| | |
|---|---|
| ㄕ | sh（shi） |
| ㄕㄚ | sha |
| ㄕㄜ | she |
| ㄕㄞ | shai |
| ㄕㄟ | shei |
| ㄕㄠ | shao |
| ㄕㄡ | shou |
| ㄕㄢ | shan |
| ㄕㄣ | shen |
| ㄕㄤ | shang |
| ㄕㄥ | sheng |
| ㄕㄨ | shu |
| ㄕㄨㄚ | shua |
| ㄕㄨㄛ | shuo |
| ㄕㄨㄞ | shuai |
| ㄕㄨㄟ | shui |
| ㄕㄨㄢ | shuan |
| ㄕㄨㄣ | shun |
| ㄕㄨㄤ | shuang |

## ㄖ

| | |
|---|---|
| ㄖ | r（ri） |
| ㄖㄜ | re |
| ㄖㄠ | rao |
| ㄖㄡ | rou |
| ㄖㄢ | ran |
| ㄖㄣ | ren |
| ㄖㄤ | rang |
| ㄖㄥ | reng |
| ㄖㄨ | ru |
| ㄖㄨㄚ | rua |

| | |
|---|---|
| ㄖㄨㄛ | ruo |
| ㄖㄨㄟ | rui |
| ㄖㄨㄢ | ruan |
| ㄖㄨㄣ | run |
| ㄖㄨㄥ | rong |

ㄗ

| | |
|---|---|
| ㄗ | z（zi） |
| ㄗㄚ | za |
| ㄗㄜ | ze |
| ㄗㄞ | zai |
| ㄗㄟ | zei |
| ㄗㄠ | zao |
| ㄗㄡ | zou |
| ㄗㄢ | zan |
| ㄗㄣ | zen |
| ㄗㄤ | zang |
| ㄗㄥ | zeng |
| ㄗㄨ | zu |
| ㄗㄨㄛ | zuo |
| ㄗㄨㄟ | zui |
| ㄗㄨㄢ | zuan |
| ㄗㄨㄣ | zun |
| ㄗㄨㄥ | zong |

ㄘ

| | |
|---|---|
| ㄘ | c（ci） |
| ㄘㄚ | ca |
| ㄘㄜ | ce |
| ㄘㄞ | cai |
| ㄘㄟ | cei |
| ㄘㄠ | cao |
| ㄘㄡ | cou |
| ㄘㄢ | can |
| ㄘㄣ | cen |
| ㄘㄤ | cang |
| ㄘㄥ | ceng |
| ㄘㄨ | cu |
| ㄘㄨㄛ | cuo |
| ㄘㄨㄟ | cui |
| ㄘㄨㄢ | cuan |
| ㄘㄨㄣ | cun |
| ㄘㄨㄥ | cong |

ㄙ

| | |
|---|---|
| ㄙ | s（si） |
| ㄙㄚ | sa |
| ㄙㄜ | se |
| ㄙㄞ | sai |
| ㄙㄟ | sei |
| ㄙㄠ | sao |
| ㄙㄡ | sou |
| ㄙㄢ | san |
| ㄙㄣ | sen |
| ㄙㄤ | sang |
| ㄙㄥ | seng |
| ㄙㄨ | su |
| ㄙㄨㄛ | suo |
| ㄙㄨㄟ | sui |
| ㄙㄨㄢ | suan |
| ㄙㄨㄣ | sun |
| ㄙㄨㄥ | song |

ㄚ

| | |
|---|---|
| ㄚ | a |
| ㄛ | o |
| ㄜ | e |
| ㄝ | ie |
| ㄞ | ai |
| ㄟ | ei |
| ㄠ | ao |
| ㄡ | ou |
| ㄢ | an |
| ㄣ | en |
| ㄤ | ang |
| ㄥ | eng |
| ㄦ | er |

ㄧ

| | |
|---|---|
| ㄧ | i |
| ㄧㄚ | ia |
| ㄧㄝ | ie |
| ㄧㄠ | iao |
| ㄧㄡ | iou |
| ㄧㄢ | ian |
| ㄧㄣ | in |
| ㄧㄤ | iang |
| ㄧㄥ | ing |

ㄨ

| | |
|---|---|
| ㄨ | u |
| ㄨㄚ | ua |
| ㄨㄛ | uo |
| ㄨㄞ | uai |
| ㄨㄟ | uei |
| ㄨㄢ | uan |
| ㄨㄣ | un |
| ㄨㄤ | uang |
| ㄨㄥ | ong |

ㄩ

| | |
|---|---|
| ㄩ | ü |
| ㄩㄝ | üe |
| ㄩㄢ | üan |
| ㄩㄣ | ün |
| ㄩㄥ | iong |

# 第一批异形词整理简表①

| 音序 | 整理的字 | 推荐词形 | 非推荐词形 |
|---|---|---|---|
| A | 按（案） | 按语、编者按 | 案语、编者案 |
| B | 百（摆） | 正经八百 | 正经八摆 |
| | 斑（班、颁） | 斑白、斑驳 | 班白、颁白、班驳 |
| | 板（舨） | 舢板 | 舢舨 |
| | 孢（胞） | 孢子 | 胞子 |
| | 保（褓） | 保姆 | 褓姆 |
| | 毕（必） | 毕恭毕敬 | 必恭必敬 |
| | 扁（萹、稨、藊） | 扁豆 | 萹豆、稨豆、藊豆 |
| | 镖（镳） | 保镖 | 保镳 |
| | 秉（禀） | 秉承 | 禀承 |
| C | 才（材） | 人才 | 人材 |
| | 采（彩） | 神采 | 神彩 |
| | 彩（采） | 丰富多彩、光彩、喝彩、喝倒彩、精彩、色彩、五彩缤纷 | 丰富多采、光采、喝采、喝倒采、精采、色采、五采缤纷 |
| | 柴（豺） | 骨瘦如柴 | 骨瘦如豺 |
| | 掺（搀） | 掺和、掺假、掺杂 | 搀和、搀假、搀杂 |
| | 铲（刬） | 铲除 | 刬除 |
| | 徜（倘） | 徜徉 | 倘佯 |
| | 彻（澈） | 彻底、透彻 | 澈底、透澈 |
| | 澈（彻） | 澄澈、清澈 | 澄彻、清彻 |
| | 沉（沈） | 沉思 | 沈思 |

续表

| 音序 | 整理的字 | 推荐词形 | 非推荐词形 |
|---|---|---|---|
| C | 称（趁） | 称心 | 趁心 |
| | 碜（伧） | 寒碜 | 寒伧 |
| | 池（迟） | 差池 | 差迟 |
| | 躇（蹰） | 踌躇 | 踌蹰 |
| | 锤（槌） | 一锤定音 | 一槌定音 |
| | 醇（纯） | 香醇 | 香纯 |
| | 瓷（磁） | 瓷器 | 磁器 |
| | 悴（萃） | 憔悴 | 蕉萃 |
| D | 搭（答） | 搭讪 | 答讪 |
| | 达（跶） | 溜达 | 蹓跶 |
| | 戴（带） | 戴孝、披星戴月 | 带孝、披星带月 |
| | 担（耽） | 担心、担忧 | 耽心、耽忧 |
| | 耽（担） | 耽搁 | 担搁 |
| | 淡（澹） | 惨淡、淡泊、淡然 | 惨澹、澹泊、澹然 |
| | 档（当、挡） | 搭档 | 搭当、搭挡 |
| | 宕（荡） | 跌宕 | 跌荡 |
| | 底（柢） | 归根结底 | 归根结柢 |
| | 癫（颠） | 疯癫 | 疯颠 |
| | 凋（雕） | 凋敝、凋零、凋落、凋谢 | 雕敝、雕弊、雕零、雕落、雕谢 |
| | 喋（蹀） | 喋血 | 蹀血 |
| | 丁（靪、钉） | 补丁 | 补靪、补钉 |
| | 仃（丁） | 孤苦伶仃、伶仃 | 孤苦零丁、零丁 |
| | 叮（丁） | 叮咛 | 丁宁 |
| | 订（定） | 订单、订户、订婚、订货、订阅 | 定单、定户、定婚、定货、定阅 |

续表

| 音序 | 整理的字 | 推荐词形 | 非推荐词形 |
|---|---|---|---|
| D | 斗（枓） | 斗拱 | 枓拱、枓栱 |
| | 逗（斗） | 逗趣儿 | 斗趣儿 |
| E | 二（贰） | 二心 | 贰心 |
| F | 发（酦） | 发酵 | 酦酵 |
| | 繁（蕃） | 繁衍 | 蕃衍 |
| | 反（返） | 义无反顾 | 义无返顾 |
| | 分（份） | 辈分、本分、成分、分量、分内、分外、分子②、过分 | 辈份、本份、成份、份量、份内、份外、份子③、过份 |
| | 份（分） | 股份 | 股分 |
| | 愤（忿） | 愤愤、激愤 | 忿忿、激忿 |
| | 咐（付） | 吩咐 | 分付 |
| | 风（疯） | 风瘫 | 疯瘫 |
| | 服（伏） | 服侍、服输、服罪、收服、压服 | 伏侍、伏输、伏罪、收伏、压伏 |
| | 附（傅） | 附会 | 傅会 |
| | 复（覆） | 答复、复信 | 答覆、覆信 |
| | 覆（复） | 覆辙 | 复辙 |
| G | 个（各） | 自个儿 | 自各儿 |
| | 跟（根） | 脚跟 | 脚根 |
| | 耿（梗、鲠） | 耿直 | 梗直、鲠直 |
| | 拱（栱） | 斗拱 | 枓栱 |
| | 菇（菰） | 香菇 | 香菰 |
| | 辜（孤） | 辜负 | 孤负 |
| | 古（骨） | 古董 | 骨董 |
| | 股（古） | 一股脑儿 | 一古脑儿 |

续表

| 音序 | 整理的字 | 推荐词形 | 非推荐词形 |
|---|---|---|---|
| H | 蛤（虾） | 蛤蟆 | 虾蟆 |
| | 含（涵） | 含蓄 | 涵蓄 |
| | 嚎（嗥） | 鬼哭狼嚎 | 鬼哭狼嗥 |
| | 河（合） | 信口开河 | 信口开合 |
| | 轰（哄） | 轰动 | 哄动 |
| | 弘（宏） | 弘扬 | 宏扬 |
| | 宏（弘） | 宏论、宏图、宏愿、宏旨 | 弘论、弘图、鸿图、弘愿、弘旨 |
| | 洪（鸿） | 洪福 | 鸿福 |
| | 讧（哄） | 内讧 | 内哄 |
| | 乎（呼） | 热乎乎、热乎 | 热呼呼、热呼 |
| | 狐（胡） | 狐臭 | 胡臭 |
| | 蝴（胡） | 蝴蝶 | 胡蝶 |
| | 糊（胡） | 含糊、糊涂、模糊 | 含胡、胡涂、模胡 |
| | 虎（糊） | 马虎 | 马糊 |
| | 琥（虎） | 琥珀 | 虎魄 |
| | 惚（忽） | 恍惚 | 恍忽 |
| | 花（化） | 叫花子 | 叫化子 |
| | 划（豁、搳） | 划拳 | 豁拳、搳拳 |
| | 猾（滑） | 狡猾 | 狡滑 |
| | 画（划） | 笔画、勾画、刻画、指手画脚 | 笔划、勾划、刻划、指手划脚 |
| | 划（画） | 筹划、出谋划策、计划、谋划 | 筹画、出谋画策、计画、谋画 |
| | 黄（簧） | 二黄 | 二簧 |
| | 徨（皇） | 彷徨 | 旁皇 |

续表

| 音序 | 整理的字 | 推荐词形 | 非推荐词形 |
|---|---|---|---|
| H | 潢（璜） | 装潢 | 装璜 |
| | 簧（锁） | 双簧 | 双锁 |
| | 晖（辉） | 余晖 | 余辉 |
| | 辉（晖） | 辉映 | 晖映 |
| | 回（徊） | 低回 | 低徊 |
| | 惠（慧） | 贤惠 | 贤慧 |
| | 慧（惠） | 秀外慧中 | 秀外惠中 |
| | 溃（殨） | 溃脓 | 殨脓 |
| | 浑（混） | 浑水摸鱼 | 混水摸鱼 |
| | 伙（火） | 伙伴 | 火伴 |
| J | 藉（籍） | 狼藉 | 狼籍 |
| | 纪（记） | 纪念 | 记念 |
| | 夹（茄） | 夹克 | 茄克 |
| | 嘉（佳） | 嘉宾 | 佳宾 |
| | 简（柬） | 书简 | 书柬 |
| | 跤（交） | 跌跤 | 跌交 |
| | 角（脚） | 鬓角、独角戏、角门、角色 | 鬓脚、独脚戏、脚门、脚色 |
| | 截（捷、接） | 直截了当 | 直捷了当、直接了当 |
| | 诫（戒） | 告诫、规诫、劝诫、训诫 | 告戒、规戒、劝戒、训戒 |
| | 襟（衿） | 衣襟 | 衣衿 |
| | 儆（警） | 杀一儆百 | 杀一警百 |
| | 纠（鸠） | 纠合、纠集 | 鸠合、鸠集 |
| | 俱（具） | 百废俱兴 | 百废具兴 |
| | 踞（据） | 盘踞 | 盘据 |

续表

| 音序 | 整理的字 | 推荐词形 | 非推荐词形 |
|---|---|---|---|
| K | 槛（坎） | 门槛 | 门坎 |
| | 克（刻） | 克期、克日 | 刻期、刻日 |
| L | 褴（蓝） | 褴褛 | 蓝缕 |
| | 榔（狼、锒） | 榔头 | 狼头、锒头 |
| | 劳（痨） | 五劳七伤 | 五痨七伤 |
| | 佬（老） | 阔佬 | 阔老 |
| | 黧（黎） | 黧黑 | 黎黑 |
| | 厉（砺） | 再接再厉 | 再接再砺 |
| | 连（联） | 勾连、连贯、连接、连绵、连缀、绵连、牵连 | 勾联、联贯、联接、联绵④、联缀、绵联、牵联 |
| | 联（连） | 关联、联结、联袂、联翩 | 关连、连结、连袂、连翩 |
| | 练（炼） | 简练、凝练、洗练 | 简炼、凝炼、洗炼 |
| | 魉（蜽） | 魍魉 | 蛧蜽 |
| | 亮（喨） | 嘹亮 | 嘹喨 |
| | 缭（撩） | 缭乱 | 撩乱 |
| | 灵（伶） | 机灵 | 机伶 |
| | 伶（零） | 孤苦伶仃、伶仃 | 孤苦零丁、零丁 |
| | 溜（蹓） | 溜达 | 蹓跶 |
| | 留（遛） | 逗留 | 逗遛 |
| | 流（留） | 流连 | 留连 |
| | 喽（偻） | 喽啰 | 偻㑩 |
| | 鲁（卤） | 粗鲁、鲁莽 | 粗卤、卤莽 |
| | 漉（渌） | 湿漉漉 | 湿渌渌 |
| | 褛（缕） | 褴褛 | 蓝缕 |
| | 啰（罗、㑩） | 喽啰 | 喽罗、偻㑩 |

续表

| 音序 | 整理的字 | 推荐词形 | 非推荐词形 |
|---|---|---|---|
| L | 络（落） | 络腮胡子 | 落腮胡子 |
| M | 麻（痳） | 麻痹、麻风、麻疹 | 痳痹、痳风、痳疹 |
| | 马（蚂） | 马蜂 | 蚂蜂 |
| | 码（马） | 筹码 | 筹马 |
| | 漫（缦、熳） | 烂漫 | 烂缦、烂熳 |
| | 芒（铓） | 锋芒 | 锋铓 |
| | 么（末） | 那么、要么、这么 | 那末、要末、这末 |
| | 霉（楣） | 倒霉 | 倒楣 |
| | 靡（糜） | 侈靡、靡费、奢靡 | 侈糜、糜费、奢糜 |
| | 腼（靦） | 腼腆 | 靦覥 |
| | 模（摹） | 模仿、模拟 | 摹仿、摹拟 |
| | 摹（模） | 摹写 | 模写 |
| | 摹（磨） | 摩擦、摩拳擦掌 | 磨擦、磨拳擦掌 |
| | 磨（魔） | 磨难 | 魔难 |
| | 脉（眽） | 脉脉 | 眽眽 |
| | 寞（漠、莫） | 落寞 | 落漠、落莫 |
| | 姆（母） | 保姆 | 保母 |
| N | 捺（纳） | 按捺 | 按纳 |
| | 咛（宁） | 叮咛 | 丁宁 |
| | 纽（钮） | 纽扣 | 钮扣 |
| P | 扒（掱） | 扒手 | 掱手 |
| | 盘（蟠） | 盘根错节、盘踞、盘曲 | 蟠根错节、蟠踞、蟠据、蟠曲 |
| | 磐（盘、蟠） | 磐石 | 盘石、蟠石 |
| | 蹒（盘） | 蹒跚 | 盘跚 |

续表

| 音序 | 整理的字 | 推荐词形 | 非推荐词形 |
|---|---|---|---|
| P | 彷（旁） | 彷徨 | 旁皇 |
| | 漂（飘） | 漂泊、漂流 | 飘泊、飘流 |
| | 飘（漂） | 飘零 | 漂零 |
| | 凭（平） | 凭空 | 平空 |
| Q | 跄（锵） | 踉跄 | 踉锵 |
| | 憔（蕉） | 憔悴 | 蕉萃 |
| | 拳（惓） | 拳拳 | 惓惓 |
| S | 鲨（沙） | 鲨鱼 | 沙鱼 |
| | 讪（赸） | 搭讪 | 搭赸 |
| | 艄（梢） | 艄公 | 梢公 |
| | 申（伸） | 申雪 | 伸雪 |
| | 什（十） | 什锦 | 十锦 |
| | 食（蚀） | 日食、月食 | 日蚀、月蚀 |
| | 侍（事） | 服侍 | 服事 |
| | 势（式） | 架势、姿势 | 架式、姿式 |
| | 忪（松） | 惺忪 | 惺松 |
| | 愫（素） | 情愫 | 情素 |
| T | 沓（塌） | 疲沓 | 疲塌 |
| | 沓（遝） | 杂沓 | 杂遝 |
| | 塌（踏） | 死心塌地 | 死心踏地 |
| | 踏（塌） | 踏实 | 塌实 |
| | 甜（恭） | 甜菜 | 恭菜 |
| | 腆（觍） | 腼腆 | 覥觍 |
| | 铤（挺） | 铤而走险 | 挺而走险 |
| | 彤（通） | 红彤彤 | 红通通 |

续表

| 音序 | 整理的字 | 推荐词形 | 非推荐词形 |
|---|---|---|---|
| T | 陀（陁） | 盘陀 | 盘陁 |
| W | 魍（蝄） | 魍魉 | 蝄蜽 |
| | 维（惟） | 恭维、思维 | 恭惟、思惟 |
| | 诿（委） | 推诿、诿过 | 推委、委过 |
| | 乌（污） | 乌七八糟 | 污七八糟 |
| | 毋（无） | 毋宁、毋庸 | 无宁、无庸 |
| | 午（五） | 端午 | 端五 |
| X | 息（瘜） | 息肉 | 瘜肉 |
| | 稀（希） | 稀罕、稀奇、稀少、稀世、稀有 | 希罕、希奇、希少、希世、希有 |
| | 翕（噏） | 翕动 | 噏动 |
| | 厢（箱） | 车厢 | 车箱 |
| | 相（像） | 相貌 | 像貌 |
| | 像（象、相） | 录像、图像、影像 | 录象、录相、图象、影象 |
| | 宵（消） | 夜宵 | 夜消 |
| | 潇（萧） | 潇洒 | 萧洒 |
| | 省（醒） | 发人深省 | 发人深醒 |
| | 吁（嘘） | 喘吁吁 | 喘嘘嘘 |
| | 序（叙） | 序文、序言 | 叙文、叙言 |
| Y | 押（压） | 押韵 | 压韵 |
| | 鸦（雅） | 鸦片 | 雅片 |
| | 牙（芽） | 月牙 | 月芽 |
| | 扬（洋） | 扬琴 | 洋琴 |
| | 徉（佯） | 徜徉 | 倘佯 |
| | 摇（飖） | 飘摇 | 飘飖 |

续表

| 音序 | 整理的字 | 推荐词形 | 非推荐词形 |
|---|---|---|---|
| Y | 叶（页） | 百叶窗 | 百页窗 |
| | 逸（佚） | 骄奢淫逸 | 骄奢淫佚 |
| | 意（艺） | 玩意儿 | 玩艺儿 |
| | 淫（霪） | 淫雨 | 霪雨 |
| | 盈（赢） | 盈余 | 赢余 |
| | 悠（游） | 转悠 | 转游 |
| | 隅（嵎） | 负隅顽抗 | 负嵎顽抗 |
| | 渔（鱼） | 渔具、渔网 | 鱼具、鱼网 |
| | 圄（圉） | 囹圄 | 囹圉 |
| | 予（与） | 赐予、寄予 | 赐与、寄与 |
| | 与（预） | 参与、与会、与闻 | 参预、预会、预闻 |
| | 预（与） | 干预 | 干与 |
| | 预（豫） | 预备 | 豫备 |
| | 驭（御） | 驾驭、驭手 | 驾御、御手 |
| | 原（元） | 原来、原煤、原原本本 | 元来、元煤、元元本本 |
| | 原（源） | 原原本本 | 源源本本 |
| | 缘（原） | 缘故、缘由 | 原故、原由 |
| | 芸（云） | 芸豆 | 云豆 |
| Z | 仔（崽） | 牛仔裤 | 牛崽裤 |
| | 载（儎） | 卸载 | 卸儎 |
| | 楂（查） | 山楂 | 山查 |
| | 崭（斩） | 崭新 | 斩新 |
| | 辗（展） | 辗转 | 展转 |
| | 战（颤） | 战栗 | 颤栗 |
| | 账（帐） | 账本 | 帐本 |

续表

| 音序 | 整理的字 | 推荐词形 | 非推荐词形 |
| --- | --- | --- | --- |
| Z | 招（着） | 花招 | 花着 |
|  | 芝（脂） | 芝麻 | 脂麻 |
|  | 肢（支、枝） | 肢解 | 支解、枝解 |
|  | 志（识） | 标志 | 标识 |
|  | 中（衷） | 折中 | 折衷 |
|  | 衷（中） | 热衷、无动于衷 | 热中、无动于中 |
|  | 周（赒） | 周济 | 赒济 |
|  | 妆（装） | 嫁妆 | 嫁装 |
|  | 赘（坠） | 累赘 | 累坠 |
|  | 着（著） | 衣着 | 衣著 |
|  | 孜（孳） | 孜孜 | 孳孳 |
|  | 仔（子） | 仔细 | 子细 |
|  | 佐（左） | 佐证 | 左证 |
|  | 座（坐） | 就座、入座、首座 | 就坐、入坐、首坐 |
|  | 做（作） | 小题大做 | 小题大作 |

【注】

① 本表根据中华人民共和国教育部、国家语言文字工作委员会 2001 年 12 月发布的《第一批异形词整理表》整理。

②“分子”（fènzǐ）指属于一定阶级、阶层、集团或具有某种特征的人，如“地主分子、知识分子、先进分子”等。

③ 凑份子送礼的“份子”（fènzi）不改为“分子”。

④“联绵字”“联绵词”中的“联”不改为“连”。

# 数字用法简表

| 范围 | 用法 | 举例 |
| --- | --- | --- |
| 阿拉伯数字的使用 | 多位数 | 624,000　92,300,000　19,351,235.235767　1256<br>55 235 367.346 23　98 235 358.238 368 |
| | 纯小数 | 0.46 |
| | 数值范围 | –36 ~ –8°　C　400—429 页　100—150 kg　12 500 ~ 20 000 元<br>9 亿 ~ 16 亿（不写作 9 ~ 16 亿）<br>13 万元 ~ 17 万元（不写作 13 ~ 17 万元）<br>15% ~ 30%（不写作 15 ~ 30%）<br>$4.3 \times 10^6 \sim 5.7 \times 10^6$（不写作 $4.3 \sim 5.7 \times 10^6$） |
| | 年月日 | 2008 年 8 月 8 日　1997 年 7 月 1 日　“3・15”消费者权益日 |
| | 时分秒 | 11 时 40 分（上午 11 时 40 分）<br>21 时 12 分 36 秒（晚上 9 时 12 分 36 秒） |
| 阿拉伯数字的选用 | 用于记数和计量 | –125.03　34.05%　63% ~ 68%　1：500　97/108<br>523.56km（523.56 千米）　346.87L（346.87 升）<br>5.34m$^2$（5.34 平方米）　567mm$^3$（567 立方毫米）<br>605g（605 克）　100 ~ 150kg（100 ~ 150 千克）<br>34 ~ 39℃（34 ~ 39 摄氏度）　北纬 40º（40 度）<br>120dB（120 分贝） |
| | 用于编号 | 电话号码：98888　邮政编码：100871<br>通信地址：北京市海淀区复兴路 11 号<br>电子邮件地址：x186@186. net<br>网页地址：http：//127. 0. 0. 1　汽车号牌：京 A00001<br>公交车号：302 路公交车　道路编号：101 国道<br>公文编号：国办发〔1987〕9 号<br>图书编号：ISBN 978–7–80184–224–4<br>刊物编号：CN11–1399　章节编号：4.1.2 |

续表

| 范围 | 用法 | 举例 |
|---|---|---|
| | | 产品型号：PH — 3000 型计算机<br>产品序列号：C84XB — JYVFD — P7HC4 — 6XKRJ — 7M6XH<br>单位注册号：02050214<br>行政许可登记编号：0684D10004 — 828 |
| | 已定型的词语 | 3G 手机　MP3 播放器　G8 峰会　维生素 $B_{12}$　97 号汽油<br>“5·27”事件　“12·5”枪击案<br>中国人民解放军 95022 部队 65 分队 |
| 汉字数字的使用 | 概数 | 二三米　一两个小时　三五天　一二十个　四十五六岁 |
| | 月日 | 一月　十二月　“一·二八”事变<br>“一二·九”运动　“五一六”通知　五一国际劳动节 |
| | 大写 | 大写形式：零、壹、贰、叁、肆、伍、陆、柒、捌、玖、拾、佰、仟、万、亿<br>3,504 元（叁仟伍佰零肆圆）<br>39,148 元（叁万玖仟壹佰肆拾捌圆） |
| | “零”和“〇” | “3052（个）”的汉字数字形式为“三千零五十二”<br>“95. 06”的汉字数字形式为“九十五点零六”<br>“公元 2012（年）”的汉字数字形式为“二〇一二” |
| 汉字数字的选用 | 非公历纪年 | 丙寅年十月十五日　庚辰年八月五日　腊月二十三<br>正月初五　八月十五中秋　秦文公四十四年<br>太平天国庚申十年九月二十四日　清咸丰十年九月二十日<br>藏历阳木龙年八月二十六日　日本庆应三年 |
| | 概数 | 三四个月　一二十个　四十五六岁　五六万套　五六十年前<br>几千　二十几　一百几十　几万分之一 |
| | 已定型的词语 | 万一　一律　一旦　三叶虫　四书五经　星期五　四氧化三铁<br>八国联军　七上八下　一心一意　不管三七二十一　一方面<br>二百五　半斤八两　五省一市　五讲四美　相差十万八千里<br>八九不离十　白发三千丈　不二法门　二八年华　五四运动<br>“一·二八”事变　“一二·九”运动<br>国民革命军第八路军第一二九师<br>中国人民解放军第三十八集团军 |

续表

| 范围 | 用法 | 举例 |
|---|---|---|
| 阿拉伯数字与汉字均可 | | 17号楼（十七号楼） 3倍（三倍）<br>第5个工作日（第五个工作日）<br>100多件（一百多件） 20余次（二十余次）<br>约300人（约三百人） 40左右（四十左右）<br>50上下（五十上下） 50多人（五十多人）<br>第25页（第二十五页） 第8天（第八天）<br>第4季度（第四季度） 第45份（第四十五份）<br>共235位同学（共二百三十五位同学） 0.5（零点五）<br>76岁（七十六岁） 120周年（一百二十周年）<br>1/3（三分之一） 公元前8世纪（公元前八世纪）<br>20世纪80年代（二十世纪八十年代）<br>公元253年（公元二五三年）<br>1997年7月1日（一九九七年七月一日）<br>下午4点40分（下午四点四十分）<br>4个月（四个月） 12天（十二天） |
| 阿拉伯数字与汉字同时使用 | | 我国1982年人口普查人数为10亿零817万5 288人<br>108可以写作“一百零八”或“一〇八”<br>4 000可以写作“四千” |

【附注】

① 军队番号用汉字表示，代号用阿拉伯数字表示。

② 四位以上的整数或小数，可采用千分撇或千分空。四位以内的整数可以不分节。

③ 表示数值和量值的范围时，可采用浪纹式连接号“～”或一字线连接号“—”。表示十进制量值范围，只写最后一个计量单位符号。

④“年”“月”可用“–”替代。月和日是一位数时，可在数字前补“0”。含有月日的专名采用阿拉伯数字表示时，应采用间隔号“·”将月、日分开，并在数字前后加引号。

⑤“时”“分”也可用“：”替代，如：3:15:40　14:12:36

⑥ 干支纪年、农历月日、历史朝代纪年及其他传统上采用汉字形式的非公

历纪年等等，应采用汉字数字。

⑦ 数字连用表示的概数、含“几”的概数，应采用汉字数字。

⑧ 两个数字连用表示概数时，两数之间不用顿号“、”隔开。

⑨ 含有月日的专名采用汉字数字表示时，如果涉及一月、十一月、十二月，应用间隔号“·”将表示月和日的数字隔开，并加引号。如果是较生僻的历史事件，也应加引号。

⑩ 阿拉伯数字“0”有“零”和“○”两种汉字书写形式，用作计量时写作“零”，用作编号时写作“○”。

⑪ 如果一个数值很大，数值中的“万”“亿”单位可以采用汉字数字，其余部分采用阿拉伯数字。

⑫ 资料依据：国家标准 GB/T 15835–2011《出版物上数字用法》。

# 标点符号用法简表

| 名称 | 符号 | 用法说明 | 举　　例 |
|---|---|---|---|
| 句号 | 。 | （1）表示陈述句末尾的停顿 | 北京是中华人民共和国的首都。<br>（甲：咱们走着去吧？）乙：好。 |
| | | （2）表示语气较舒缓的祈使句或感叹句末尾的停顿 | 请您稍等一下。<br>广场上的人真多。 |
| | | （3）图或表的短语式说明文字，末尾不用句号 | 行进中的学生方队<br>经过治理，本市市容市貌焕然一新。这是某区街道一景 |
| 问号 | ？ | （1）表示疑问句（包括反问句、设问句等）末尾的停顿 | 你怎么还不回家去呢？<br>难道这些普通的战士不值得歌颂吗？<br>这是什么精神？这是国际主义的精神。 |
| | | （2）用于句内，表示存疑或不详 | 马致远（1250？—1321），大都人，元代戏曲家、散曲家。<br>钟嵘（？—518）颍川长社人，南朝梁代文学批评家。 |
| 叹号 | ！ | （1）表示感叹句末尾的停顿 | 这孩子长得真高啊！ |
| | | （2）表示语气强烈的祈使句末尾的停顿 | 你住嘴！ |
| | | （3）表示语气强烈的反问句末尾的停顿 | 谁知道他今天是怎么搞的！ |
| | | （4）用于拟声词后，表示声音短促或突然 | 咔嚓！一道闪电划破了夜空。<br>咚！咚咚！突然传来一阵急促的敲门声。 |

续表

| 名称 | 符号 | 用法说明 | 举　　例 |
| --- | --- | --- | --- |
| 逗号 | ， | （1）表示句子内部主语与谓语之间的停顿 | 我们看得见的星星，绝大多数是恒星。 |
| | | （2）表示句子内部动词与宾语之间的停顿 | 应该看到，科学需要一个人贡献出毕生的精力。 |
| | | （3）表示句子内部状语后边的停顿 | 在苍茫的大海上，狂风卷集着乌云。 |
| | | （4）表示复句内部的分句之间的停顿 | 据说苏州园林有一百多处，我到过的只有十几处。 |
| 顿号 | 、 | （1）表示句子内部并列词语之间的停顿 | 亚马孙河、尼罗河、密西西比河和长江是世界四大河流。 |
| | | （2）用于某些序次语之后 | 我准备讲两个问题：一、逻辑学是什么？二、怎样学好逻辑学？ |
| | | （3）相邻或相近两数字连用表示概数通常不用顿号 | 只能看到两侧八九公里和前方一二十公里范围内的地面。<br>这种动物常常三五成群地外出觅食和活动。 |
| | | （4）标有引号、书名号的并列成分之间通常不用顿号 | “日”“月”构成“明”字。<br>店里挂着“顾客就是上帝”“质量就是生命”等横幅。<br>《红楼梦》《三国演义》《西游记》《水浒传》是我国长篇小说的四大名著。 |
| 分号 | ； | （1）表示复句内部并列关系的分句之间的停顿 | 在长江上游，瞿塘峡像一道闸门，峡口险阻；巫峡像一条迂回曲折的画廊，每一曲，每一折，都像一幅绝好的风景画，神奇而秀美；西陵峡水势险恶，处处是急流，处处是险滩。 |
| | | （2）表示非并列关系的多重复句中第一层分句之间的停顿 | 我国年满十八岁的公民，不分民族、种族、性别、职业、家庭出身、宗教信仰、教育程度、财产状况、居住期限，都有选举权和被选举权；但是依照法律被剥夺政治权利的人除外。 |

续表

| 名称 | 符号 | 用法说明 | 举　例 |
| --- | --- | --- | --- |
| 分号 | ； | （3）表示分项列举的各项之间的停顿 | 我国行政区域划分如下：一、全国分为省、自治区、直辖市；二、省、自治区分为自治州、县、自治县、市；三、县、自治县分为乡、民族乡、镇。 |
| 冒号 | ： | （1）用于总说性或提示性词语之后，表示提示下文 | 北京紫禁城有四座城门：午门、神武门、东华门和西华门。<br>她高兴地说："咱们去好好庆祝一下吧！"<br>事实证明：人能创造环境，环境同样也能创造人。 |
|  |  | （2）表示总结上文 | 张华上了大学，李萍进了技校，我当了工人：我们都有美好的前途。 |
|  |  | （3）用于需要说明的词语之后，表示注释和说明 | （本市将举办首届大型书市。）主办单位：市文化局；承办单位：市图书进出口公司；时间：8月15日—20日；地点：市体育馆。 |
|  |  | （4）用于书信、讲话稿中称谓语或称呼语之后 | 广平先生：……<br>同志们、朋友们：…… |
| 引号 | " "<br>' ' | （1）标示语段中直接引用的内容 | 李白诗中就有"白发三千丈"这样极尽夸张的语句。 |
|  |  | （2）标示需要着重论述或强调的内容 | 这里所谓的"文"，并不是指文字，而是指文采。 |
|  |  | （3）标示语段中具有特殊含义而需要特别指出的成分，如别称、简称、反语等 | 电视被称作"第九艺术"。<br>人类学上常把古人化石统称为尼安德特人，简称"尼人"。<br>有几个"慈祥"的老板把捡来的菜叶用盐浸浸就算作工友的菜肴。 |

续表

| 名称 | 符号 | 用法说明 | 举　例 |
|---|---|---|---|
| 引号 | “ ”<br>‘ ’ | （4）当引号中还需要使用引号时，外面一层用双引号，里面一层用单引号 | 他问：“老师，‘七月流火’是什么意思？” |
| | | （5）在书写带月、日的事件、节日或其他特定意义的短语（含简称）时，通常只标引其中的月和日；需要突出和强调该事件或节日本身时，也可连同事件或节日一起标引 | “5·12”汶川大地震<br>“五四”以来的话剧，是我国戏剧中的新形式。<br>纪念“五四运动”90周年 |
| 括号 | （ ） | （1）标示注释内容或补充说明 | 我校拥有特级教师（含已退休的）17人。<br>我们不但善于破坏一个旧世界，我们还将善于建设一个新世界！（热烈鼓掌） |
| | | （2）标示序次语 | 语言有三个要素：（1）声音；（2）结构；（3）意义。 |
| | | （3）标示引语的出处 | 他说得好：“未画之前，不立一格；既画之后，不留一格。”（《板桥集·题画》） |
| | | （4）标示汉语拼音注音 | “的（de）”这个字在现代汉语中最常用。 |
| | | （5）括号可分为句内括号和句外括号。句内括号用于注释句子里的某些词语，紧跟在被注释的词语之后；句外括号用于注释句子、句群或段落，应位于所注释语段的句末点号之后 | 中国猿人（全名为“中国猿人北京种”，或简称“北京人”）在我国的发现，是对古人类学的一个重大贡献。<br>写研究性文章跟文学创作不同，不能摊开稿纸搞“即兴”。（其实文学创作也要有素养才能有“即兴”。） |

续表

| 名称 | 符号 | 用法说明 | 举 例 |
| --- | --- | --- | --- |
| 括号 | ［ ］<br>〔 〕 | （6）标示作者国籍或所属朝代时，可用方括号或六角括号 | ［英］赫胥黎《进化论与伦理学》<br>〔唐〕杜甫著 |
| | 【 】 | （7）报刊标示电讯、报道的开头，可用方头括号 | 【新华社南京消息】 |
| 破折号 | —— | （1）标示注释内容或补充说明 | 一个矮小而结实的中年人——内山老板走了过来。<br>我一直坚持读书，想借此唤起弟妹对生活的希望——无论环境多么困难。 |
| | | （2）标示插入语 | 这简直就是——说得不客气点——无耻的勾当！ |
| | | （3）标示总结上文或提示下文 | 坚强，纯洁，严于律己，客观公正——这一切都难得地集中在一个人身上。<br>画家开始娓娓道来——数年前的一个寒冬，…… |
| | | （4）标示话题的转换 | “好香的干菜，——听到风声了吗？”赵七爷低声说道。 |
| | | （5）标示声音的延长 | “嘎——”传过来一声水禽被惊动的鸣叫。 |
| | | （6）标示话语的中断或间隔 | “班长他牺——”小马话没说完就大哭起来。<br>“亲爱的妈妈，你不知道我多爱您。——还有你，我的孩子！” |
| | | （7）标示事项列举分承 | 根据研究对象的不同，环境物理学分为以下五个分支学科：<br>——环境声学；<br>——环境光学；<br>——环境热学；<br>——环境电磁学；<br>——环境空气动力学。 |

续表

| 名称 | 符号 | 用法说明 | 举　例 |
|---|---|---|---|
| 破折号 | —— | （8）用于副标题之前 | 飞向太平洋<br>——我国新型号运载火箭发射目击记 |
| | | （9）用于引文、注文后，标示作者、出处或注释者 | 先天下之忧而忧，后天下之乐而乐。<br>——范仲淹<br>乐浪海中有倭人，分为百余国。<br>——《汉书》<br>很多人写好信后把信笺折成方胜形，我看大可不必。（方胜，指古代妇女戴的方形首饰，用彩绸等制作，由两个斜方部分叠合而成。——编者注） |
| 省略号 | …… | （1）标示引文的省略 | 我们齐声朗诵起来："……俱往矣，数风流人物，还看今朝。" |
| | | （2）标示列举词语的省略 | 在广州的花市上，牡丹、吊钟、水仙、梅花、菊花、山茶、墨兰……春秋冬三季的鲜花都挤在一起啦！ |
| | | （3）标示语意未尽 | 你这样干，未免太……！ |
| | | （4）标示说话时断断续续 | 她磕磕巴巴地说："可是……太太……我不知道……你一定是认错了。" |
| | | （5）标示特定的成分虚缺 | 只要……就…… |
| 着重号 | · | （1）标示语段中重要的文字 | 诗人需要表现，而不是证明。 |
| | | （2）标示语段中需要指明的文字 | 下边加点的字，除了在词中的读法外，还有哪些读法？<br>着急　子弹　强调 |

续表

| 名称 | 符号 | 用法说明 | 举 例 |
|---|---|---|---|
| 连接号 | -<br>—<br>~ | （1）连接相关的阿拉伯数字、字母、外来语内部、复合名词，一般用短横线 | 参见下页表 2-8、表 2-9。<br>安宁里东路 26 号院 3-2-11 室<br>联系电话：010-88842603<br>2011-02-15<br>shuōshuō-xiàoxiào（说说笑笑）<br>WZ-10 直升机具有复杂天气和夜间作战的能力。<br>吐鲁番 - 哈密盆地 |
| | | （2）连接相关的时间、地域、数值范围等项目的起止，一般用一字线，有时也可用浪纹线 | 沈括（1031—1095），宋朝人。<br>2011 年 2 月 3 日—10 日<br>北京—上海特别旅客快车<br>25 ～ 30g<br>第五 ~ 八课 |
| 间隔号 | · | （1）标示外国人名或少数民族人名内部的分界 | 克里丝蒂娜 · 罗塞蒂<br>阿依古丽 · 买买提 |
| | | （2）标示书名与篇（章、卷）名之间的分界 | 《中国大百科全书 · 物理学》<br>《淮南子 · 本经训》 |
| | | （3）标示词牌、曲牌、诗体名等和题名之间的分界 | 《沁园春 · 雪》<br>《天净沙 · 秋思》<br>《七律 · 冬云》 |
| | | （4）标示特定事件或纪念日中的月、日的间隔 | “一 · 二八”事变<br>“一二 · 九”运动<br>“3 · 15”消费者权益日<br>“9 · 11”恐怖袭击事件 |

续表

| 名称 | 符号 | 用法说明 | 举例 |
|---|---|---|---|
| 书名号 | 《 》<br>〈 〉 | （1）表示书名、卷名、篇名、刊物名、报纸名、文件名、作品名等 | 《红楼梦》（书名）<br>《史记·项羽本纪》（卷名）<br>《论雷峰塔的倒掉》（篇名）<br>《中国语文》（刊物名）<br>《人民日报》（报纸名）<br>《全国农村工作会议纪要》（文件名）<br>《南征北战》（电影名）<br>《勿忘我》（歌曲名） |
| | | （2）当书名号中还需要用书名号时，里面一层用单书名号，外面一层用双书名号 | 《〈中国工人〉发刊词》发表于1940年2月7日。 |
| | | （3）书名有时带有括注。如果括注是书名、篇名的一部分，放在书名号之内，反之则放在书名号之外 | 《琵琶行（并序）》<br>《中华人民共和国民事诉讼法（试行）》<br>《百科知识》（彩图本）<br>《人民日报》（海外版） |
| | | （4）书名、篇名末尾如有叹号或问号，放在书名号之内 | 《日记何罪！》<br>《如何做到同工又同酬？》 |
| | | （5）在古籍或某些文史类著作中，为与专名号配合，书名号可改用浪线式“××”，标注在书名下方 | 屈原放逐，乃赋离骚；左丘失明，厥有国语。 |
| 专名号 | —— | 标示古籍或某些文史类著作中的专有名词，包括人名、地名、国名、民族名、朝代名、年号等 | 司马相如者，汉蜀郡成都人也，字长卿。<br>当时乌孙及西域各国都向汉派遣了使节。<br>从咸宁二年到太康十年，匈奴、鲜卑、乌桓等族人徙居塞内。 |

续表

| 名称 | 符号 | 用法说明 | 举　例 |
| --- | --- | --- | --- |
| 分隔号 | / | （1）用于诗歌接排时分隔诗行 | 春眠不觉晓 / 处处闻啼鸟 / 夜来风雨声 / 花落知多少。 |
| | | （2）标示诗文中的音节节拍 | 横眉 / 冷对 / 千夫指，俯首 / 甘为 / 孺子牛。 |
| | | （3）分隔组成一对的两项，表示“和” | 13/14 次特别快车 |
| | | （4）分隔层级或类别 | 我国的行政区划分为：省（自治区、直辖市）/ 省辖市（地级市）、自治州 / 县（县级市、区）/ 乡（镇） |

【附注】

① 句号、逗号、顿号、分号、冒号、问号、叹号，均置于相应文字之后，不出现在一行之首。

② 引号、括号、书名号中的两部分标在相应项目的两端，前一半不出现在一行之末，后一半不出现在一行之首。

③ 连接号、间隔号不出现在一行之首。

④ 着重号、专名号标在相应文字的下边。

⑤ 分隔号不出现在一行之首或一行之末。

⑥ 竖排文稿。双引号改为“『”“』”，单引号改为“「”“」”，括号改为“（”“）”（向右旋转方向 90º），标在相应项目的上下。浪线式书名号、专名号标在相应文字的左侧。着重号标在相应文字的右侧。

⑦ 资料依据：国家标准 GB/T 15834-2011《标点符号用法》。

# 五　其他

# 中国主要文史工具书书目简表

【说明】

书目排列顺序，同类的书一律按成书或出版时间先后排列。

| 一、姓氏；人名 |
|---|
| 《古今人表》汉，班固《汉书》 |
| 《古今同姓名录》南朝梁，萧绎 |
| 《元和姓纂》唐，林宝 |
| 《氏族大全》元，无名氏 |
| 《录鬼簿》元，钟嗣成 |
| 《万姓统谱》明，凌迪知 |
| 《同姓名录》明，余寅 |
| 《姓源珠玑》明，杨信民 |
| 《尚友录》明，廖用贤 |
| 《廿二史讳略》明，周榘 |
| 《古今人表考》清，梁玉绳 |
| 《古今人表考补》《续考补》清，蔡云 |
| 《尚友录续集》清，退思主人 |
| 《国朝尚友录》清，李佩芳、孙鼎 |
| 《九史同姓名略》《辽金元三史同名录》清，汪辉祖 |
| 《同姓名谱》清，陈棻 |
| 《历代同姓名录》清，刘长华 |
| 《史姓韵编》清，汪辉祖 |
| 《避讳录》清，黄本骥 |
| 《中国人名大辞典》臧励龢等　商务印书馆 1921 年 |
| 《全上古三代秦汉三国六朝文作者韵编》闵孙奭　1931 年 |
| 《全唐诗文作家引得合编》林斯德　青岛大学图书馆 1932 年 |
| 《中国文学家大辞典》谭正璧　光明书店 1934 年 |

续表

| 一、姓氏；人名 |
|---|
| 《二十五史人名索引》开明书店 1935 年 |
| 《室名别号索引》陈乃乾（《室名索引》1933 年;《别号索引》1936 年） 中华书局 1957 年重印 |
| 《清代书画家字号引得》蔡金重　哈佛燕京学社引得编纂处 1934 年 |
| 《两汉不列传人名韵编》庄鼎彝　商务印书馆 1935 年 |
| 《古今同姓名大辞典》彭作桢　好望书店 1936 年 |
| 《宋元学案人名索引》邓元鼎、王默军　商务印书馆 1936 年 |
| 《古今人物别名索引》陈德芸　岭南大学图书馆 1937 年 |
| 《二十五史人名索引》本书编辑委员会　中华书局 1956 年 |
| 《三国志人名录》王祖彝　商务印书馆 1956 年 |
| 《世本八种》　商务印书馆 1957 年 |
| 《元和姓纂四校记》岑仲勉　商务印书馆“大学丛书”本 |
| 《唐宋画家人名辞典》朱铸禹、李石孙　中国古典艺术出版社 1958 年 |
| 《历代人物年里碑传综表》姜亮夫等　中华书局 1959 年 |
| 《中国音乐、舞蹈、戏曲人名词典》曹惆生　商务印书馆 1959 年 |
| 《中国历代书画篆刻家字号索引》商承祚、黄华　人民美术出版社 1960 年 |
| 《唐前画家人名辞典》朱铸禹　人民美术出版社 1961 年 |
| 《中国历代人物年谱集目》杭州大学图书馆印行 1962 年 |
| 《史讳举例》陈垣　中华书局 1962 年 |
| 《辛亥革命时期重要报刊作者笔名录》张静庐、李松年　中华书局 1962 年 |
| 《戊戌变法前后报刊作者字号笔名录》张静庐、林松、李松年　中华书局 1965 年 |
| 《史记人名索引》钟华　中华书局 1977 年 |
| 《中国历代年谱总录》杨殿珣　书目文献出版社 1980 年 |
| 《中国佛学人名辞典》明復　中华书局 1988 年 |
| 《中国人名大辞典》廖盖隆等　上海辞书出版社 1989—1992 年 |
| 《全唐诗人名汇考》陶敏　辽海出版社 2006 年 |
| **二、地名** |
| 《水经注》北魏，郦道元 |
| 《元和郡县志》唐，李吉甫等撰 |

续表

| 二、地名 |
|---|
| 《太平寰宇记》宋，乐史撰 |
| 《元丰九域志》宋，王存等撰 |
| 《长安志》宋，宋敏 |
| 《汴京遗迹考》明，李濂 |
| 《明一统志》明，李贤等撰 |
| 《读史方舆纪要》清，顾祖禹 |
| 《清一统志》清（官修）　商务印书馆《四部丛刊续编》本 |
| 《宋东京考》清，周城 |
| 《唐两京城坊考》清，徐松 |
| 《历代地理志韵编今释》清，李兆洛　中华书局《四部备要》本 |
| 《历代地理沿革表》清，陈芳绩　商务印书馆《丛书集成初编》本 |
| 《中国古今地名大辞典》商务印书馆编印 1929 年 |
| 《中国地名大辞典》刘钧仁　北平研究院出版部 1930 年 |
| 《西域地名》冯承钧　1930 年 |
| 《中国古今地名大辞典》谢寿昌、臧励龢等　商务印书馆 1933 年 |
| 《最新中外地名辞典》葛绥成　中华书局 1940 年 |
| 《中国地名索引》来荷初　上海新知识出版社 1955 年 |
| 《中国地方志综录》朱士嘉　商务印书馆 1958 年 |
| 《汉语拼音版中华人民共和国分省地图集地名索引》地图出版社编印 1978 年 |
| 《中国古今地名大词典》戴均良等　上海辞书出版社 2005 年 |
| **三、年表；历表** |
| 《历代纪元编》清，李兆洛 |
| 《中西回史日历》陈垣　北京大学研究所印行 1926 年 |
| 《二十史朔闰表》陈垣　北京大学研究所印行 1926 年，中华书局 1962 年 |
| 《中国文学年表》郑振铎　商务印书馆《小说月报》1927 年 |
| 《五十世纪中国历年表》刘大白　商务印书馆 1929 年 |
| 《历代名人生卒年表》梁廷灿　商务印书馆 1930 年 |
| 《汉晋学术编年》刘汝霖　北京著者书店 1932 年 |
| 《中国大事年表》陈庆麒　商务印书馆 1935 年 |
| 《中国文学年表》敖士英　北京立达书局 1935 年 |

续表

| 三、年表；历表 |
| --- |
| 《近世中西史日对照表》郑鹤声　商务印书馆 1936 年 |
| 《历代人物年里碑传综表》姜亮夫　1937 年初版　中华书局 1959 年重印 |
| 《中国美术年表》傅抱石　商务印书馆 1937 年 |
| 《中国目录学年表》姚名达　商务印书馆 1940 年 |
| 《两千年中西历对照表》薛仲三、欧阳颐　商务印书馆 1940 年 |
| 《中国近代史历表》荣孟源　三联书店 1953 年 |
| 《天历考及天历与阴阳历对照表》罗尔纲　三联书店 1955 年 |
| 《中国历史纪年表》万国鼎编，万斯年、陈梦家补订　商务印书馆 1956 年，中华书局 2018 年 |
| 《中国历史纪年》荣孟源　三联书店 1956 年 |
| 《中外历史年表》翦伯赞主编　三联书店 1958 年，中华书局 1962 年 |
| 《中华人民共和国大事记》南开大学历史系编　河北人民出版社 1958—1960 年 |
| 《宋元明清书画家年表》郭味蕖　中国古典艺术出版社 1958 年 |
| 《中国近代史事记》吉林师范大学中国近代史教研室　上海人民出版社 1959 年 |
| 《公元干支推算表》汤有恩　文物出版社 1961 年 |
| 《历代流传书画作品编年表》徐邦达　人民美术出版社 1962 年 |
| 《中国历史年代简表》文物出版社 1973 年 |
| 《中华民国史资料丛稿——大事记》中国科学院近代史研究所编　中华书局 1973 年起印行 |
| 《中国历史纪年表》上海人民出版社编印 1976 年 |
| 《中外历史年表》刘雪生、陈虎　中华书局 2017 年 |
| 《中国历史年表》中国社会科学院历史研究所　中华书局 2020 年 |
| **四、语言学；文学** |
| 《尔雅》汉 |
| 《说文解字》汉，许慎 |
| 《释名》汉，刘熙 |
| 《方言》汉，扬雄 |
| 《广雅》三国魏，张揖 |
| 《玉篇》南朝梁，顾野王 |
| 《切韵》隋，陆法言 |

续表

| 四、语言学；文学 |
| --- |
| 《唐韵》唐，孙愐 |
| 《经典释文》唐，陆德明 |
| 《一切经音义》唐，释玄应 |
| 《一切经音义》唐，释慧琳 |
| 《干禄字书》唐，颜元孙 |
| 《说文解字系传》五代南唐，徐锴 |
| 《类篇》宋，司马光 |
| 《广韵》宋，陈彭年 |
| 《集韵》宋，丁度 |
| 《礼部韵略》宋，丁度 |
| 《龙龛手鉴》辽，行均 |
| 《中原音韵》元，周德清 |
| 《洪武正韵》明，乐韶凤、宋濂 |
| 《字汇》明，梅膺祚 |
| 《正字通》明，张自烈 |
| 《音韵阐微》清，李光地、王兰生 |
| 《经籍籑诂》清，阮元 |
| 《佩文韵府》清，张玉书、陈廷敬 |
| 《骈字类编》清（官修） |
| 《说文解字注》清，段玉裁 |
| 《说文解字义证》清，桂馥 |
| 《说文释例》清，王筠 |
| 《说文通训定声》清，朱骏声 |
| 《助字辨略》清，刘淇 |
| 《经传释词》清，王引之 |
| 《通俗编》清，翟灏 |
| 《恒言录》清，钱大昕 |
| 《续方言》清，杭世骏 |
| 《吴下方言考》清，胡文英 |
| 《康熙字典》清，张玉书、陈廷敬等 |

续表

| 四、语言学；文学 |
| --- |
| 《新方言》章炳麟（《章氏丛书》） |
| 《金石大字典》汪仁寿　求古斋书局 1914 年 |
| 《中华大字典》徐元诰、欧阳溥存等　1915 年 |
| 《俗语典》胡朴安　广益书局 1922 年 |
| 《殷墟文字类编》商承祚　1923 年 |
| 《金文编》容庚　1925 年 |
| 《中华谚海》史襄哉　中华书局 1927 年 |
| 《说文解字诂林》丁福保　上海医学书局 1928 年 |
| 《词诠》杨树达　商务印书馆 1928 年，中华书局 1965 年 |
| 《卜辞通纂》郭沫若　日本东京文求堂 1933 年 |
| 《甲骨文编》孙海波　燕京大学 1934 年 |
| 《古籀汇编》徐文镜　商务印书馆 1934 年 |
| 《古文虚字集释》裴学海　商务印书馆 1934 年 |
| 《辞通》朱起凤　开明书店 1934 年 |
| 《金文续编》容庚　商务印书馆 1935 年 |
| 《十韵汇编》北京大学研究院文史部　1936 年 |
| 《辞海》陆费逵、舒新城等　中华书局 1936 年 |
| 《北平音系十三辙》张洵如　中国大辞典编纂处 1937 年 |
| 《词源》陆尔奎、方毅等　商务印书馆 1939 年 |
| 《中华新韵》中国大辞典编纂处　1941 年 |
| 《联绵字典》符定一　北京京华印书局 1943 年，中华书局 1954 年重印 |
| 《文言虚字》吕叔湘　开明书店 1944 年 |
| 《金元戏曲方言考》徐嘉瑞　商务印书馆 1948 年 |
| 《殷墟文字》（甲编、乙编）董作宾　商务印书馆 1948 年，1949 年 |
| 《北京话单音词词汇》陆志韦　人民出版社 1951 年 |
| 《诗词曲语辞汇释》张相　中华书局 1953 年 |
| 《全国主要方言区方音对照表》中国文字改革委员会编　中华书局 1954 年 |
| 《元剧俗语方言例释》朱居安　商务印书馆 1956 年 |
| 《石刻篆文编》商承祚　科学出版社 1957 年 |
| 《北京话轻声词汇》张洵如　中华书局 1957 年 |

续表

| 四、语言学；文学 |
| --- |
| 《方言词例释》傅朝阳　通俗读物出版社 1957 年<br>《古今字音对照手册》丁声树　科学出版社 1958 年<br>《汉语成语小词典》北京大学中文系 1955 级语言班　中华书局 1958 年，商务印书馆 2003 年<br>《敦煌变文字义通释》蒋礼鸿　中华书局 1959 年<br>《现代汉语成语词典》中国科学院语言研究所词典室　商务印书馆 1959 年<br>《迩言等五种》(①《迩言》清，钱大昭；②《释谚》清，平步青；③《语窦》清，胡式钰；④《常语寻源》清，郑志鸿；⑤《俗说》罗振玉　商务印书馆 1959 年<br>《北京话语汇》金受申　商务印书馆 1961 年<br>《中国谚语资料》中国民间文艺研究会资料室　上海文艺出版社 1961 年<br>《中文大辞典》本书编纂委员会　台湾中国文化研究所印行 1962—1968 年<br>《小说词语汇释》陆澹安　中华书局 1964 年<br>《汉语方言词汇》北京大学中文系语言学教研室　文字改革出版社 1964 年<br>《诗韵新编》中华书局上海编辑所　1965 年<br>《金文诂林》周法高　香港中文大学印行 1974 年<br>《中国书法大字典》林宏元　香港中外出版社 1978 年<br>《现代汉语词典》中国社会科学院语言研究所词典编辑室　商务印书馆 2016 年<br>《四角号码新词典》(1977 年修订重排本）商务印书馆 1978 年<br>《辞海》本书编辑委员会　上海辞书出版社 1979 年<br>《甲骨文合集》郭沫若　中华书局 1979 年开始出版<br>《新华词典》本书编纂组　商务印书馆 1980 年 |
| 五、史学；类书；政书 |
| 《北堂书钞》隋，虞世南<br>《艺文类聚》唐，欧阳询<br>《初学记》唐，徐坚等<br>《白孔六帖》唐，白居易<br>《通典》唐，杜佑<br>《唐六典》唐（官修）<br>《太平广记》宋，李昉等 |

续表

| 五、史学；类书；政书 |
|---|
| 《太平御览》宋，李昉等 |
| 《册府元龟》宋，王钦若、杨亿等 |
| 《玉海》宋，王应麟 |
| 《通志》宋，郑樵 |
| 《唐会要》宋，王溥 |
| 《五代会要》宋，王溥 |
| 《西汉会要》宋，徐天麟 |
| 《东汉会要》宋，徐天麟 |
| 《资治通鉴》宋，司马光 |
| 《续资治通鉴长编》宋，李焘 |
| 《建炎以来系年要录》宋，李心传 |
| 《建炎以来朝野杂记》宋，李心传 |
| 《三朝北盟会编》宋，徐梦莘 |
| 《六朝事实》宋，李攸 |
| 《唐大诏令集》宋，宋敏求 |
| 《文献通考》元，马端临 |
| 《元典章》元（官修） |
| 《永乐大典》明，解缙等 |
| 《续文献通考》明，王圻 |
| 《明会典》明（官修） |
| 《明实录》明（官修） |
| 《二十四史》清，武英殿附考证本、中华书局标点本 |
| 《廿二史考异》清，钱大昕 |
| 《廿二史札记》清，赵翼 |
| 《十七史商榷》清，王鸣盛 |
| 《续资治通鉴》清，毕沅 |
| 《明纪》清，陈鹤 |
| 《古今图书集成》清，陈梦雷、蒋廷锡等 |
| 《渊鉴类函》清，张英、王士禛等 |
| 《子史精华》清，吴襄等 |

续表

| 五、史学；类书；政书 |
| --- |
| 《格致镜原》清，陈元龙 |
| 《续通典》清（官修） |
| 《续通志》清（官修） |
| 《续文献通考》清（官修） |
| 《春秋会要》清，姚彦渠 |
| 《明会要》清，龙文彬 |
| 《清会典》清（官修） |
| 《清实录》清（官修） |
| 《东华录》清，蒋良骥、王先谦等 |
| 《光绪朝东华录》清，朱寿朋 |
| 《廿一史四谱》清，沈炳震 |
| 《历代职官表》清，永瑢、纪昀等 |
| 《历代职官表》清，黄本骥 |
| 《清朝续文献通考》刘锦藻　1921 年 |
| 《百衲本二十四史》商务印书馆影印本 1930 年 |
| 《新元史》柯绍忞　1930 年 |
| 《宋会要辑稿》 1933 年，中华书局 1957 年重印 |
| 《二十五史》开明书店 1936 年缩印本 |
| 《二十五史补编》开明书店编印 1936 年 |
| 《校史随笔》张元济　商务印书馆 1938 年 |
| 《清季重要职官年表》 中华书局 1959 年 |
| 《清季新设职官年表》 中华书局 1961 年 |
| 《清代各地将军都统大臣等年表》章伯锋　中华书局 1965 年 |
| 《辛亥以后十七年职官年表》刘寿林　中华书局 1966 年 |
| 《清史稿》赵尔巽　中华书局点校本 1976 年 |
| **六、书目；索引；年鉴** |
| 《汉书 · 艺文志》汉，班固 |
| 《隋书 · 经籍志》唐，魏徵等 |
| 《群书四部录》唐，殷践猷等 |
| 《崇文总目》宋，张观、王尧臣、欧阳修等 |

续表

| 六、书目；索引；年鉴 |
|---|
| 《宋史·艺文志》元，脱脱等 |
| 《文渊阁书目》明，杨士奇等 |
| 《八史经籍志》清，张寿荣 |
| 《四库全书总目提要》清，永瑢、纪昀等（官修） |
| 《四库全书简明目录》清，纪昀等 |
| 《四库全书未收书目》清，阮元 |
| 《增订四库简明目录标注》清，邵懿辰、邵章 |
| 《汇刻书目》清，顾修 |
| 《丛书举要》清，杨守敬 |
| 《天一阁书目》清，阮元 |
| 《绛云楼书目》清，钱谦益 |
| 《千顷堂书目》清，黄虞稷 |
| 《铁琴铜剑楼书目》清，瞿镛 |
| 《经义考》清，朱彝尊 |
| 《小学考》清，谢启昆 |
| 《书目答问》清，张之洞 |
| 《书目答问笺补》清，江人度 |
| 《宋金元词集现存卷目》清，吴昌绶 |
| 《六艺之一录》清，倪涛 |
| 《今乐考证》清，姚燮 |
| 《清代禁毁书目》清，姚觐元 |
| 《书目举要》周贞亮、李之鼎　1920 年 |
| 《书目长编》邵瑞彭、阎树善　1928 年 |
| 《丛书书目汇编》沈乾一　上海医学书局 1928 年 |
| 《中国年鉴》阮湘等　商务印书馆 1928 年 |
| 《国学论文索引》（一至四编）北平图书馆编　北平中华图书馆协会印行 1929—1936 年 |
| 《金石书录目》容媛　“中央研究院”历史语言研究所刊印 1930 年 |
| 《书画书录解题》余绍宋　北平图书馆印行 1932 年 |
| 《中国俗曲总目稿》刘复（刘半农）、李家瑞　“中央研究院”历史语言研究所印行 1932 年 |

续表

| 六、书目；索引；年鉴 |
|---|
| 《文学论文索引》张陈卿、陈璧如等　中华图书馆协会印行 1932 年 |
| 《艺文志二十种综合引得》哈佛燕京学社引得编纂处编印 1933 年 |
| 《册府元龟引得》陈鸿飞　文华图书馆学专科学校季刊 1933 年 |
| 《十三经索引》叶绍钧（叶圣陶）　开明书店 1934 年 |
| 《太平御览索引》钱亚新　商务印书馆 1934 年 |
| 《群书检目》杨树达　北平好望书店 1934 年 |
| 《申报年鉴》申报年鉴社编辑出版 1934—1942 年 |
| 《丛书子目索引》金步瀛　开明书店 1935 年 |
| 《丛书子目备检》曹祖彬　金陵大学图书馆印行 1935 年 |
| 《清代文集篇目分类索引》王重民主编　北京图书馆印行 1935 年 |
| 《甲骨书录解题》邵子风　商务印书馆 1935 年 |
| 《历代经籍志》（又名《书目志》）杨家骆　南京中国辞典馆 1936 年 |
| 《丛书子目书名索引》施廷镛　清华大学图书馆印行 1936 年 |
| 《二十四史传目引得》梁启雄　中华书局 1936 年 |
| 《尚书通检》顾颉刚　哈佛燕京学社出版 1936 年 |
| 《十通索引》商务印书馆编印 1937 年 |
| 《伪书通考》张心澂　1939 年，商务印书馆 1957 年修订本 |
| 《中国历代名人年谱目录》李士涛　商务印书馆 1941 年 |
| 《石刻题跋索引》杨殿珣　1941 年，商务印书馆 1957 年增订本 |
| 《论衡通检》中法汉学研究所编印 1943 年 |
| 《中国史前考古学书目》安志敏　燕京大学学报专号 1951 年 |
| 《宝卷总录》傅惜华　巴黎大学北京汉学研究所印行 1951 年 |
| 《五十年甲骨学论著目》胡厚宣　中华书局 1952 年 |
| 《日本东京所见中国小说书目》孙楷第　上杂出版社 1953 年 |
| 《晚清戏曲小说目》阿英　上海文艺联合出版社 1954 年 |
| 《子弟书总目》傅惜华　上海文艺联合出版社 1954 年 |
| 《四部总录·艺术编》丁福保、周云青　商务印书馆 1957 年 |
| 《中国通俗小说书目》孙楷第　作家出版社 1957 年 |
| 《现存元人杂剧书录》徐调孚　古典文学出版社 1957 年 |
| 《元代杂剧全目》傅惜华　作家出版社 1957 年 |

续表

| 六、书目；索引；年鉴 |
| --- |
| 《京剧剧目初探》陶君起　上海文化出版社 1957 年 |
| 《弹词宝卷书目》胡士莹　古典文学出版社 1957 年 |
| 《清代禁书知见录》孙殿起　商务印书馆 1957 年 |
| 《上海图书馆善本书目》上海图书馆编印 1957 年 |
| 《中国史学论文索引》中国科学院历史研究所与北京大学历史系合编　科学出版社 1957 年 |
| 《中国古代及中世纪史论文索引》（1945—1955）牛继斌编　北京师范大学印行 1957 年 |
| 《石刻题跋索引》杨殿珣　商务印书馆 1957 年 |
| 《明代杂剧全目》傅惜华　作家出版社 1958 年 |
| 《四库提要辨证》余嘉锡　科学出版社 1958 年 |
| 《曲海总目提要》（作者不详）　人民文学出版社 1958 年 |
| 《词名索引》吴藕汀　中华书局 1958 年 |
| 《全国图书馆书目汇编》冯秉文　中华书局 1958 年 |
| 《北京大学图书馆藏善本书目》北京大学图书馆编印 1958 年 |
| 《中国地方志综录》朱士嘉　商务印书馆 1958 年 |
| 《中国边疆图籍录》邓衍林　商务印书馆 1958 年 |
| 《增订四库简明目录标注》清，邵懿辰　中华书局 1959 年 |
| 《中国丛书综录》上海图书馆编　中华书局 1959 年 |
| 《明代传奇全目》傅惜华　人民文学出版社 1959 年 |
| 《晚清戏曲小说目》阿英　中华书局 1959 年 |
| 《清代碑传文通检》陈乃乾　中华书局 1959 年 |
| 《水经注等八种古籍引用书目汇编》马念祖　中华书局 1959 年 |
| 《北京图书馆善本书目》北京图书馆善本部编　中华书局 1959 年 |
| 《太平天国资料目录》张秀民、王会庵等　上海人民出版社 1959 年 |
| 《中国古代音乐书目》中央音乐学院中国音乐研究所编　音乐出版社 1961 年 |
| 《宝卷综录》李世瑜　中华书局 1961 年 |
| 《敦煌遗书总目索引》商务印书馆编印 1962 年 |
| 《北京传统曲艺总录》傅惜华　中华书局 1962 年 |
| 《中国历代人物年谱集目》杭州大学图书馆编印 1962 年 |

续表

| 六、书目；索引；年鉴 |
|---|
| 《同书异名通检》杜信孚　江苏人民出版社 1962 年 |
| 《清人文集别录》张舜徽　中华书局 1963 年 |
| 《西谛书目》郑振铎　文物出版社 1963 年 |
| 《宋元方志传记索引》朱士嘉　中华书局 1963 年 |
| 《四库全书总目提要补正》胡玉缙　中华书局 1964 年 |
| 《中国古典文学研究论文索引》（1949—1962）北京师范学院中文系资料室编　中华书局 1964 年 |
| 《全上古三代秦汉三国六朝文篇名目录及作者索引》中华书局编　1965 年 |
| 《贩书偶记》孙殿起　中华书局 1959 年 |
| 《中国考古学文献目录》（1949—1966）中国社会科学院考古研究所图书资料室编　文物出版社 1978 年 |
| 《中国丛书综录续编》施廷镛　北京图书馆出版社 2010 年 |
| 《晚清新学书目提要》熊月之　上海书店出版社 2022 年 |
| **七、图录** |
| 《三辅黄图》南朝梁，无名氏 |
| 《长安志图》元，李好文 |
| 《历代名媛图说》明，汪氏辑 |
| 《清内府一统舆地秘图》清　沈阳故宫博物馆 1921 年石印本 |
| 《历代舆地图》清，杨守敬 |
| 《西清古鉴》清，梁诗正等 |
| 《清代学者像传》叶恭绰等　商务印书馆 1930 年 |
| 《中国历史参考图谱》郑振铎　上海出版公司 1947—1951 年 |
| 《太平天国革命文物图录》郭若愚等　上海出版公司 1952 年 |
| 《中国历史地图集》（古代史部分）顾颉刚、章巽等　地图出版社 1955 年 |
| 《两周金文辞大系图录考释》郭沫若　科学出版社 1957 年 |
| 《中国近代史参考图片集》北京历史博物馆编　上海教育图片出版社 1958 年 |
| 《历代古人像赞》郑振铎　古典文学出版社 1958 年 |
| 《中国版刻图录》北京图书馆编　文物出版社 1961 年 |
| 《新中国出土文物》外文出版社编辑出版 1972 年 |
| 《中国历史地图集》本书编辑组编　中华地图学社 1974 年 |
| 《中国古青铜器选》文物出版社编辑出版 1976 年 |

# 中国历代主要都城简表

<table>
<tr><th colspan="2">朝代（国名）</th><th>国都</th></tr>
<tr><td colspan="2">夏</td><td>阳城（今河南登封东南）<br>斟鄩（今河南登封西北）<br>安邑（今山西夏县西北）</td></tr>
<tr><td colspan="2">商</td><td>亳（今山东曹县东南）<br>嚣（今河南荥阳东北）<br>相（今河南内黄东南）<br>邢（gěng）（今河南温县东北）<br>奄（今山东曲阜旧城东）<br>殷（今河南安阳小屯村）</td></tr>
<tr><td colspan="2">西周</td><td>岐（今陕西岐山东北）<br>丰（又作“酆”）（今陕西西安西南沣河西岸）<br>镐（又作“鄗”）（今陕西西安西北）</td></tr>
<tr><td colspan="2">东周</td><td>洛邑王城（今河南洛阳）</td></tr>
<tr><td rowspan="9">春秋战国时期</td><td>晋</td><td>绛（今山西翼城东南）<br>新田（今山西侯马西）</td></tr>
<tr><td>齐</td><td>临淄（今山东淄博东北）</td></tr>
<tr><td>鲁</td><td>曲阜（今山东曲阜）</td></tr>
<tr><td>秦</td><td>雍（今陕西凤翔南）<br>栎阳（今陕西西安北渭水北岸）<br>咸阳（今陕西咸阳东北）</td></tr>
<tr><td>燕</td><td>蓟（今北京西南）</td></tr>
<tr><td>郑</td><td>新郑（今河南新郑）</td></tr>
<tr><td>宋</td><td>商丘（今河南商丘南）</td></tr>
<tr><td>卫</td><td>楚丘（今河南滑县东北）<br>帝丘（今河南濮阳西南）</td></tr>
</table>

续表

| 朝代（国名） | | 国都 |
|---|---|---|
| 春秋战国时期 | 楚 | 郢（今湖北江陵西北）<br>陈（今河南周口）<br>寿春（今安徽寿县） |
| | 吴 | 吴（今江苏苏州） |
| | 越 | 会稽（今浙江绍兴）<br>吴（今江苏苏州） |
| | 韩 | 阳翟（今河南禹州）<br>新郑（今河南新郑） |
| | 魏 | 安邑（今山西夏县西北）<br>大梁（今河南开封） |
| | 赵 | 晋阳（今山西太原西南）<br>邯郸（今河北邯郸） |
| | 中山 | 顾（今河北定州）<br>灵寿（今河北灵寿西北） |
| | 蜀 | 成都（今四川成都） |
| 秦 | | 咸阳（今陕西咸阳东北） |
| 西汉 | | 长安（今陕西西安西北） |
| 东汉 | | 雒阳（今河南洛阳东） |
| 三国时期 | 魏 | 洛阳（本作“雒阳”）（今河南洛阳东） |
| | 蜀汉 | 成都（今四川成都） |
| | 吴 | 建业（今江苏南京） |
| 西晋 | | 洛阳（今河南洛阳东） |
| 东晋 | | 建康（今江苏南京） |
| 十六国时期 | 汉—前赵 | 平阳（今山西临汾西南）<br>长安（今陕西西安西北） |
| | 成汉 | 成都（今四川成都） |
| | 前凉 | 姑臧（今甘肃武威） |

续表

| 朝代（国名） | | 国都 |
|---|---|---|
| 十六国时期 | 后赵 | 襄国（今河北邢台西南）<br>邺（今河北临漳西南） |
| | 冉魏 | 邺（今河北临漳西南） |
| | 前燕 | 龙城（今辽宁朝阳）<br>蓟（今北京西南）<br>邺（今河北临漳西南） |
| | 前秦 | 长安（今陕西西安西北） |
| | 代 | 盛乐（今内蒙古和林格尔北）<br>平城（今山西大同） |
| | 后秦 | 长安（今陕西西安西北） |
| | 后燕 | 中山（今河北定州） |
| | 西秦 | 苑川（今甘肃榆中北） |
| | 后凉 | 姑臧（今甘肃武威） |
| | 南凉 | 西平（今青海西宁）<br>乐都（今青海乐都）<br>姑臧（今甘肃武威） |
| | 南燕 | 广固（今山东青州西北） |
| | 西凉 | 敦煌（今甘肃敦煌）<br>酒泉（今甘肃酒泉） |
| | 北凉 | 张掖（今甘肃张掖）<br>姑臧（今甘肃武威） |
| | 西燕 | 长子（今山西长治南） |
| | 北燕 | 龙城（今辽宁朝阳）<br>昌黎（今辽宁义县） |
| | 夏 | 统万城（今陕西靖边东北） |
| 南北朝 | 宋 | 建康（今江苏南京） |
| | 齐（南齐） | 建康（今江苏南京） |
| | 梁 | 建康（今江苏南京） |

续表

| 朝代（国名） | | 国都 |
| --- | --- | --- |
| 南北朝 | 陈 | 建康（今江苏南京） |
| | 北魏 | 平城（今山西大同）<br>洛阳（今河南洛阳东） |
| | 东魏 | 邺（今河北临漳西南） |
| | 西魏 | 长安（今陕西西安西北） |
| | 北齐 | 邺（今河北临漳西南） |
| | 北周 | 长安（今陕西西安） |
| 隋 | | 大兴城（今陕西西安西北） |
| 唐 | | 长安（今陕西西安） |
| 五代十国 | 后梁 | 汴（今河南开封）<br>洛阳（今河南洛阳东） |
| | 后唐 | 洛阳（今河南洛阳东） |
| | 后晋 | 汴（今河南开封） |
| | 后汉 | 汴（今河南开封） |
| | 后周 | 汴（今河南开封） |
| | 吴 | 扬州（今江苏扬州） |
| | 南唐 | 金陵（今江苏南京） |
| | 吴越 | 杭州（今浙江杭州） |
| | 闽 | 长乐（今福建福州） |
| | 前蜀 | 成都（今四川成都） |
| | 后蜀 | 成都（今四川成都） |
| | 南汉 | 广州（今广东广州） |
| | 楚 | 长沙（今湖南长沙） |
| | 荆南（南平） | 荆州（今湖北江陵） |
| | 北汉 | 太原（今山西太原） |

续表

| 朝代（国名） | 国都 |
| --- | --- |
| 北宋 | 东京（今河南开封） |
| 南宋 | 临安（今浙江杭州） |
| 辽 | 上京（皇都）（今内蒙古巴林左旗南波罗城） |
| 西夏 | 兴庆府（今宁夏银川） |
| 金 | 会宁（今黑龙江阿城南）<br>中都（今北京）<br>开封（今河南开封） |
| 元 | 大都（今北京） |
| 明 | 南京（今江苏南京）<br>北京（今北京） |
| 清 | 北京（今北京） |

# 《四库全书》简明分类表

| 四部 | 类名 | | 举例 |
| --- | --- | --- | --- |
| 经部 | 易类 | | 有《子夏易传》《周易郑康成注》等。 |
| | 书类 | | 有《尚书注疏》《尚书全解》等。 |
| | 诗类 | | 有《诗序》《毛诗注疏》等。 |
| | 礼类 | 周礼之属 | 有《周礼注疏》《周礼详解》等。 |
| | | 仪礼之属 | 有《仪礼注疏》《仪礼要义》等。 |
| | | 礼记之属 | 有《礼记注疏》《礼记集说》等。 |
| | | 三礼通义之属 | 有《三礼图》《三礼图集注》等。 |
| | | 通礼之属 | 有《礼书》《仪礼经传通解》等。 |
| | | 杂礼书之属 | 有《书仪》《家礼》等。 |
| | 春秋类 | | 有《春秋左传注疏》《春秋公羊传注疏》等。 |
| | 孝经类 | | 有《孝经注疏》《孝经指解》等。 |
| | 五经总义类 | | 有《经典释文》《经典稽疑》等。 |
| | 四书类 | | 有《孟子注疏》《论语注疏》等。 |
| | 乐类 | | 有《乐律全书》《古乐经传》等。 |
| | 小学类 | 训诂之属 | 有《尔雅注疏》《匡谬正俗》等。 |
| | | 字书之属 | 有《说文解字》《干禄字书》等。 |
| | | 韵书之属 | 有《重修广韵》《集韵》等。 |
| 史部 | 正史类 | | 有《史记》《后汉书》等。 |
| | 编年类 | | 有《竹书纪年》《资治通鉴》等。 |
| | 纪事本末类 | | 有《通鉴纪事本末》《宋史纪事本末》等。 |
| | 别史类 | | 有《逸周书》《东观汉记》等。 |

续表

| 四部 | 类名 | | 举例 |
| --- | --- | --- | --- |
| 史部 | 杂史类 | | 有《国语》《战国策》等。 |
| | 诏令奏议类 | 诏令之属 | 有《太祖高皇帝圣训》《两汉诏令》等。 |
| | | 奏议之属 | 有《范文正奏议》《包孝肃奏议》等。 |
| | 传记类 | 圣贤之属 | 有《孔子编年》《东家杂记》等。 |
| | | 名人之属 | 有《晏子春秋》《杜工部年谱》等。 |
| | | 总录之属 | 有《古列女传》《春秋臣传》等。 |
| | | 杂录之属 | 有《征南录》《入蜀记》等。 |
| | 史钞类 | | 有《两汉博闻》《通鉴总类》等。 |
| | 载记类 | | 有《吴越春秋》《华阳国志》等。 |
| | 时令类 | | 有《岁时广记》《御定月令辑要》等。 |
| | 地理类 | 宫殿簿之属 | 有《三辅黄图》《禁扁》等。 |
| | | 总志之属 | 有《元和郡县志》《太平寰宇记》等。 |
| | | 都会郡县之属 | 有《吴郡志》《会稽志》等。 |
| | | 河渠之属 | 有《水经注》《吴中水利书》等。 |
| | | 边防之属 | 有《筹海图编》《郑开阳杂著》等。 |
| | | 山水之属 | 有《南岳小录》《庐山记》等。 |
| | | 古迹之属 | 有《洛阳伽蓝记》《长安志》等。 |
| | | 杂记之属 | 有《南方草木状》《桂林风土记》等。 |
| | | 游记之属 | 有《游城南记》《徐霞客游记》等。 |
| | | 外纪之属 | 有《大唐西域记》《朝鲜志》等。 |
| | 职官类 | 官制之属 | 有《唐六典》《翰林志》等。 |
| | | 官箴之属 | 有《官箴》《百官箴》等。 |
| | 政书类 | 通制之属 | 有《唐会要》《汉制考》等。 |
| | | 仪制之属 | 有《汉官旧仪》《谥法》等。 |
| | | 邦计之属 | 有《救荒活民书》《钱通》等。 |

续表

| 四部 | 类名 | | 举例 |
|---|---|---|---|
| 史部 | 政书类 | 军政之属 | 有《历代兵制》《钦定八旗通志》等。 |
| | | 法令之属 | 有《唐律疏义》《大清律例》等。 |
| | | 考工之属 | 有《营造法式》《钦定武英殿聚珍版程式》等。 |
| | 目录类 | 经籍之属 | 有《崇文总目》《文渊阁书目》等。 |
| | | 金石之属 | 有《金石录》《兰亭考》等。 |
| | 史评类 | | 有《史通》《历代通略》等。 |
| 子部 | 儒家类 | | 有《孔子家语》《荀子》等。 |
| | 兵家类 | | 有《孙子》《黄石公三略》等。 |
| | 法家类 | | 有《管子》《韩非子》等。 |
| | 农家类 | | 有《齐民要术》《农政全书》等。 |
| | 医家类 | | 有《黄帝内经素问》《备急千金要方》等。 |
| | 天文算法类 | 推步之属 | 有《周髀算经》《圣寿万年历》等。 |
| | | 算书之属 | 有《九章算术》《数学九章》等。 |
| | 术数类 | 数学之属 | 有《太玄经》《大衍索隐》等。 |
| | | 占候之属 | 有《灵台秘苑》《唐开元占经》等。 |
| | | 相宅相墓之属 | 有《宅经》《葬书》等。 |
| | | 占卜之属 | 有《灵棋经》《卜法详考》等。 |
| | | 命书相书之属 | 有《星命溯源》《星学大成》等。 |
| | | 阴阳五行之属 | 有《遁甲演义》《御定星历考原》等。 |
| | 艺术类 | 书画之属 | 有《古画品录》《书品》等。 |
| | | 琴谱之属 | 有《琴史》《松风阁琴谱》等。 |
| | | 篆刻之属 | 有《学古编》《印典》等。 |
| | | 杂技之属 | 有《羯鼓录》《棋经》等。 |
| | 谱录类 | 器物之属 | 有《古今刀剑录》《考古图》等。 |

续表

| 四部 | 类名 | | 举例 |
|---|---|---|---|
| 子部 | 谱录类 | 饮馔之属 | 有《茶经》《酒谱》等。 |
| | | 草木禽鱼之属 | 有《洛阳牡丹记》《禽经》等。 |
| | 杂家类 | 杂学之属 | 有《墨子》《鬼谷子》等。 |
| | | 杂考之属 | 有《白虎通义》《东观余论》等。 |
| | | 杂说之属 | 有《论衡》《风俗通义》等。 |
| | | 杂品之属 | 有《云烟过眼录》《砚山斋杂记》等。 |
| | | 杂纂之属 | 有《类说》《元明事类钞》等。 |
| | | 杂编之属 | 有《俨山外集》《古今说海》等。 |
| | 类书类 | | 有《古今同姓名录》《初学记》等。 |
| | 小说家类 | 杂事之属 | 有《西京杂记》《世说新语》等。 |
| | | 异闻之属 | 有《山海经》《搜神记》等。 |
| | | 琐记之属 | 有《博物志》《述异记》等。 |
| | 释家类 | | 有《弘明集》《法苑珠林》等。 |
| | 道家类 | | 有《老子》《列子》等。 |
| 集部 | 楚辞类 | | 有《楚辞章句》《楚辞集注》等。 |
| | 别集类一 | 汉至五代 | 有《扬子云集》《陶渊明集》等。 |
| | 别集类二 | 北宋建隆至靖康 | 有《河东集》《东观集》等。 |
| | 别集类三 | 南宋建炎至德祐 | 有《丹阳集》《建康集》等。 |
| | 别集类四 | 金至元 | 有《遗山集》《淮阳集》等。 |
| | 别集类五 | 明洪武至崇祯 | 有《明太祖文集》《白云稿》等。 |
| | 别集类六 | 清代 | 有《御制文集》《精华录》等。 |
| | 总类集 | | 有《文选注》《玉台新咏》等。 |
| | 诗文评类 | | 有《文心雕龙》《诗品》等。 |

续表

| 四部 | 类名 | | 举例 |
|---|---|---|---|
| 集部 | 词曲类 | 词集之属 | 有《珠玉词》《六一词》等。 |
| | | 词选之属 | 有《花间集》《词综》等。 |
| | | 词话之属 | 有《乐府指迷》《词苑丛谈》等。 |
| | | 词谱词韵之属 | 有《御定词谱》《词律》等。 |
| | | 南北曲之属 | 有《御定曲谱》《中原音韵》等。 |

【注】

《四库全书》为大型丛书。共收书 3503 种，79337 卷，分为经、史、子、集四部。简称四库。

# 《十通》一览表

| 书名 | 卷数 | 作者 | 内容时代起讫 |
|---|---|---|---|
| 通典 | 二百卷 | ［唐］杜佑 | 上古至唐天宝之末 |
| 续通典 | 一百五十卷 | 清乾隆年间官修 | 唐肃宗至明季 |
| 清朝通典 | 一百卷 | （同上） | 清初至乾隆 |
| 通志 | 二百卷 | ［南宋］郑樵 | 二十略自上古至唐；纪传及谱自三皇至隋 |
| 续通志 | 六百四十卷 | 清乾隆年间官修 | 二十略自五代至明季；纪传自唐初至元季 |
| 清朝通志 | 一百二十六卷 | （同上） | 清初至乾隆 |
| 文献通考 | 三百四十八卷 | ［宋］马端临 | 上古至宋光宗 |
| 续文献通考 | 二百五十卷 | 清乾隆年间官修 | 宋宁宗至明庄烈帝 |
| 清朝文献通考 | 三百卷 | （同上） | 清初至乾隆五十年 |
| 清朝续文献通考 | 四百卷 | 刘锦藻 | 清乾隆五十一年至宣统三年 |

【注】

《十通》是《通典》等十书的总称，是查考古代典章制度的常用工具书。

# 哈佛燕京学社引得编纂处*所编“引得”书目

| 引得编号 | 目录 | 出版年月 | 册数 | 按《四库》分类 | 版本及说明 |
|---|---|---|---|---|---|
| 1 | 《说苑》引得 | 1931.2 | 1 | 子部儒家 | 据《四部丛刊》本 |
| 2 | 《白虎通》引得 | 1931.6 | 1 | 子部杂考 | （同上） |
| 3 | 《考古质疑》引得 | 1931.7 | 1 | （同上） | 据海山仙馆本 |
| 4 | 《历代同姓名录》引得 | 1931.8 | 1 | 史部传记 | 据1866年刊海宁陈氏慎初堂藏本 |
| 5 | 《崔东壁遗书》引得 | 1937.3 | 1 | 经部 五经总义 | 据顾颉刚辑点亚东书局本 |
| 6 | 《仪礼》引得（附郑注及贾疏引书引得） | 1932.1 | 1 | 经部礼类 | 《经》《注》据《四部丛刊》本，《疏》据上海锦章书局石印本 |
| 7 | 四库全书总目及未收书目引得 | 1932.2 | 2 | 史部目录 | 据1926年大东书局排印本 |
| 8 | 全上古三代秦汉三国六朝文作者引得 | 1932.9 | 1 | 集部总集 | 据1894年粤中刊本 |

* 哈佛燕京学社引得编纂处，中国编印古籍索引的机构，1930年9月成立于北京，1941年12月～1945年秋曾一度中断工作，1950年停办。为在美国哈佛大学讲学的洪业（煨莲）发起并创办。该处索引编纂工作采用洪业提出的“简而备，疏而不漏”的编纂原则，选题广及群经诸子、前四史、佛道子目、宋辽金元明清传记、类书、诗文和现代期刊，兼及专书、引书、刊误、书目、专题及期刊论文。标引深度达到逐词、逐条，兼及作者、人名。对各种不同类型的引得的著录都详加规定，参见（参照）方法也较为完备。为了方便读者检索，被索引的文献都采用了当时通行的版本，索引质量较高。这些索引迄今仍为国内外研究工作者所重视。

续表

| 引得编号 | 目录 | 出版年月 | 册数 | 按《四库》分类 | 版本及说明 |
|---|---|---|---|---|---|
| 9 | 三十三种清代传记综合引得 | 1932.12 | 1 | 史部传记 | 1959年中华书局影印重版 |
| 10 | 艺文志二十种综合引得 | 1933.1 | 4 | 史部目录 | 1960年中华书局影印重版（三册） |
| 11 | 佛藏子目引得 | 1933.3 | 3 | 子部释家 | 本引得为综合日本刊出之四种大藏经的经名、品名、梵音以及撰译者人名而成 |
| 12 | 《世说新语》引得（附刘注引书引得） | 1933.5 | 1 | 子部小说家 | 据《四部丛刊》本 |
| 13 | 《容斋随笔五集）综合引得 | 1933.5 | 1 | 子部杂家 | 据1894年皖南洪氏重刊本 |
| 14 | 《苏氏演义》引得 | 1933.10 | 1 | 子部杂家 | 据《榕园丛书》本 |
| 15 | 《太平广记》篇目及引书引得 | 1934.1 | 1 | 子部小说家 | 据1753年黄晓峰小字刻本 |
| 16 | 《新唐书·宰相世系表》引得 | 1934.3 | 1 | 史部正史 | 据监本 |
| 17 | 《水经注》引得 | 1934.5 | 2 | 史部地理 | 据王先谦合校本 |
| 18 | 《唐诗纪事》著者引得 | 1934.7 | 1 | 集部诗文评 | 据《四部丛刊》本 |
| 19 | 《宋诗纪事》著者引得 | 1934.7 | 1 | （同上） | 据1746年厉氏原刻本 |
| 20 | 《元诗纪事》著者引得 | 1934.7 | 1 | （同上） | 据涵芬楼本 |
| 21 | 清代书画家字号引得 | 1934.10 | 1 | 子部艺术 | 据《清代画家诗史》等八种传记编 |
| 22 | 《刊误》引得 | 1934.11 | 1 | 子部杂家 | 据《榕园丛书》本。此书为唐末李涪著，内多唐史资料 |

续表

| 引得编号 | 目录 | 出版年月 | 册数 | 按《四库》分类 | 版本及说明 |
|---|---|---|---|---|---|
| 23 | 《太平御览》引得 | 1935.1 | 1 | 子部类书 | 据清鲍氏刻本 |
| 24 | 八十九种明代传记综合引得 | 1935.5 | 3 | 史部传记 | 1959年中华书局影印重版 |
| 25 | 《道藏》子目引得 | 1935.7 | 1 | 子部道家 | 据涵芬楼本 |
| 26 | 《文选》注引书引得 | 1935.10 | 1 | 集部总集 | 据商务印书馆影宋本《六臣注文选》 |
| 27 | 《礼记》引得 | 1937.1 | 1 | 经部礼类 | 据1926年锦章书局本《十三经注疏》 |
| 28 | 《藏书纪事诗》引得 | 1937.9 | 1 | 史部目录 | 据叶氏自刊本、抱灵鹣阁本 |
| 29 | 《春秋经传注疏》引书引得 | 1937.11 | 1 | 经部春秋 | 据1926年锦章书局本《十三经注疏》 |
| 30 | 《礼记注疏》引书引得 | 1937.11 | 1 | 经部礼类 | （同上） |
| 31 | 《毛诗注疏》引书引得 | 1937.11 | 1 | 经部诗类 | （同上） |
| 32 | 食货志十五种综合引得 | 1938.3 | 1 | 史部政书 | 1960年中华书局影印重版 |
| 33 | 《三国志》及裴注综合引得 | 1938.12 | 1 | 史部正史 | 据同文本《二十四史》 |
| 34 | 四十七种宋代传记综合引得 | 1939.2 | 1 | 史部传记 | 1959年中华书局影印重版 |
| 35 | 辽金元三十种传记综合引得 | 1940.6 | 1 | （同上） | （同上） |
| 36 | 《汉书》及补注综合引得 | 1940.8 | 1 | 史部正史 | 《汉书》据同文本。《补注》据1900年虚受堂校刊本 |
| 37 | 《周礼》引得（附注疏引书引得） | 1940.12 | 1 | 经部礼类 | 据《四部丛刊》本 |

续表

| 引得编号 | 目录 | 出版年月 | 册数 | 按《四库》分类 | 版本及说明 |
|---|---|---|---|---|---|
| 38 | 《尔雅注疏》引书引得 | 1941.1 | 1 | 经部小学 | 据锦章书局本《十三经注疏》 |
| 39 | 《全汉三国晋南北朝诗》作者引得 | 1941.3 | 1 | 集部总集 | 据1916年丁福保校印本 |
| 40 | 《史记》及注释综合引得 | 1947.12 | 1 | 史部正史 | 据同文本 |
| 41 | 《后汉书》及注释综合引得 | 1949.5 | 1 | 史部正史 | （同上） |

## 附："引得"特刊

| 引得编号 | 目录 | 出版年月 | 册数 | 按《四库》分类 | 版本及说明 |
|---|---|---|---|---|---|
| 1 | 《读史年表》附引得 | 1931.2 | 1 | 史部正史 | 始汉迄清、附表二十四张 |
| 2 | 《读史然疑》校订附引得 | 1932.4 | 1 | 史部史评 | 据《杭氏七种》本 |
| 3 | 《明代敕撰书考》附引得 | 1932.6 | 1 | 史部目录 | 《书考》为李晋华编著 |
| 4 | 引得说 | 1932.12 | 1 | （同上） | 专论引得之编纂、附引得引书的引得 |
| 5 | 《勺园图录》附引得 | 1933.2 | 1 | 史部地理 | 据米万钟所绘《勺园修禊图》 |
| 6 | 日本期刊三十八种东方学论文篇目引得 | 1933.9 | 1 | 史部别史 | |
| 7 | 《封氏闻见记》引得 | 1933.11 | 1 | 子部杂家 | 据缪氏云轮阁本 |
| 8 | 清画传辑佚三种附引得 | 1934.1 | 1 | 子部艺术 | 据乾隆钞本《读书辑略》等三种 |
| 9 | 《毛诗》引得（附标校经文） | 1934.10 | 1 | 经部诗类 | 据锦章书局本《十三经注疏》 |
| 10 | 《周易》引得（附标校经文） | 1935.10 | 1 | 经部易类 | （同上） |
| 11 | 《春秋》经传引得（附标校经文） | 1937.12 | 4 | 经部春秋 | （同上） |
| 12 | 《琬琰集》删存并引得 | 1938.10 | 3 | 史部传记 | 原本为宋刊《名臣碑传琬琰集》三编一百零七卷，宋杜大理撰 |
| 13 | 日本期刊百七十五种东方学论文篇目引得 | 1940.2 | 1 | 史部别史 | |

续表

| 引得编号 | 目录 | 出版年月 | 册数 | 按《四库》分类 | 版本及说明 |
|---|---|---|---|---|---|
| 14 | 杜诗引得 | 1940.9 | 3 | 集部别集 | 据明刻《九家集注杜诗》;《补遗》用他本 |
| 15 | 《六艺之一录》目录附引得 | 1940.9 | 1 | 子部艺术 | 据商务印书馆影印《四库全书珍本初集》 |
| 16 | 《论语》引得（附标校经文） | 1940.11 | 1 | 经部四书 | 据锦章书局本《十三经注疏》 |
| 17 | 《孟子》引得（附标校经文） | 1941.1 | 1 | （同上） | （同上） |
| 18 | 《尔雅》引得（附标校经文） | 1941.6 | 1 | 经部小学 | （同上） |
| 19 | 《增校清朝进士题名碑录》附引得 | 1941.6 | 1 | 史部传记 | 自顺治三年丙戌至同治十年辛未科止 |
| 20 | 《庄子》引得 | 1947.5 | 1 | 子部道家 | 据1895年刊郭庆藩《庄子集释》本 |
| 21 | 《墨子》引得 | 1948.5 | 1 | 子部杂家 | 据1910年刊孙诒让《墨子间诂》本 |
| 22 | 《荀子》引得 | 1950.3 | 1 | 子部儒家 | 据1891年刊王先谦《荀子集解》本 |
| 23 | 《孝经》引得 | 1950.12 | 1 | 经部孝经 | 据渭南严氏重刻唐玄宗注宋岳氏本 |

# 巴黎大学北平汉学研究所*《通检丛刊》书目

| 编号 | 目录 | 出版年月 | 册数 | 按《四库》分类 | 版本及说明 |
|---|---|---|---|---|---|
| 1 | 《论衡》通检 | 1943.1 | 1 | 子部儒家 | 据《四部丛刊）本 |
| 2 | 《吕氏春秋》通检 | 1943.5 | 1 | 子部杂家 | （同上） |
| 3 | 《风俗通义》通检 | 1943 | 1 | （同上） | （同上） |
| 4 | 《春秋繁露》通检 | 1944.1 | 1 | 经部春秋 | 据抱经堂校定本 |
| 5 | 《淮南子》通检 | 1944.12 | 1 | 子部杂家 | 据《四部丛刊》本 |
| 6 | 《潜夫论》通检 | 1945.12 | 1 | 子部儒家 | 据《四部备要》本 |
| 7 | 《新序》通检 | 1946.11 | 1 | （同上） | 据《四部丛刊》本 |
| 8 | 《申鉴》通检 | 1947.1 | 1 | （同上） | 据《四部备要》本 |
| 9 | 《山海经》通检 | 1948.4 | 1 | 子部小说家 | 据1881年进呈本及郝氏《山海经笺疏》 |
| 10 | 《战国策》通检 | 1948.9 | 1 | 史部杂史 | 据士礼居仿宋本 |
| 11 | 《大金国志》通检 | 1949.6 | 1 | 史部别史 | 据扫叶山房《四朝别史》本 |
| 12 | 《契丹国志》通检 | 1949.4 | 1 | （同上） | （同上） |
| 13 | 《辍耕录》通检 | 1950.5 | 1 | 子部小说家 | 据1923年陶湘覆元刊本 |

* 巴黎大学北平汉学研究所，原名中法汉学研究所，1941年在北平（今北京）成立，为法国在中国开设的学术研究机构，经费主要来自中法庚子赔款余额。1945年前，该所设有通检（引得）组、民族研究组、历史考古组、翻译组、《法文研究》组、图书馆，附设法语夜校（由原中法大学教师任教）。1947年该所隶属巴黎大学，改名“北平汉学研究所”。该所在通检编纂、民俗研究及中法学术交流方面作出了一定的成绩。